“船舶与海洋工程装备数字化设计”丛书

船舶舾装数字化设计

王　军　闫念华　施俊杰
蒋国华　朱梦琦　陈　宁　著

哈尔滨工程大学出版社
Harbin Engineering University Press

内容简介

党的二十大做出了建设制造强国和海洋强国的决策部署，为此应加快新一代信息通信技术与先进造船技术深度融合，逐步实现船舶设计、建造、管理与服务全生命周期的数字化、网络化、智能化，推动船舶总装建造智能化转型，促进船舶工业高质量发展。

本书顺应时代发展，以船舶舾装数字化设计的基本理论为引导，结合我国船舶工业自主数字化设计软件“东欣 SPD”系统，从工程应用的角度，对舾装数字化概述、船舶舾装工艺及规范、舾装综合布置的一般原理、船舶辅机设备基座及管系支架设计、基于 SPD 软件系统舾装标准定义、SPD 小样建模中的舾装标准、SPD 软件电气舾装标准、SPD 软件管系舾装标准、SPD 软件铁舾设计系统应用等方面进行阐述，使读者掌握船舶舾装设计过程中的工艺、规范、基本原理以及基于软件工具的舾装件数字化设计工程应用方法。

本书的主要读者为从事船舶舾装数字化设计的工程技术人员、科学技术人员，高等院校船舶与海洋工程、轮机工程等相关专业的师生。

图书在版编目(CIP)数据

船舶舾装数字化设计 / 王军等著. -- 哈尔滨 : 哈尔滨工程大学出版社, 2025. 3. -- ISBN 978-7-5661-4703-5

Ⅰ. U671. 91-39

中国国家版本馆 CIP 数据核字第 2025C4U341 号

船舶舾装数字化设计
CHUANBO XIZHUANG SHUZIHUA SHEJI

选题策划 史大伟
责任编辑 唐欢欢
封面设计 李海波

出版发行 哈尔滨工程大学出版社
社　　址 哈尔滨市南岗区南通大街 145 号
邮政编码 150001
发行电话 0451-82519328
传　　真 0451-82519699
经　　销 新华书店
印　　刷 哈尔滨午阳印刷有限公司
开　　本 787 mm×1 092 mm　1/16
印　　张 12. 25
字　　数 318 千字
版　　次 2025 年 3 月第 1 版
印　　次 2025 年 3 月第 1 次印刷
书　　号 ISBN 978-7-5661-4703-5
定　　价 53. 00 元

http://www. hrbeupress. com
E-mail:heupress@ hrbeu. edu. cn

“船舶与海洋工程装备数字化设计”

丛书编委会

前　言

船舶舾装数字化设计融合了船舶设计中的轮机、管系、电装、机装、甲装等多个专业的内容,是一项多学科综合应用的新技术。为了适应我国现代造船工业的发展和以中间产品为对象的造船模式组织生产设计的工作需要,船舶轮机系统生产设计更加依赖于计算机和船舶设计软件平台来实现设计的数字化和信息化融合。

本书将轮机管系设计工艺、规范等编入内容,并结合我国船舶工业自主数字化设计软件"东欣 SPD"系统,从工程应用的角度,对舾装数字化概述、船舶舾装工艺及规范、舾装综合布置的一般原理、船舶辅机设备基座及管系支架设计、基于 SPD 软件系统舾装标准定义、SPD 小样建模中的舾装标准、SPD 软件电气舾装标准、SPD 软件管系舾装标准、SPD 软件铁舾设计系统应用等方面进行阐述。

本书由江苏科技大学王军、陈宁以及中国船舶集团有限公司第七〇四研究所闫念华、蒋国华、朱梦琦,上海市安装工程集团有限公司施俊杰合著。其中,王军编写了第 2 章的 2.6 节~2.8 节、第 3 章、第 4 章的 4.5 节、第 7 章~第 9 章,陈宁编写了第 1 章,闫念华编写了第 2 章的 2.1 节~2.5 节,蒋国华编写了第 4 章的 4.1 节~4.4 节,朱梦琦编写了第 5 章,施俊杰编写了第 6 章,全书由王军统稿。

中国船舶重工集团公司第七〇三研究所无锡分部张虞研究员负责主审工作,对全书的完稿提出了许多宝贵修改意见和建议;广船国际有限公司肖志建高级工程师、中船动力镇江有限公司靖海国高级工程师提供了相关参考资料,并对部分内容提出修改意见,在此深表谢意。

由于编者水平有限,书中难免存在不妥之处,恳请广大读者批评指正。

著　者
2024 年 12 月

目　　录

第1章　舾装数字化概述

1.1　数字化造船及其发展

船舶工业是应用计算机和信息技术起步较早的行业之一,始于20世纪60年代。自20世纪90年代开始,国际上各种先进的船舶计算机辅助技术(computer-aided design,CAD)、计算机辅助制造(computer-aided manufacturing,CAM)系统有了较大的发展。从数字化技术在船舶设计建造中的应用来看,在技术发展上可分为五个阶段:第一阶段以二维绘图、计算机单机工作和功能设计为主要技术手段;第二阶段以二维和三维混合建模和单机工作、功能设计为主要技术手段;第三阶段以全三维模型、桌面可视化、点对点的信息集成、功能设计为主要技术手段;第四阶段以智能产品模型、工程数据管理、高级可视化、产品数据管理(product data management,PDM)、企业资源计划(enterprise resource planning,ERP)集成为主要技术手段;第五阶段以产品生命周期管理(product lifecycle management,PLM)、共享数据环境、协同生产环境、电子商务、供应链集成、配置管理为主要技术手段。

现阶段,日本、韩国和欧盟先进船厂已经普遍进入第三阶段,有的已经进入第四阶段,并开始考虑如何进入第五阶段;美国先进船厂已经进入第四阶段,并开始实施进入第五阶段的计划。我国大多数船厂已经普遍进入第三阶段,有的骨干船厂已经进入第四阶段,行业头部企业已经尝试摸索进入第五阶段。

21世纪以来,我国船舶业实现了跨越式发展,综合实力、国际地位稳步提升,造船完工量、新接订单量和手持订单量持续增长,已进入世界造船大国行列。经过30年的发展,我国船舶工业已经具备了向世界造船强国冲击的基础和条件。

造船强国需要不断应用各种新技术提高造船的效率和质量,实现数字化造船是成为造船强国的重要标志之一。数字化造船技术融合造船知识并通过建模仿真与优化,将信息技术全面应用于船舶设计、制造、试验、运维、管理、经营和决策等全过程,以达到快速建造和快速响应的目的。

现代制造业管理理念的转变和信息技术的发展深刻地改变着传统制造业。日、韩、美等国及欧洲的造船强国均十分重视以先进的信息技术改造传统的造船设计和建造方式。他们在设计技术方面普遍采用了三维设计建模;在信息集成和数据共享方面采用了产品数据管理系统,实现了并行协同设计和生产;在制造方面,虚拟制造技术已应用于生产实践中,实现了生产过程数字化模拟。

日本高度重视造船信息化的自主开发与创新,各造船集团均组织力量自行开发造船计算机集成制造系统(computer intergrated manufacturing system,CIMS),且都已实现了数字化造船。

韩国大力推行造船信息化,各造船集团广泛引进欧美的造船 CAD 系统,如 TRIBON、Intelliship 等,并结合自身企业的特点自行开发造船 CIMS,缩短了船舶设计建造周期。

美国政府在船舶建造过程中借助先进的信息化理论和技术,以敏捷制造为指导,在船舶制造过程中以虚拟企业、虚拟产品、虚拟制造的全新船舶建造方式,实现了快速、精准、灵活、低成本、高质量的船舶生产。

欧洲造船界通过统一的信息平台将 12 个国家的 48 家企业、公司、研究机构整合起来,形成虚拟企业联盟,大大缩短了研制周期、提高了产品质量。

国内造船企业十分重视信息化改造工作,各造船企业均引进或开发了一些面向特定应用的信息系统,在造船 CAD/CAM 领域的应用较为成熟,各企业设计部门已普遍使用 CAD/CAM 系统进行详细设计和生产设计, 如使用引进的 TRIBON、CADDS5 等系统,或使用国内自主开发的 SPD、SB3DS 等系统。部分企业使用通用 CAD 软件 AUTOCAD 等作为辅助设计工具;有些企业已开始应用 PLM 系统,如引进的 Windchill 系统、3DE 系统、西门子软件等,或国内自主开发的 PDM 等进行产品数据管理和设计过程管理;有的企业引进了国外 HANA 造船 CIMS 系统,在二次开发的基础上开始了设计生产一体化的应用实施。

数字化造船通过信息技术在船舶生命周期活动的有效应用,集成设计、生产、管理,确保造船的决策、资源分配等各个环节间的相互协调,实现以中间产品为导向的区域化生产,从而达到壳、舾、涂在空间上分道、时间上有序的一体化总装造船,其设计过程的核心在于壳、舾、涂一体化设计建造。壳、舾、涂一体化是一种现代造船模式,它以船体为主体,以舾装为中心,以涂装为重点,通过区域设计、物资配套和生产管理的方式实现造船过程的优化。在这种模式下,设计、生产、管理等各个环节被有机地整合在一起,以提高造船的效率和质量。壳、舾、涂一体化对区域造船生产设计的要求如图 1.1 所示。

船舶数字化设计能力对于大型船厂而言是至关重要的,它一方面直接涉及船舶产品的质量,另一方面对船舶的生产周期有很大影响。实现数字化设计是做好“智能造船”工作的源头。中国造船业经历了多年的快速发展,各大船厂一直都致力于提高自身的船舶数字化设计能力。决定船舶数字化设计能力的因素是多方面的,随着造船技术的日趋成熟,设计过程的数字化程度已成为制约船舶设计能力的关键因素之一。

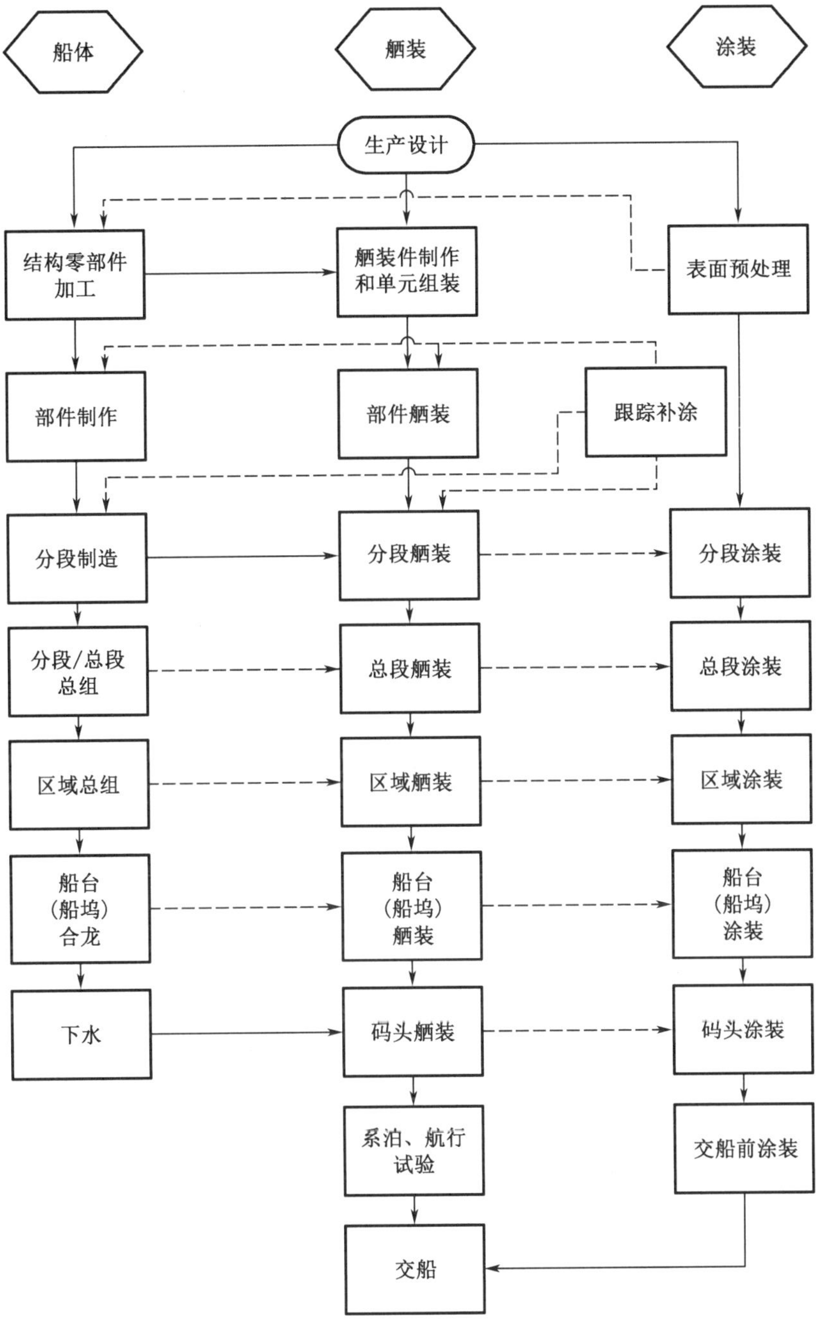

图 1.1 壳、舾、涂一体化对区域造船生产设计的要求

1.2 船舶舾装数字化设计及优势

船舶舾装数字化是船舶制造业向智能化转型的关键环节之一。船舶舾装数字化是指在船舶舾装的整个过程中,利用数字技术来优化设计、制造、管理和维护等各个环节,实现信息的数字化表达、传递和处理。这一概念不仅包括了数字化设计和制造,还涵盖了整个舾装过程的数字化管理和控制。

开展数字化造船舾装生产设计的目的就是通过虚拟仿真方法模拟实际生产组织、管理过程,在虚拟的环境中解决舾装生产组织、计划、设备等的综合协调,使舾装生产能够均衡有序地开展。它不仅能够提升船舶建造的质量和效率,还能够增强企业的市场竞争力和可持续发展能力,其优势在于:

(1)实现数字化设计。使用三维 CAD 软件创建船舶舾装部件的精确三维模型,实现设计的可视化和模拟。例如,TRIBON 软件被用于实现船舶舾装数字化虚拟生产设计,通过集成辅助设计与制造软件平台,结合实船舾装生产设计的具体实施,进行关键技术研究。

(2)实现参数化和模块化设计。通过参数化设计,可以快速调整设计参数,实现模块化设计,进而便于标准化生产。例如,基于 CPC(collaborative product commerce)理念的舰船虚拟敏捷制造系统建模方法和建造过程规划仿真研究,推动了船舶舾装的数字化设计。

(3)有效应用虚拟现实(virtual reality,VR)和增强现实(augmented reality,AR)技术。利用 VR 和 AR 技术进行设计评审、操作培训和维护指导,可提高设计的直观性和可操作性。例如,融合视觉信息的船舶舾装数字化三维辅助设计,通过双目视觉原理获取船舶舾装设备目标多视角图像,构建舾装设备参数化三维模型。

(4)实现信息集成和数据管理。通过 PDM 和 PLM 系统实现设计数据、工艺数据和制造数据的集成和管理。例如,沪东中华发布的舾装集配信息化管理系统,推进了计划、设计、生产、采购等舾装配套全环节全流程的信息化、数字化管控升级。

1.3 船舶舾装生产设计的任务

舾装生产设计是对造船施工的各种工程技术问题进行分析研究,对制造方法和有关技术措施做出决策,并用图、表和技术文件等方式表达出来,作为编制舾装生产设计计划和指导现场施工的依据。舾装生产设计的主要任务是根据船厂的条件和特点,以详细设计技术文件为依据,将系统、功能转换成区域设计,按照区域、阶段、类型进行作业任务的分解与组合,将设计、生产、管理融为一体,结合施工条件开展设计,为物资部门采购和生产管理部门制订生产计划提供信息,为生产现场提供施工图纸和工艺文件。

舾装生产设计是船舶制造过程中的一个重要环节,它涉及将设计转化为实际可制造的产品的详细规划和准备工作。舾装生产设计的目的其实就是要把船舶舾装过程中出现的如何施工以及如何组织施工等问题,通过综合布置图、预舾装技术、分阶段绘制舾装工作图以及编写管理图表等生产设计的形式预先考虑并且进行解决,舾装生产设计工作流程如图 1.2 所示。

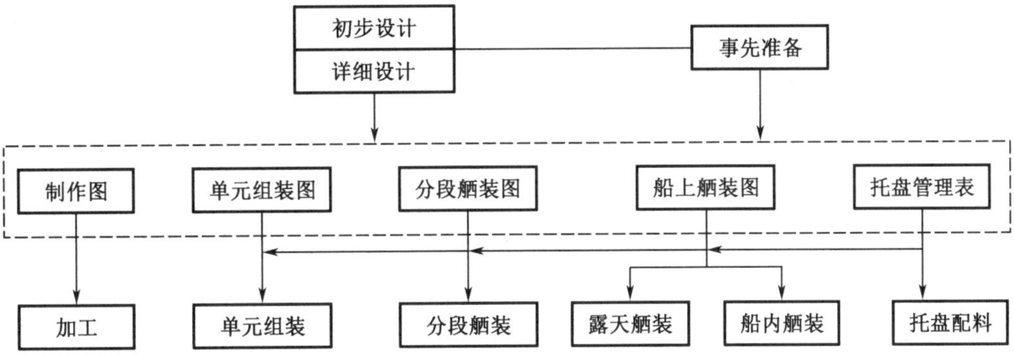

图 1.2 舾装生产设计工作流程图

舾装生产设计的主要任务如下：

(1)设计详细化。将概念设计和基本设计进一步细化，确保所有舾装部件和组件满足制造和装配的要求。

(2)部件和组件设计。对舾装部件如门、窗、梯子、家具、卫生设施等进行详细设计，包括尺寸、材料、结构和功能。

(3)系统集成设计。确保舾装系统(如管道、电缆、通风、空调等)与其他船舶系统兼容并正确集成。

(4)材料清单(bill of materials，BOM)编制：列出制造舾装部件所需的所有材料、零件和组件的详细清单。

舾装生产设计的目标是确保设计可以高效、高质量地转化为实际产品，并满足船舶的功能、性能和安全要求。

1.4 船舶舾装数字化设计的主要内容

现代造船将舾装分为船装、机装和电装三大类，舾装作业包含了船上安装的各种机械、电气、电子设备等，工作量几乎占船舶建造总工程的 50%~60%，是船舶建造中不可缺少的重要组成部分。舾装设计的主要内容如下：

(1)设备布局。合理的设备布局能提高船舶的工作效率和生产效益。在舾装设计中应考虑设备之间的空间关系、工作人员的流动路线和设备的使用频率等因素。同时，还需考虑到设备的质量、振动和噪声对周围设备的影响，以及船舶的稳定性和安全性。

(2)管系布置。管系布置是舾装设计的重要部分之一。在设计过程中，需要确定各种管道的走向、支架的位置、管道的材料和直径，并考虑到船舶的结构、稳定性和维修便利性。此外，还需对液体、气体和废水等管道进行分流和重定向，以确保船舶的正常运行和环保要求。

(3)电气布线。船舶的电气布线是舾装设计中不可忽视的部分。它涉及电力系统、照明系统和通信系统等方面的设计。在船舶的电气布线设计中，需充分考虑电缆的敷设方式、电缆的保护和绝缘、电缆的容量和电气设备的安装位置等因素。同时，还应确保电气设备的可靠性和安全性，以避免火灾和电击等事故的发生。

开展船舶舾装数字化设计，首先要理解船舶舾装设计的基本理论和原理，熟悉规范和技术要求等；其次是能够运用计算机辅助设计（CAD）技术，开展船厂各类专业数字化建库、三维模型建模、图纸信息报表提取生成等设计工作。

（1）要熟悉船舶舾装工艺及规范相关内容，特别是各类辅机设备安装工艺规范、管系、管子零件、空调通风、箱柜、电缆、电气设备等设计规范和安装工艺等（第 2 章所述）。

（2）要掌握舾装综合布置的一般原理，对舾装综合布置的手段、条件、内容提前了解，对船舶双层底、机舱底层、机舱甲板倒挂区域、机舱油水舱、分油机、发电机区域、货舱区、居住区等典型区域的舾装布置原则充分了解（第 3 章所述）。

（3）对于铁舾件的图纸设计，重点在于船舶辅机设备基座和管支架设计，充分考虑辅机基座的结构形式、管支架的形式选用和制作工艺（第 4 章所述）。

（4）基于 SPD 软件系统，建立舾装专业建模的设备和部件模型库，定义形成舾装部件的标准，供舾装三维设计调取布置使用。对建立的小样模型定义必要的连接点属性信息，使得部件兼具图形和属性信息，完成部件的定义（第 5、第 6 章所述）。

（5）基于 SPD 软件系统，建立电气、管系、铁舾件舾装标准，对设备部件、基座部件、贯穿件、电缆导架、管子、法兰、阀件、管系连接件等进行定义，并应用软件实现对铁舾件处理，图纸生成、托盘等各类生产用表信息提取（第 7、第 8、第 9 章所述）。

随着数字化技术的发展，舾装生产设计越来越多地采用计算机辅助设计（CAD）、计算机辅助制造（CAM）、产品数据管理（PDM）和其他信息技术来提高设计与生产的效率和质量。

第 2 章　船舶舾装工艺及规范

2.1　船用辅机安装工艺及规范

本节工艺规范针对船舶除主机、主发电机组、甲板机械以外的辅机机械设备安装。

2.1.1　工艺要求

1. 基座面板

(1)不做机加工的基座面板平面度标准规范≤2 mm/m,允许极限≤5 mm/m,允许存在局部、分散、少量超差。

(2)直接安装设备的基础,有加工要求的支承面板(含焊接垫块),表面粗糙度不得低于12.5;平面度用平板或直尺检查时,厚度为0.05 mm 塞尺不得通过,在局部范围内插入深度≤10 mm。

2. 垫块

(1)钢、铸铁类调整垫片的基座安装

①安装间隙:

一级辅机:基座与基座的螺栓紧固前调整垫片与基座面前,用0.05 mm 塞尺检查,插入深度不超过10 mm;

二级辅机:在螺栓紧固前,基座面与基座间用0.08 mm 塞尺检查,插入深度不超过10 mm;

三级辅机:不做规定。

②垫片间接触面积:

一级辅机:接触面积≥60%,允许极限≥50%;

二级辅机:接触面积≥50%,允许极限≥40%,基座就位后,每个支承之间允许有不超过三张铜皮或铜片衬垫,但不允许用半张衬垫:

三级辅机:不做规定。

③焊接垫块平面外倾斜度的标准为1∶100。

④调整垫块厚度的标准范围≥12 mm。

⑤调整垫片也可采用取得船检部门同意的环氧类灌注垫片。

(2)木质垫片

采用木质垫片、铅垫、帆布垫的基座一般不加工,但其支承面应平整,不得有焊渣、飞溅物等。加工后的基座如不立即进行设备安装,则其支承面须用油封加以保护。

木质垫片的要求:

①木质垫片材料一般为樟木、榆木或水曲柳,厚度≥25 mm;

②木质垫片一般适用于同轴性要求不高或具有公共基座且具有足够刚性机壳的成套

单元机组、内隔音和消振；

③木质垫片应涂以红粉白漆；

④木质垫片应干燥，其含水率不应大于15%；

⑤木质垫片按实测厚度进行加工，要求0.5 mm塞尺检验不得通过，局部插入深度≤20 mm，机座支承平面度误差≤0.5 mm/m；

⑥木质垫片应用于潮湿舱室（如制冷机室、冷库等）时需要在干性油中泡2~3 h后使用。

（3）帆布垫片

帆布垫片材料为亚麻帆布或同质帆布，厚度为1~2层。帆布垫片使用时应涂红粉白漆，其基座支承面应平整，帆布垫片面积不小于设备底脚面积。设备安装采用帆布垫片时，在螺栓未拧紧的状态下，在80%范围内均为接触且0.3 mm塞尺不得插入。

（4）铅垫片

铅垫片材料为铅，运用厚度为3~12层，每层厚度一般为2~6 mm。

3. 联轴器校中

由船厂将采购的机电设备组装成辅机时，设备轴的刚性连接和形式各异的弹性连接按下列要求进行安装。

（1）刚性连接：

①功率不大于37 kW的机组：

a. 轴线偏移标准范围≤0.05 mm，允许极限≤0.07 mm；

b. 轴线曲折标准范围≤0.10 · D/1 000 mm，允许极限≤0.12 · D/1 000 mm。

②功率大于37 kW的机组：

a. 轴线偏移标准范围≤0.08 mm，允许极限≤0.10 mm；

b. 轴线曲折标准范围≤0.16 · D/1 000 mm，允许极限≤0.20 · D/1 000 mm。

（2）弹性连接：

①轴线偏移标准范围≤0.10 mm，允许极限≤0.12 mm；

②轴线曲折标准范围≤0.30 · D/1 000 mm，允许极限≤0.32 · D/1 000 mm。

注：以上D为联轴器法兰直径，单位：mm。

（3）辅机制造厂对安装有特殊要求的，应按制造厂的技术要求进行安装。

（4）对由带有共有基座的成套机电设备组成的辅机轴线连接状态，一般不做检查，凡已经安装在由共用基座的成套机械设备所组成的辅机，其基座的等级要求可适当降低。

2.1.2 工艺过程

船用辅机安装过程分基座安装、辅机安装、辅机系统安装和安装后的试运转。

1. 基座安装

安装人员首先找对设备的安装部位，即按图样标出辅机距甲板（平台）、肋骨、船舯或船体相关结构定位。将预制的基座吊至定位位置，并检查基座位置，必须确保符合图样要求。检查基座下平面与结构吻合状态，当缝隙过大时必须进行修正，直至缝隙符合规定方可进行焊接。焊接时注意焊接工艺程序以减少变形，焊接完工后，检查焊缝质量是否符合要求，检查基座上平面是否符合本规范要求。当上平面符合要求后，固定垫块进行定位并焊接妥,检查固定垫块之间的平直度是否符合规范要求。

2. 辅机安装

辅机定位安装应满足设计图样要求。安装用的垫块、垫圈、螺栓应符合设计图样要求。辅机设备吊船,垫上调整垫片并修正,在调整垫片符合规范要求的同时使辅机安装符合有关技术要求。当辅机在基座上安装完技术性能达到技术要求时,立即紧固所有定位支架固定螺栓,并拧紧所有底脚螺栓或其他相关紧固件,以保持此时的技术性能不变。采用止推块侧向定位时,止推块应紧贴,用 0.05 mm 塞尺检查,插入深度不超过 10 mm。采用定位销,紧配螺栓定位时应在定位妥后,先钻出所有螺钉孔及定位销孔,后绞出所有定位销或定位螺钉。定位销、定位螺钉按过渡配合配妥。紧固螺栓全部配齐、紧固完毕以后,要求螺栓头部伸出长度为 1~2 个螺距。复查辅机安装技术性能是否符合要求。安装后的辅机设备,必须有相关的保洁、防潮、防碰擦等安全措施。

3. 辅机系统安装

辅机在基座上定位固定以后,其相关管线系统按图样接妥并贯通,其相关仪表、仪器及其他附属设备按要求接妥,并调整验收。在上述油、气、水系统完整的同时,电气系统(包括电控元件电源线路、操作元件等)必须按技术文件完工并调试验收。

4. 安装后的试运转

对辅机机组外部及周围环境做检查,不允许存在机组本身构造之外的任何不相干物品,如螺栓、螺母、工具、棉纱等其他杂物,并清除一切油污脏物。对所有紧固件做彻底检查,不允许有任何松动。对所有仪表、仪器操作元件做检查,不允许有任何故障、缺损。盘动活动部件转动数圈,确定无任何故障、碰擦现象,盘车感觉均匀无轻重感。确保油、气、水、电一切正常,且与之相关仪器、仪表、阀门、自动化元件及各种操作元件等均正常。在确保辅机外接相关线路管路畅通、无短路,且无载荷情况下,先点动启动数次,每次试运转时间可逐次加长。试启动成功后,辅机试运转时操作人员必须严守岗位,留心观察辅机的温升、振动、噪声变化。适当的试运转后,辅机的温升正常,无振动、噪声变化,且各项工作温度、压力等技术参数均在正常范围内,可转入按试车大纲要求的调试运转范围。

2.2　船舶管系生产设计规范

本规范规定了柴油机动力、中型钢质海船的船舶管系生产设计的设计准则、设计内容、设计程序和设计方法。

2.2.1　设计准则

(1)管系生产设计,通过综合布置和托盘设计,应使其适应各个工艺阶段壳、舾、涂一体化作业的需要,满足区域舾装技术的要求。

(2)管系生产设计必须满足系统的功能需求,确保功能的完满实现,满足详细设计所确定的技术要求。

(3)管系生产设计要积极推行单元组装和模块技术,大力提高预舾装水平,推行旨在提高生产效率和缩短施工周期的相关新工艺。

(4)管系生产设计要大力推广应用标准系列的管子材料及标准化、通用化、系列化的系统附件和管子附件。

(5)管系生产设计应该减少现场取样的管子零件,逐步实现综合布置的完全覆盖。

(6)管系综合布置必须满足管系正常操作和方便保养维修的相关要求。

(7)管系综合布置应妥善满足管系与设备、分段(总段)合龙处的接口要求,要从综合布置和管件取段两方面着手,逐步处理好舾装的精度。

(8)深化管系安装托盘设计必须细化舾装的工艺阶段,提供准确和完整的工艺信息和管理信息。

(9)管系生产设计出图进度必须满足各作业阶段的具体要求:

①在船体分段开工前,应及时编制提供全船管子材料和连接附件订货清单,管系阀件、附件、垫片及特殊紧固件等订货清单,管系自制件清单及全船管系施工图纸目录。

②在船体分段开工时,管系零件制造图和支架制造图应与船体分段结构图同时设绘和提供,要求管子零件制造与船体分段零件加工同时进行,支架及时制造或订货。

③船体分段开工时,还应提供相关的单元组装制作图,单元托盘表及相关设备、机座、阀件等清单。

④在提供相关的分段管子零件图并保证按时生产的前提下,时隔 15~20 d 后,应按时提供管系安装图、管系零件图、管子支架图、安装托盘表、开孔图等施工图纸,以便按时实施相关分段预舾装作业。

⑤在船体分段开始大组立时,应及时提供总段管子零件制造图、管系安装图、安装托盘表、支架图等施工图纸,以便按时实施相关总段预舾装。

⑥在船体总段开始总组时,应及时提供船上各施工区域管子零件制造图、管系安装图、安装托盘表、支架图等施工图纸,以便按时实施相关区域的坞内舾装。

⑦在船坞内舾装开始时,应及时提供相关的未放样管系走向图、工艺分解及施工说明。

2.2.2 设计内容

(1)依照船体结构、线型和机电设备布置位置,根据管路系统工作原理图,在相关舾装区域进行综合布置。

(2)在综合布置基本结束时,必须进行全面复核和综合协调,在特定的舾装作业区域内取得壳舾之间、管系与电缆之间、管系与风管之间、管系相互之间、各区域的接口之间的综合平衡。

(3)经过干涉检查、工艺处理以及优化工作,实现综合布置的最佳状态。并在此基础上进行全面分割和取段工作,合理配置法兰等连接件及支架等固定件,确定开孔位置。

(4)按照建造方针和设计要领,设计相关的单元组装,确定单元制造和安装的工艺。

(5)根据造船模式要求,确定分段组立过程中、分段涂装前、总段搭载前和坞内搭载后等四个工艺阶段的具体作业内容,进行安装托盘的划分设计。

(6)生成管系安装图、开孔图、支架图和管子零件图,生成管系各工艺阶段安装托盘表及管件加工所需各种管材及附件的统计表。

2.2.3　设计程序

1. 综合布置区域性划分

管系综合布置区域应按照区域舾装的作业来划分，一般分为主船体、机舱和上层建筑，即外装、机装、内装等三大舾装区域。在上述三大区域划分之后，为便于综合布置，还可进行中、小区域的细分。中区域的划分可按如下规定进行：

(1)机舱舾装区域

①双层底分段；

②底层；

③平台甲板；

④机舱棚；

⑤烟囱。

(2)主船体舾装区域

①货舱双层底；

②货舱边水舱；

③隔舱；

④主甲板；

⑤艉部；

⑥艏部。

(3)上层建筑舾装区域

上层建筑舾装区域按甲板层次划分。

在特定的中区域中，舾装布置相对集中的或相对独立的区域，如有关房舱、工作室、甲板室等，当有必要时也可分别设定小区域。

2. 综合布置建模

(1)前期准备

①基础建模(公用)：钢管、不锈钢管、铜管、镍铜管、弯头、法兰、三通、异径管、阀件、滤器、漏水斗、吸入口、透气帽、测深头等。

②设备建模：主辅机、冷却器、各类泵，以及加热器、空气瓶等。

③机座、箱柜建模：设备机座、箱柜、液位计等。

④铁舾件建模：风管、直梯、斜梯、花钢板、栏杆、护手、踏步等。

(2)建模准备

①熟悉建造方针、设计要领及作业标准等文本资料。

②了解船体空间形状、各层甲板舱室的布置及木作、绝缘敷设和防火要求情况。

③正确掌握工艺阶段出图要求以及出图的形式，分阶段下达有关施工图纸和工艺文件。

④了解机械设备、箱柜等布置要求，花钢板、平台等高低位置。

⑤掌握弯管机的弯曲半径、轧头长度等工艺参数。

⑥按区域、系统、单元进行管子建模。

⑦确定各相关管系总体空间走向。其中包括海水总管、压载总管、各系统主干管路及

排气管等的具体走向，做好有限空间内的合理分配，通过筹划以取得良好效果。

⑧应根据各系统的工作原理技术要求，专用机械设备功能，各相关附件、阀件作用以及它们在系统中的相互关系，准确地布置管路。

⑨一般布置顺序为：先大口径管后小口径管，先下层管后上层管，大小结合，上下呼应，左右等量，有机协调地进行，并进行单元组装的建模。

⑩在与设备、分段、单元相衔接处，一般应留有适当长度的嵌补管或合龙管，每根管子均应编上与系统图相对应的编号。

(3)建模结束后的复核

复核系统工作原理的准确、布置位置的合理、施工工艺的可行、管系运行操作和保养维修的方便，以及相关区域接口的准确。必须进行各专业、各相关区域的协调平衡，进行管系的干涉检查，并进行必要的优化处理。在干涉检查和优化处理后，确定通过隔壁或甲板的管子开孔位置及其尺寸大小，并将其信息反映在船体结构上。配置固定支架，支架应选用标准件，多路管子一般应设计组合支架。对各管路进行具体的取段工作，形成各管系的管子零件群。根据建造方针和设计要领，完成单元组装设计，处理好其有关接口。进行安装托盘设计，根据工艺阶段、施工区域和工序先后，具体划分托盘，确定各工艺阶段的作业物量。绘制管子零件图，提供管子加工的工艺信息和管理信息。绘制多路管子的组合支架和特殊支架图，其结构尺寸应符合标准要求。绘制单元组装制作图和管系综合安装图，生成管系各阶段安装托盘表。

2.2.4 设计方法

1.管系布置

(1)管子排列尽可能地平直成组、整齐美观，管路走向要求路线短、弯头少，做到操作、维修和施工方便。为方便组合支架，管系布置应以管子外壁为基准。

(2)管系布置的间距：相邻两根管子或是管子与法兰、阀件、附件之间的间距一般不小于 20 mm(允许极限为 10 mm)；相邻管子法兰的先后间距应不小于 150 mm，如图 2.1 所示(如无特殊标注，本书图中数值单位均为 mm)。

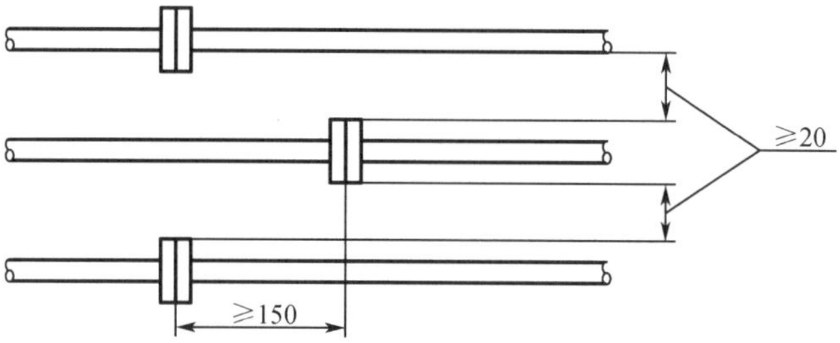

图 2.1 管系布置的间距

(3)包扎绝缘的相邻管子间距，在加上绝缘厚度后一般不小于 20 mm。

(4)当蒸汽、热水、排气等管路与电缆平行时，与电缆间距不小于 100 mm；在交叉走向时，则不小于 80 mm。

(5)敷设在甲板上或内底板上的管子，法兰距甲板或内底板不小于 50 mm。

(6)当电缆、管子和通风管在同一位置时,其布置顺序自上至下为:电缆、管子、风管,如图2.2所示。

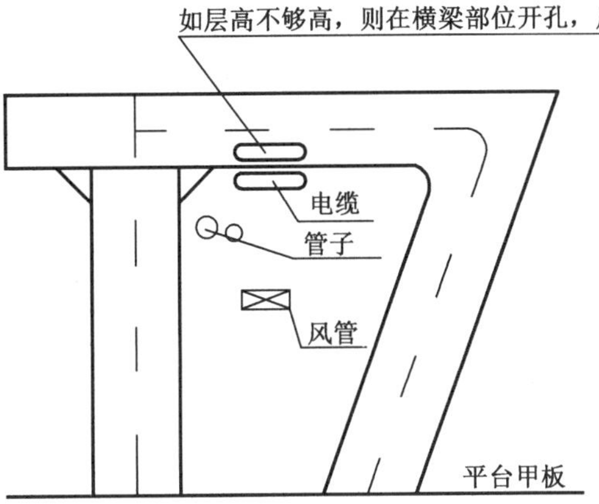

图2.2 管子与电缆、风管的相对位置

(7)在电气设备、发电机和主要仪器上方不得设置蒸汽管、油管、排气管。当不可避免时,则不应设置可拆接头,并要采取有效的保护措施。

(8)淡水管不宜通过油舱,油管、海水管、污水管,也不得通过淡水舱。如遇不可避免情况时,应设置密封套管,管子在套管内通过。其他管子通过燃油舱时,管壁应加厚,且不准设置可拆接头。

(9)燃油舱柜的空气管、测量管、溢流管、注入管以及液压管一般不允许穿越居住舱室。如特殊情况不可避免时,则不得设置可拆接头,且必须做好保护措施。

(10)在锅炉、烟道、蒸汽管、排气管、消音器的上方应尽量避免敷设油管或油柜,如无法避免时,油管不应有接头。

(11)空气管布置要平直弯曲向上,不允许有起伏现象产生。空气管要布置在客舱的最高部位。在主甲板、船楼甲板上的空气管头部高度如图2.3所示。

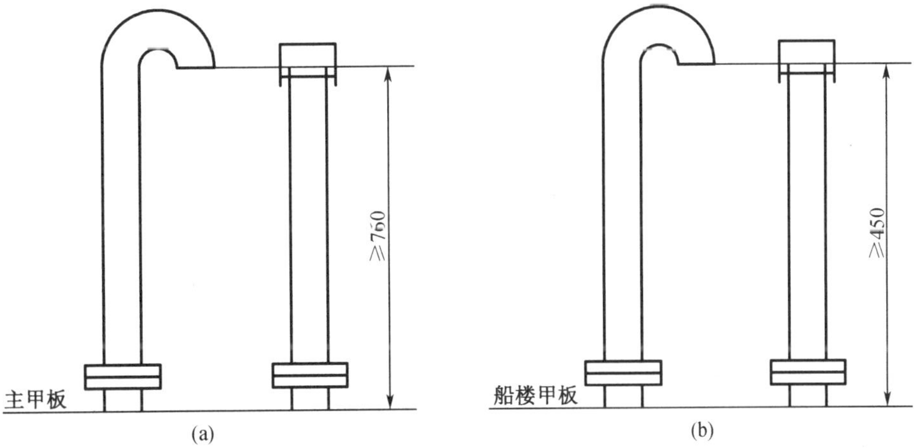

图2.3 空气管在主甲板、船楼甲板上的高度

(12)测深管布置尽量保持垂直,如必须弯曲时,应保证测量尺自由通过。测深头应引至甲板上的开敞部位,测深管底端要布置在容舱的最低部位,其布置尺寸和安装位置分别见表 2.1、图 2.4 和图 2.5。

表 2.1　测深管底端防击板尺寸及安装要求　　单位:mm

测深管径	防击板 $D\times F$	与防击板距离 L
≤40	100×10	20
≤65	120×10	

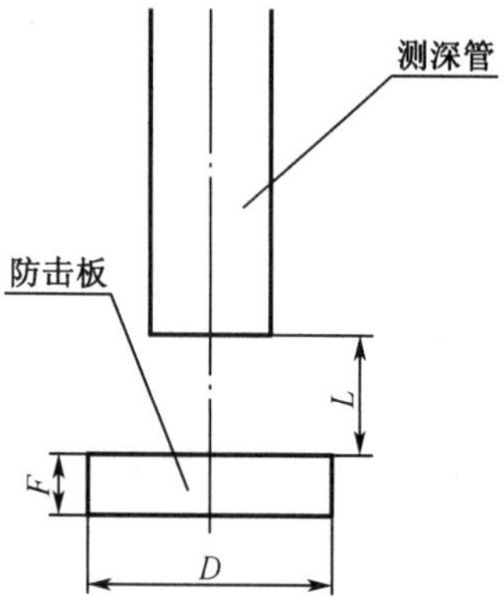

图 2.4　测深管底端安装位置

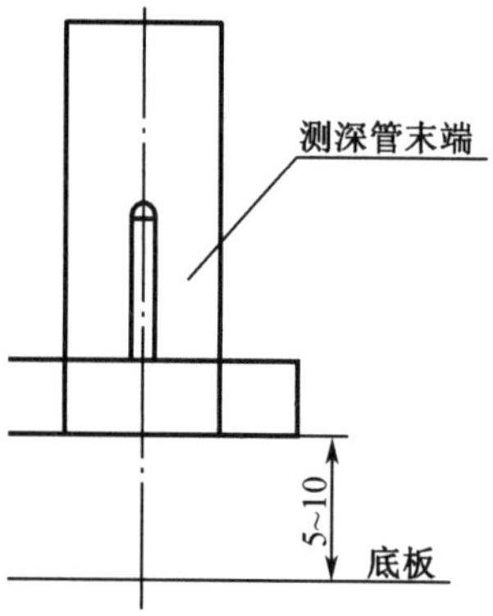

图 2.5　测深管末端安装位置

(13)液位遥测吹气嘴布置尽量靠近测量管,使二者实测数据保持一致。液位遥测管的弯曲角度应≤30°。

(14)在货舱内的槽型隔舱内,平面隔舱扶强材之间及肋骨间距内,布置管子一般不应超过两路,如有必要,则设置防撞击措施。

(15)舱底水、压载水系统的吸口应该布置在各舱的最低位置,便于压载、舱底水的吸排及扫舱。

(16)舱底水布置须有 2°~3°的倾斜度,在适当的部位设疏通接头。

2. 单元组装的设计方法

(1)机舱底区域单元一般划分为:

①主机前端区域,一般包含海水总管、海水冷却、压载水及燃油驳运等设备及相关管路。

②主机左侧区域,一般包含消防总用泵组、舱底水泵等及相关管路。

③主机右侧区域,一般包含主滑油泵组及滑油驳运管路。

(2)烟囱区域单元,主要包含主辅机排气管系,包括锅炉、焚烧炉烟道、消音器、透气管及漏水管等。

(3)功能性单元划分主要有:

①燃油分油机单元;

②滑油分油机单元；
③主辅机燃油供给单元；
④海、淡水泵组单元；
⑤锅炉给水泵组单元；
⑥大气冷凝气、热井单元；
⑦主机高低温淡水泵组单元；
⑧主机淡水冷却器单元；
⑨主滑油冷却器单元；
⑩发电机管束单元；
⑪压缩空气减压阀组单元；
⑫蒸汽分配阀组、冷凝阀组单元；
⑬蒸汽调温阀组单元。

(4)单元设计要点如下：

①单元布置应划分其边界，在管路布置后，定出泵组设备的基准点，标出接口高度，连接相关管路。

②阀件应尽量布置在泵附近便于操作和维修的场合。

③单元可设置角钢框架，并可设置共用基座，便于构成整体结构。

④区域单元要考虑吊装先后次序，两单元连接管的法兰布置要呈阶梯型。

⑤单元与单元之间在连接时，视具体情况可采用嵌补管连接，小通径管子可以直接连接。

3. 管系附件的布置

(1)阀件的滤器布置应考虑操作拆装和维修方便，尽可能将阀盘设置在花钢板以上，并注意不影响通道。如阀件布置在花钢板下面，当阀盘开足时距花钢板 100 mm 处为宜，并在花钢板上开设活络盖板，如布置在舱壁或舷旁时，则其应在花钢板以上 1 200~1 800 mm。

(2)主海水阀及应急海水吸入阀的阀盘应接长到花钢板以上 460 mm 左右处。

(3)管路的阀件、附件一般应沿着船体结构或箱柜平行或垂直布置，便于安装和操作。

(4)管路附件的布置要确保正常行人通道宽度不小于 800 mm，工作通道宽度应不小于 600 mm，保持必要的拆装维修空间。

(5)在两阀并列布置时，阀盘的间距应不小于 40 mm，如图 2.6 所示。

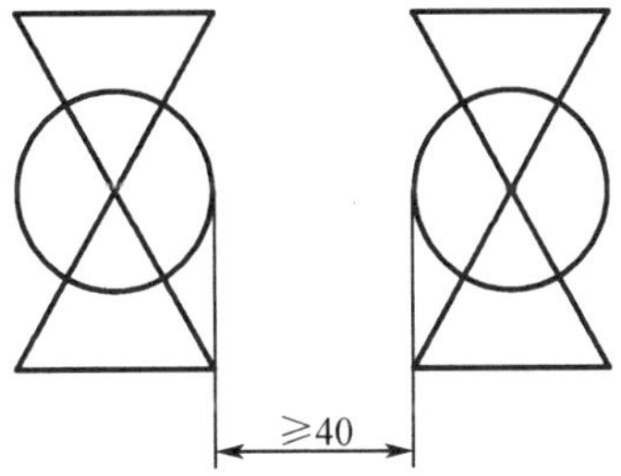

图 2.6　两阀间距

(6)油舱、油柜上方的注入阀要垂直于舱壁或平行于舱壁布置,并要布置在便于操作的位置,必要时应设置直梯,或加小轴传动装置并引到便于操作处。

(7)洗脸盆、小便器、沐浴器、浴缸的布置要求(推荐尺寸)如图 2.7 所示。

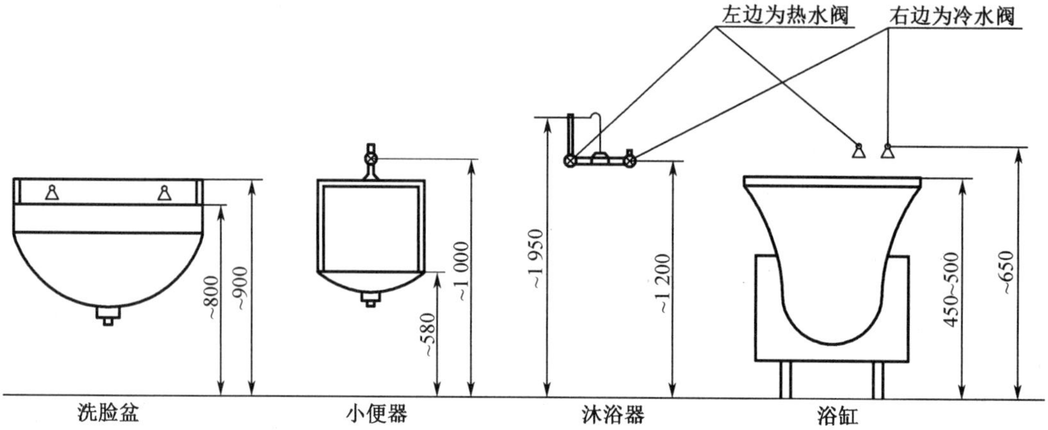

图 2.7　卫生设备安装高度

(8)蹲式便器的安装高度为 450 mm,冲洗阀安装位置分为右侧或后面,阀柄高度为 650 mm。

(9)坐式便器需设置 80 mm 左右的木垫,冲洗阀安装位置在便器的后面,高度为 550 mm。

(10)厨房洗池龙头的布置高度为 1 100 mm。

(11)手摇泵安装高度(手柄中心)为 750 mm。

(12)甲板消防阀应布置在通道明显处,便于操作使用,两个消防阀之间的距离不能小于 20 m。由下向上布置的消防阀高度(插口)距甲板为 70 mm 左右,由上向下布置的消防阀高度为 900 mm 左右。

(13)甲板漏水口的布置:

①布置在甲板或舱室内的最低部位(要考虑到甲板的抛昂势),并便于清洁;

②如无敷料时,漏水口上平面应低于甲板 3~5 mm。排出舷旁的漏水管应在船外板内侧加装覆板补强。其厚度一般不小于 14 mm;

③在房间内走道、浴厕室等肯敷料的区域、漏水口上平面,应低于敷料上平面 5~10 mm;

④冷库、缓冲间的漏水口应视绝缘高度定位,一般低于绝缘高度 10~15 mm。在绝缘层内不可设有可拆接头。

4. 管路的膨胀补偿

(1)下列管路必须采用弯管方法进行补偿。

①蒸汽管路;

②双层底内直管段长度超过 30 m 的中小口径管路(DN≤65);

③甲板上超过 30 m 的中小口径管路(DN≤65);

④两个舱之间、二层甲板之间或两大扶强材之间的直管;

⑤液压系统的高压管路。

(2)下列管路必须采用膨胀接头或挠性管作为补偿措施。

①双层底舱内的管路,如舱底水、压载水、燃油驳运等管路;

②甲板上的货油管、消防总管、压载水管以及大口径的电缆管等;

③货油舱内的专用压载管及货油管;

④连接震动较大设备(如主机、发电机、空压机等)的管子;

⑤排气管。

(3)膨胀接头尽量布置在管路补偿段中间,补偿区域长度控制在 30 m 以内,膨胀接头两边要各装一只托架式固定支架。

5. 穿越结构的开孔

(1)船体强力构件区域划分为:A 区域为弱应力区,B 区域为较强应力区,C 区域为强应力区,如图 2.8 所示。一般情况下,C 区域不允许开孔,而 A、B 区域开孔有一定的规定和补强措施要求。

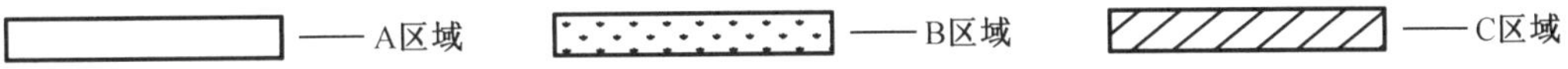

图 2.8　船体强力构件区域划分图

(2)船体强力构件上的管路开孔及补强按船体强力构件开孔及补强的有关规定实施。

6. 管子穿越水密非水密舱壁的结构

管子通过水密甲板、水密隔舱、双层底和舱室围壁等船体结构时,应采用通舱件、套管及座板等结构形式,如图 2.9 所示。

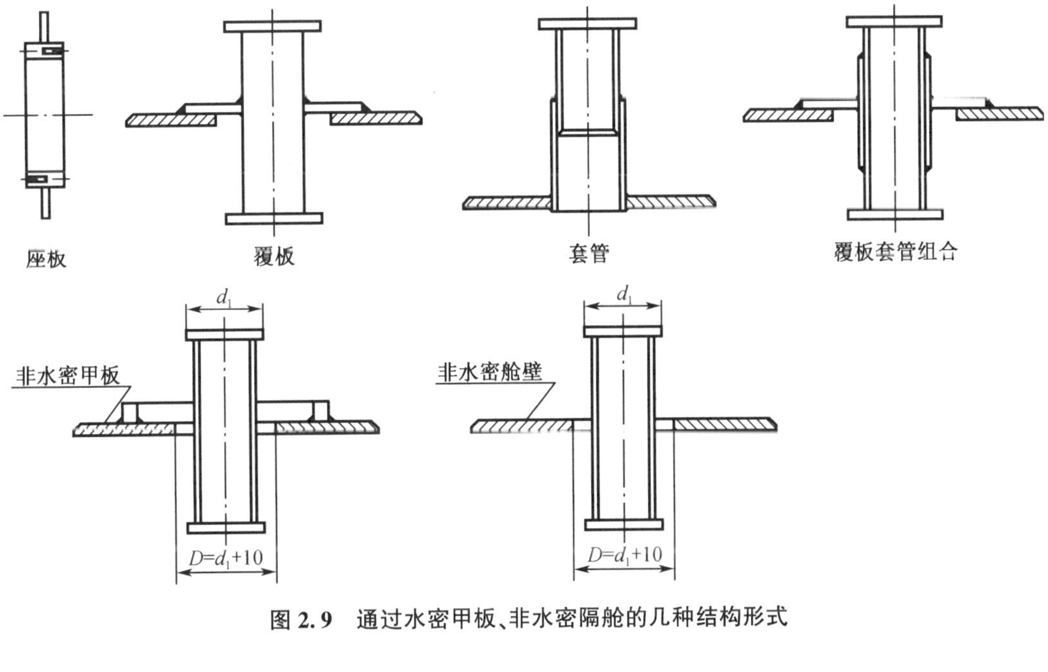

图 2.9　通过水密甲板、非水密隔舱的几种结构形式

7. 管路取段原则

(1)直管：长度分别为 6 m、4 m、3 m、2 m，形成标准管段。平面弯曲管的两边不宜取同等长度，一般长边为 2~4 m，短边为 0.4~1 m。弯曲角尽量采取特殊角，如 15°、30°、45°、60°、90°。

(2)管子弯曲半径为一般均为 3*D*（*D* 为管子外径）。油舱蒸汽加热盘可用 2*D* 弯曲半径。

(3)在局部布置困难的情况下可选用小弯曲半径的定型弯头连接。

(4)支管应布置在距管子端口约 150 mm 处，便于打磨清洁。

(5)当采用先焊后弯的工艺时，必须在法兰端留有足够直线段，满足夹头和拖板（或者滚轮）的必要工作长度。

(6)在管束单元布置不设补管的情况下，平行管路的法兰布置可分为阶梯型、交叉型、平行型三种形式，如图 2.10 所示。

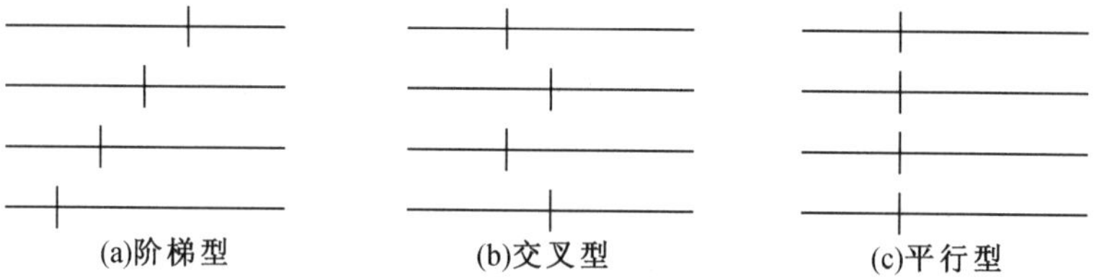

图 2.10　平行管路法兰布置

8. 管路支架布置及焊接

(1)支架的形式如图 2.11~图 2.16 所示。

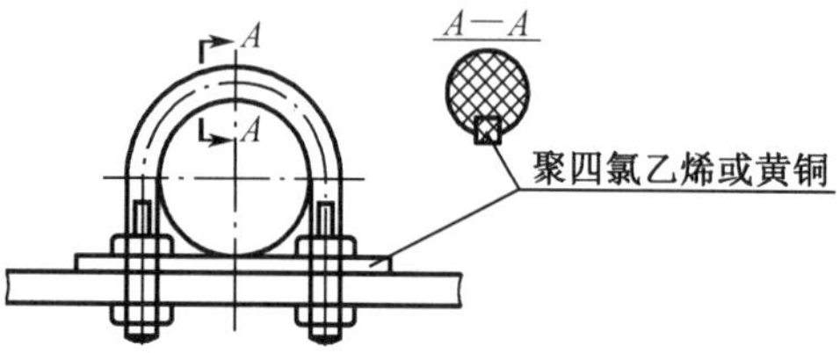

图 2.11　FBU 钢管支架

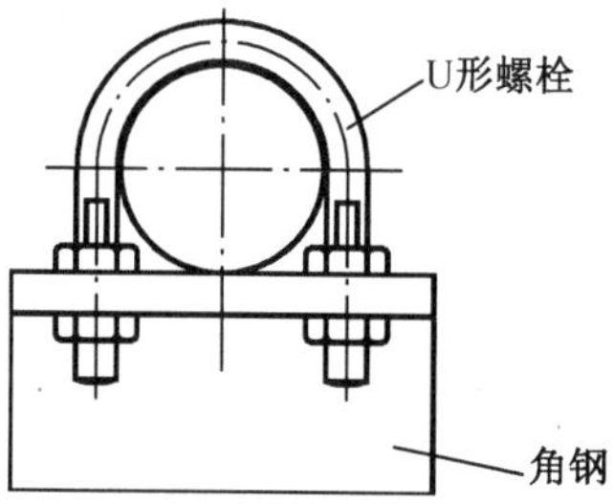

图 2.12　U 形螺栓支架

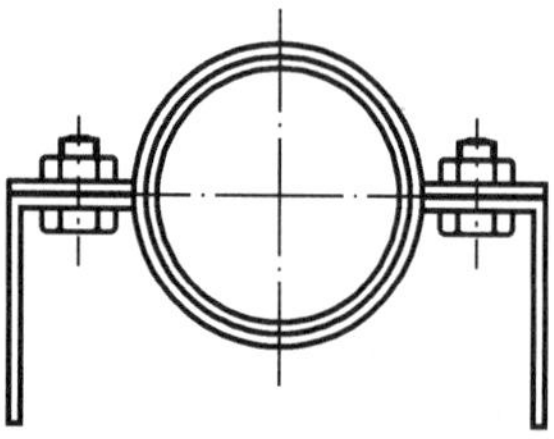

图 2.13　扁电支架

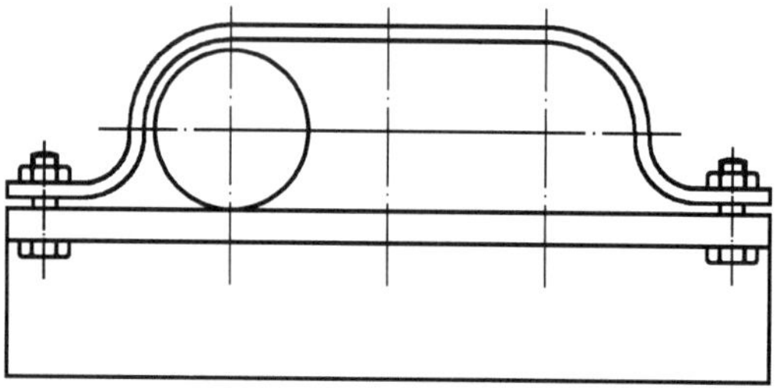

图 2.14　BRC 铜管多路支架

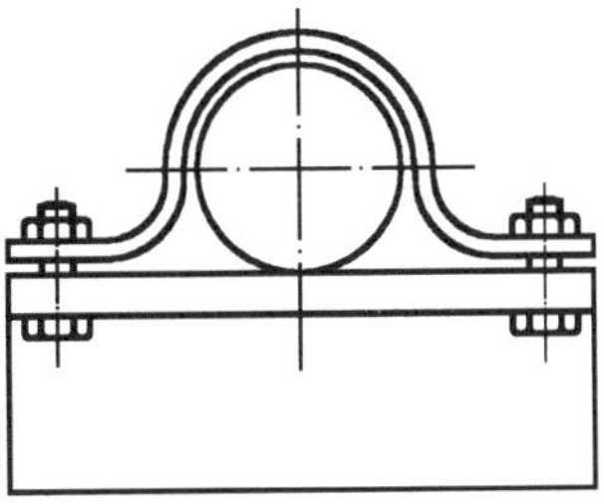

图 2.15　BRC 铜管单路支架

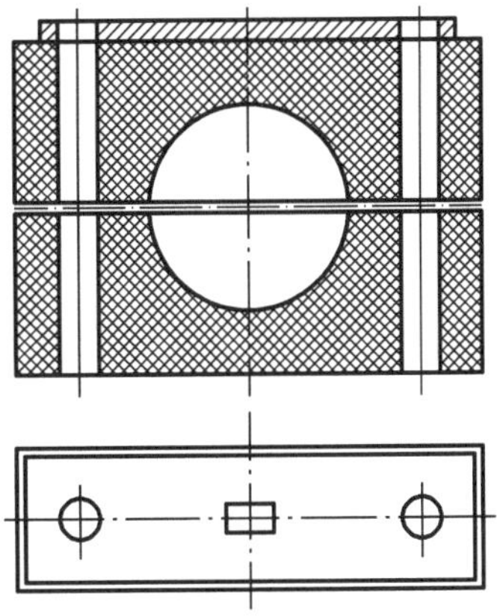

图 2.16　TS 型塑料支架

(2)支架焊装要求如下：

①上层建筑区域内的甲板、围壁上的梁、扶强材、桁材等构件上的支架支撑固定形式，如图 2.17、图 2.18 所示。

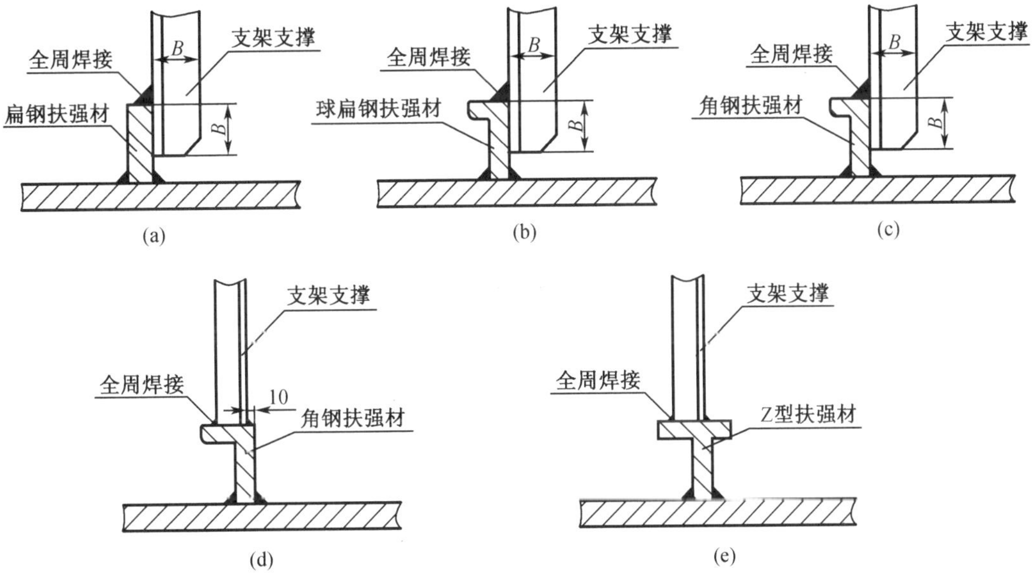

图 2.17　支架焊接形式(上层建筑区域)

②装在船旁的球扁钢、角钢，宽肋骨上甲板的横梁、宽横梁、桁材等构件的支架支撑固定形式如图 2.19 所示。

③装在压载水舱舭部肋板及双层底油舱肋板上的支架固定形式如图 2.20 所示。

④管子支架的安装间距见表 2.2。

⑤当扶强材面板上或近处有障碍物时，支架应选在扶强材的适当位置上固定，如图 2.21 所示。

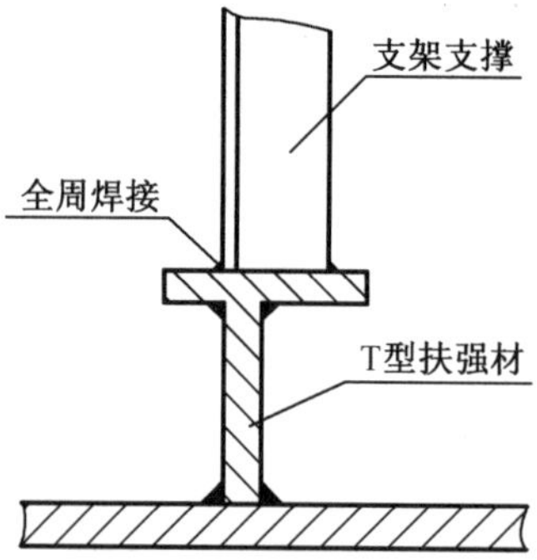

图 2.18　支架焊接形式(T 型扶强材)

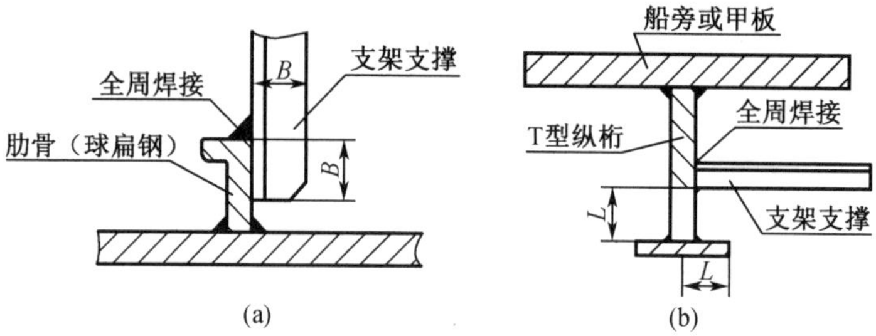

图 2.19　船旁板支架固定形式

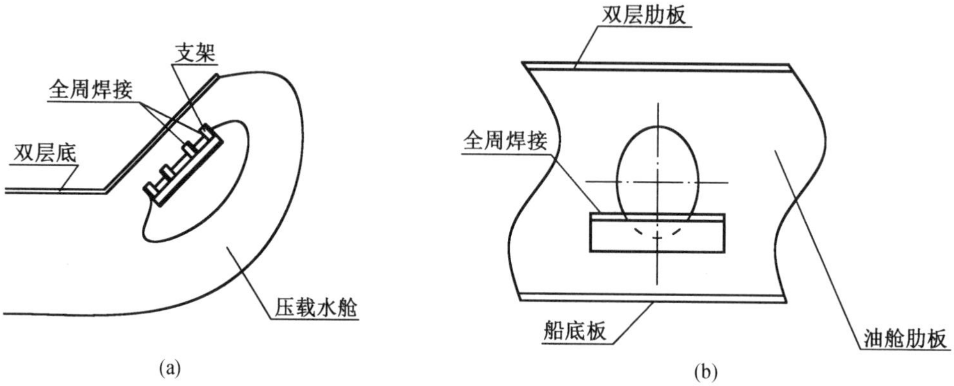

图 2.20　压载舱舭部及双层底油舱肋板支架固定形式

表 2.2　支架最大间距

管子公称直径/mm	最大间距/m	管子公称直径/mm	最大间距/m
10	1.4	125	4.1
15	1.6	150	4.5
20	1.8	200	5.0
25	2.1	250	5.5

表 2.2(续)

管子公称直径/mm	最大间距/m	管子公称直径/mm	最大间距/m
32	2.4	300	6.0
40	2.6	350	6.0
50	2.8	400	6.0
65	3.2	500	7.0
80	3.4	600	7.0
100	3.8	700	7.0

注:将选用以上标准距离为工作指南,可根据实际情况相应地增加。

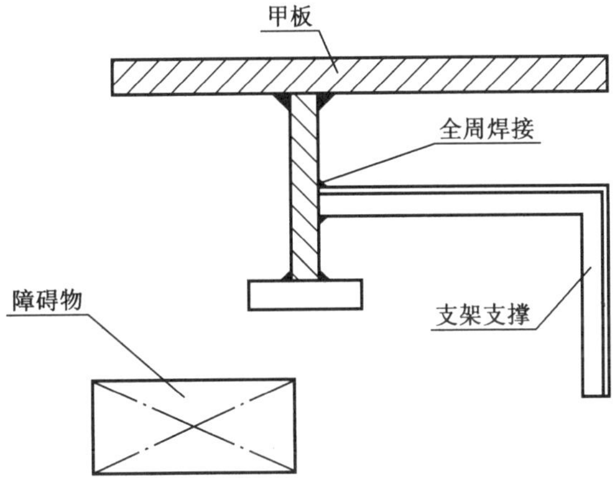

图 2.21　扶强材面板区域有障碍物时的支架固定形式

2.3　船舶管系安装工艺规范

2.3.1　安装前准备

(1)熟悉和掌握管系设计图纸与技术文件,按要求进行安装准备。

(2)安装的管子应有合格标记。管端严密封口,对封口损坏的管子,安装前需用压缩空气吹净管内壁。

(3)安装的阀门及管件等应有产品检验合格证书,并具有良好的清洁封口。

(4)法兰密封面和螺纹接头的螺纹不能碰伤或有其他损坏,如有损坏应予修正。

(5)安装的管子、阀门及管件等应对照相应图样和技术文件核实其正确性和配套完整性。

(6)管子和管件安装前应堆放在环境清洁的场所。

(7)镀锌管或镀锌零件的镀层表面应光滑,如在装焊时局部受到损伤应及时用富锌底漆补涂。

(8)管子连接机械设备时,应仔细检查管子与设备的对应接口是否一致,并检查设备接口内的清洁状况,如有污物或其他不清洁的情况,则应视实际情况,进行局部清洁或拆卸清洗,在达到要求后,方可与管子连接。

(9)管子连接阀门和其他管件时,应仔细检查管子与阀门和其他管件的对应接口是否一致,并检查阀门和其他管件接口内的清洁状况,如有污物或锈蚀,必须进行局部或全部清洁,在达到要求后,才能提交安装。

2.3.2 工艺要求

(1)管系安装必须按图纸进行,管子的排列应尽可能平直、成组成束并列,整齐和美观,避免不必要的迂回和斜交。

(2)管系的安装间距:

①并行管或交叉管,邻近两根管子(包括管子附件)间距一般应在 20 mm 以上,允许极限大于 10 mm,如图 2.22 所示。

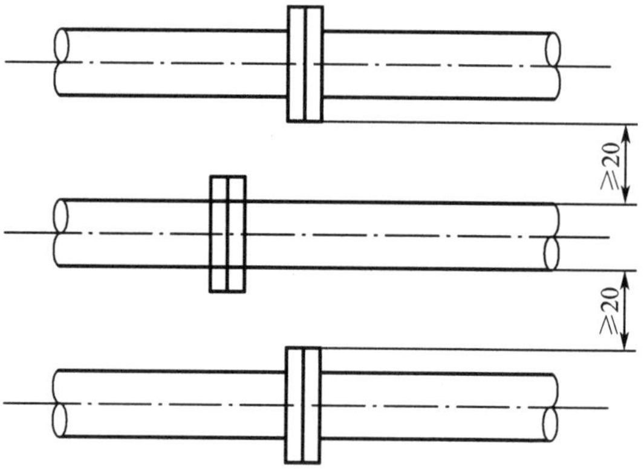

图 2.22 管子间距

②对于需要包扎绝缘的管子,包扎好绝缘后,其外缘与相邻管子、管系附件或船体结构件的间距在 20 mm 以上。

③下列管子与电缆的距离就一般在 100 mm 以上:

a. 蒸汽管子绝缘层外表;

b. 非水隔层绝缘的排气管外表;

c. 工作压力 9.8 MPa(100 kg/cm^2)以上的高压空气管。

(3)空气、透气管应尽量确保无冷凝水留现象产生。在露天的干舷甲板或在上层建筑的船楼甲板上敷设的透气管高度要符合图 2.23 所示要求。

(4)测量管安装力求垂直,如必须呈弯曲形时,则应弧顺、缓和,使测量工具(如测深尺)能顺利通过。测量管上端应引至易于接近的舱壁甲板以上的部位,而对油舱应引至开敞甲板上的安全位置,测量管最上端合适位置处有透气孔。在测量管下端口对应的舱底板上安装防击板,防击板尺寸见表 2.3。在测量管下端盖板处,即管端上开 3~4 个长槽,开槽位置如图 2.24 所示。

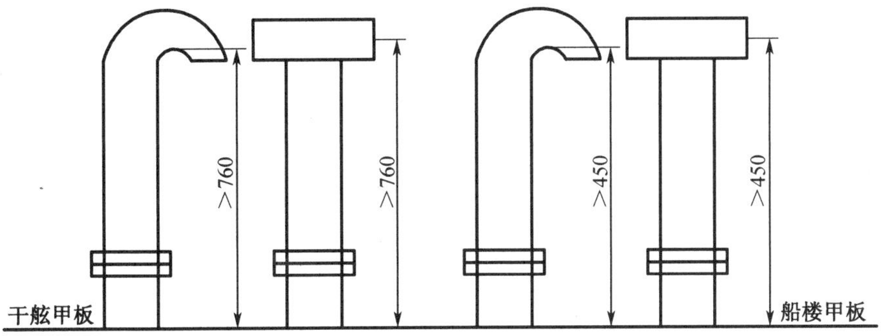

图 2.23　甲板上敷设透气管高度

表 2.3　防击板尺寸

单位:mm

测量管通径 DN	防击板尺寸 $D\times T$	测量管末端与防击板距离 L	
≤50	100×10	20~25	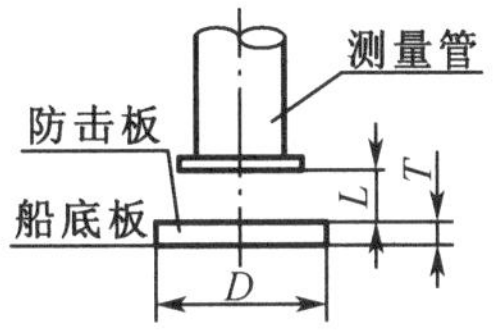
≥65	120×10	15~20	

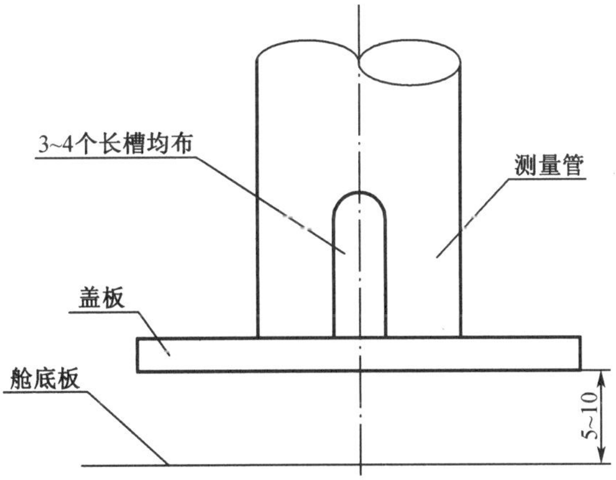

图 2.24　开槽位置

(5)凝水管路布置的斜度和放水阀或旋塞的数量和位置,应能在船舶处于正常纵倾、正浮或横倾不超过5°时,使凝水管系任何管段有效地泄放凝水。

(6)管子安装前,应检查管内清洁,如管子内壁有锈蚀,应及时予以清除。安装后的管路要防止异物进入,末端应予封口,保持管内清洁。

(7)主机滑油循环管路、汽缸油管路、凸轮轴滑油管路,安装后要进行投油清洗。

(8)蒸汽管、热水管的安装要求有热胀冷缩和补偿。

(9)舱柜空气管安装应保证空气是向上的,不能有“袋形”出现。

(10)无水封的便器和水池的泄放管路应设S弯头。管路的倾斜度为2°~3°。有条件的地方,应尽量增加疏通接头。

(11)在管子弯头处附近设置法兰时,一般情况下法兰不应嵌入管子的弯曲部分。

(12)中间有90°弯角的管子,应避免出现弯角管子两边较长和等长的现象。

(13)在船体分段连接处、单元连接处和设备连接处一般应设置嵌补管(合龙管)。嵌补管长度为1 m左右。

(14)为了便于管子安装,成束管子法兰的排列形状一般应为错开型或阶梯型,如图2.25所示。

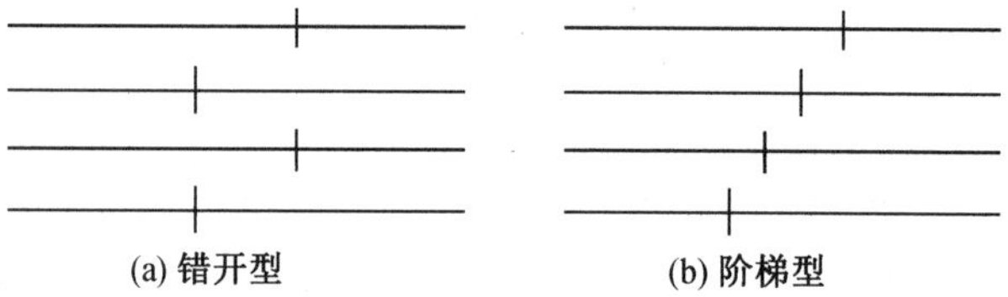

图2.25　成束管子法兰的排列形状

(15)阀、旋塞及滤器的安装位置,应设在便于操作和维修的地方。阀和阀并排布置时,操纵手轮的间距应在30 mm以上。

(16)当阀件布置于花铁板之下时,其操纵手轮应与花铁板平行,且应在其对应的花铁板上开孔并设置活络盖板。

2.3.3　工艺过程

(1)船舶管系安装必须按工艺阶段的要求先后进行分段预装、总段安装和船上安装。

(2)管子的安装:

①安装人员应先找出管子安装基准,然后按图依次安装,其基本方法是按距甲板(平台)、肋骨、船舯或船体相关结构的尺寸,确定管子的位置进行安装。

②安装好的管子不能处于受力状态。管端法兰的连接应同心。

③舷侧接管在船上安装时,应在肘板装配焊接后整体热镀锌。

④镀锌管件在船上焊接后,镀锌层破损处应涂富锌漆。

(3)卡套接头的安装:

①对卡套接头有预装要求的,应编制专用工艺文件。

②卡套接头的卡套与被连接管子之间的间隙,应符合卡套接头的技术要求。

③装入卡套接头处的管子外圆,应是无缺陷的圆柱表面;管子端面应垂直于圆柱面,且无毛刺。

④卡套接头连接的两根管子,应在同一中心线上。其安装过程如下:

a. 卡套接头安装时,应使卡套切入管子圆柱表面,形成密封环状;

b. 用手扳动卡套螺帽,使卡套螺帽与卡套和卡套接头体紧密贴合;

c. 管子塞入卡套螺帽、卡套、卡套接头体,且管子端面与卡套接头的止推面完全接触;

d. 用扳手扳旋卡套螺帽1~1.5圈;

e. 松开卡套螺帽检查卡套切入管子圆柱表面的状态,应是均匀的密封环状。

⑤重新安装,扳紧卡套螺帽。

⑥管子支架应布置在卡套接头的附近,用于卡套接头连接管子的支架,其分布应密一点。

(4)密封垫片的安装:

①密封垫片严格按管路系统规定的垫片材质安装。

②密封垫片安装时应保证垫片与法兰规格相一致,一对法兰之间只能放置一张垫片。

(5)紧固件的固定:

①法兰安装用的镀锌螺栓、螺母用于船上绝大部分场合。发黑处理的螺栓和螺母用于油舱内的管子。

②当法兰面平行于船体基线时,螺栓的六角头安装在法兰上面,螺母在下。

2.4　船舶管子零件设计规范

本节介绍船舶管子零件的设计依据、设计准则、设计内容、设计程序、设计方法和设计验证要求。

2.4.1　设计依据

(1)管子零件设计依据是:管件生产线及弯管机等相关加工设备的功能、特征和主要技术参数,最大限度地使管件设计适应引进的加工设备的相关要求。具体是:

①管件加工长度及其定长切割的规定;

②管件弯曲的弯模半径规定;

③弯管机的抓模及压模长度规定;

④弯角的首段和尾段长度,立体弯管的首段长度规定。

(2)管子零件设计,应根据管子材料、通径大小、工艺特征及加工要求等来确定其加工流程,以制定相应的加工单元生产任务和各个工艺流程分道生产任务。

(3)管子零件设计信息的提供,应根据管件加工管理系统需求及相关要素的规定,它们是:

①管件族的划分原则及各管件族的结构特征和工艺特征;

②分道生产流程的管理原则;

③大、中、小管线划分及其工艺方法;

④先焊后弯工艺的施工要领。

2.4.2　设计准则

(1)管段划分及管件设计,应完全满足管件加工和安装所规定的工艺要求、管系设计的技术条件。单元组装的管子,还应详细考虑组装和吊运的相关要求。

(2)管子零件设计,要符合管件形状和结构简单的原则,长度适宜,加工方便,为实现高效生产创造条件。

(3)管件的设计长度一般为0.15~9 m,具体应取决于管系的特征、管件的类型及安装区域的实际情况。一般规定如下:

①机舱区域的管件，其长度可取 2~4 m，且应注意分段划分的界面，以不超出分段端边为宜。

②主甲板和双层底管弄区域的管件，其长度可适当增加，尤其直线敷设的管件，小管（≤DN65）最长为 6 m，中管（DN80~DN200）最长为 9 m，大管（≥DN250）最长为 12 m。

③安装困难或场地位置狭小的管件，其长度适当减小，一般可取 1.5~2 m。

④最长的弯曲管件，其展开长度应控制在 6 m 之内。形状复杂的管件，其长度一般不宜超过 2 m。

⑤分段（总段）间的合龙管（嵌补管），其长度一般不宜超过 1.5 m。最短长度应分别控制如下：

a. 两端装焊法兰的管件≥1.2 m；

b. 一端装焊法兰的管件≥0.7 m；

c. 大管（≥DN250）最短≥1.5 m。

（4）管件设计应尽可能多用直管，少用弯管。

（5）弯曲管件的弯头，其个数最好为 1 个，一般不应超过 3 个。

（6）弯曲管件的弯头，应尽可能多用弯管机弯制，少用定型弯头等附件拼接。

（7）弯管的弯模半径均应符合 3 倍管子外径的要求。

（8）所有弯管，在弯头的首、尾两端（含两弯头间）应有足够的首、尾段长度及相关两弯头间的直线段长度。

（9）采用先焊后弯工艺的管件，其弯头数量一般应控制在 2 个以内。

（10）定型弯头的弯曲半径一般为 1.5 倍和 1 倍管子外径两种。

（11）弯管的弯角度应以整数为宜，优先选取的角度为 30°、45°、60°和 90°等特殊角，其次才选 15°、75°。当无法满足上述要求时，一般可以 5°为单位来增减，个别情况除外。

（12）采用定型弯头拼接管件，其弯角也应选用特殊角，少数特殊情况除外。

（13）弯曲的弯头或定型弯头，与法兰连接处应保持一定量的直管段，不允许法兰嵌入弯头内。

（14）弯管的两弯头之间转角，一般应优先选用 90°或者 180°，即优先选用平面或成垂直的转角为宜，其他的转角尽量避免。

（15）法兰螺孔的定位以“双眼”为准，按综合布置的要求予以正确确定。

（16）管子零件不允许采用异径法兰，一般应以标准的异径连接接头代之。

（17）支管必须设置在焊缝剖口容易清洁之处。同一个垂直于管中心的径向平面上不允许设置 2 个或多个支管。

（18）管件长度和形状的确定，应具体研究安装位置精度的控制和管理，在不增加调整管的前提下，考虑从前后、左右、上下 3 个方向长度补偿的可能性。

2.4.3 设计内容

1. 标准直管的设计

（1）范围：除主、副机排气管之外的所有管路系统。

（2）规格：DN25 至 DN500 的全部无缝钢管。

（3）长度：1.5 m、2 m、3 m、4 m、6 m、9 m、12 m，共 7 种长度。

2. 标准弯管的设计

(1)范围:同标准直管。

(2)规格:DN40 至 DN200 全部无缝钢管。

(3)尺寸:标准弯管,即为纵边(A)与横边(B)不等长的直角弯管件(图 2.26),共 8 种规格尺寸,具体尺寸见表 2.4。

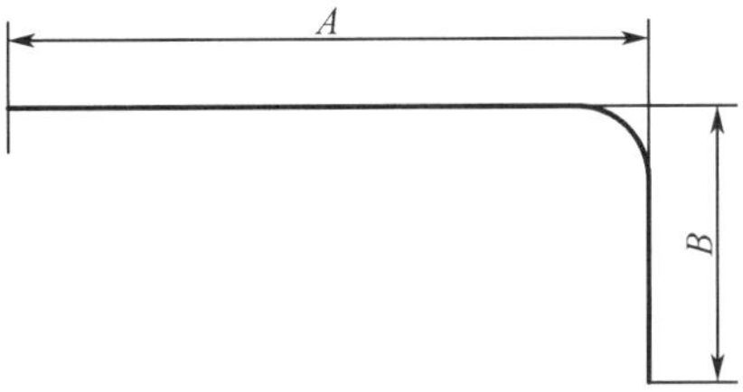

图 2.26　标准直角弯管件

表 2.4　标准直角弯管件尺寸　　单位:m

B	A			
1	2	3	4	6
1.5				

3. 典型管件的选择

典型管件是常用的具有典型形状的管子零件,它们均由一个或两个 90°弯头(含定型弯头)同一定长的直线段构成。具体 4 种结构形状如图 2.27 所示,弯曲管件设计时可优先选择采用。

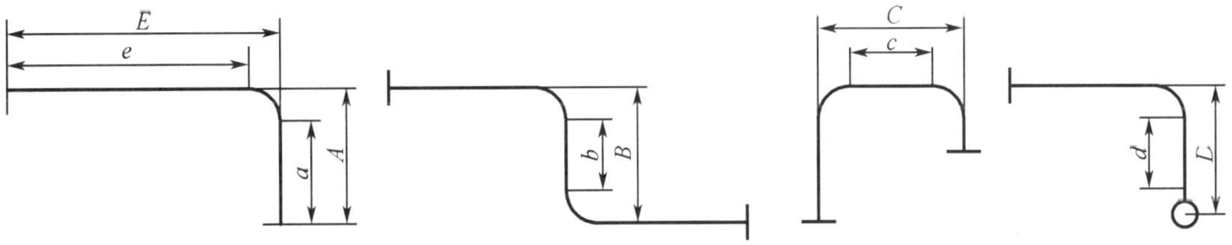

图 2.27　典型管件

4. 先焊(法兰)后弯(管子)管件的设计

(1)有足够的弯头首、尾段长度和相关两弯头之间的直线段长度的管子零件,系采用先焊后弯工艺加工。管子零件图上注明的下料长度,必须是扣除延伸后的实际长度。

(2)先焊后弯管件,应尽量避免有非特殊角的立体弯曲。

(3)先焊后弯管件,必须在零件图上注明首、尾端两法兰的相对转角。

(4)先焊后弯管件,其弯头的首、尾两端长度必须分别大于弯管机上抓模长度和压模长度,具体规定见表 2.5。

表 2.5　首段、尾段长度表

单位:mm

通径	首段长度	尾段长度	备注
15~40	L_1+35	L_2+35	L_1、L_2 分别为弯管机前后的抓模和压模长度
50~100	L_1+40	L_2+40	
125~200	L_1+60	L_2+60	

5. 管子零件图的内容

(1)管理信息

①管件加工代码,包括加工单元、工艺流程、管种、试验要求、表面处理及涂装要求等五项内容;

②船舶工程代码(根据工厂代码标准填写);

③托盘编号代码,包括安装阶段、分段或区域、单元或托盘序号等内容;

④管件名称代码,包括管系名称和零件编号等内容。

(2)材料表达部分

①标明管子材质(牌号和等级)、外径和壁厚;

②表示管材下料长度和所需材料数量统计;

③标明所需连接件的规格尺寸、数量和管件总质量等内容;

④管子加工所需其他附件,也应表达规格尺寸等内容及其数量统计。

(3)管子尺寸形状表达部分

①管子形状最好用不间断的实线,以正视图加俯视图来表示,简单图形允许用俯视图来表示;

②加工尺寸:包括弯曲形式及度数、起弯点尺寸、直线管段长度、法兰定位方向及相对转角数据、弯头转角数据、高度差值、点高值等内容,以符号和数字并用来表示;

③主管与支管之间的夹角;

④支管的形状及其装配坐标尺寸。

(4)加工工艺部分

①弯模半径;

②弯管顺序及其技术要求;

③强度试验压力数值(MPa);

④管子表面处理技术要求;

⑤检验形式及其要求。

(5)工时定额表达部分

对各道工序所需的定额工时分类表达,包括下料(切割、打磨)、焊接、弯管、校管、校管后焊接、打磨修正、强度试验、提交等。

6. 管理图表的内容

①单元任务单;

②分道流程任务单;

③管件表面处理清单;

④现校管清单;
⑤现场取样管清单;
⑥材料统计清单;
⑦附件统计清单。

2.4.4 设计程序

(1)分段或区域的管系综合布置。
(2)综合协调和优化。
(3)管段划分。
(4)管子零件确定。
(5)电算指令填写。
(6)零件图绘制。
(7)管理图表生成。

2.4.5 设计方法

(1)根据设计依据和设计准则来具体确定管子零件的形状和长度。

(2)根据管件的结构特征和工艺特征来划分管件族。管子零件"族"性的确定方法见表2.6的分类说明。

表2.6 管件族分类

编码	代号	特征
1	SS	光直管(150 mm≤L≤9 000 mm)
2	SG	带法兰或套管短直管(700 mm≤L≤1 200 mm)
3	SC	端部无法兰或套管的直管,中部有附件或支管
4	BB	冷弯光管
5	BA	先弯管后装附件或支管
6	SB	先焊法兰或套管后弯管
7	FA	先焊后弯,中部有附件或支管
8	SF	带法兰或套管长直管(L>1 200 mm)
9	SA	端部有法兰或套管的直管,中部有附件或支管
0	HB	热弯管

(3)根据管子材料、通径来确定加工单元;根据管子零件的"族"性来确定分道生产流程,并分别生成任务单。

(4)根据管件加工的要求,提供管件加工管理信息和工艺信息。

(5)管件设计的优先顺序是:标准直管、直管、标准直角弯管、典型弯管、先焊后弯管、一般装焊弯曲管、平面弯管、立体弯管。

2.4.6 设计验证要求

(1)管件设计直管比例不低于30%(含1、2、3、8、9五个管件族)。

(2)管件在生产线上加工的比例即上线率不低于60%(含1、2、3、6、7、8、9七个管件族)。

(3)采用先焊后弯工艺加工管件的比例不低于40%(含6、7、8、9四个管件族)。

2.5 船舶空调通风管系综合布置设计规范

本节介绍了船舶空调通风管系综合布置设计依据、设计准则、设计内容、设计程序和方法、设计验证要求。

2.5.1 设计依据

(1)船舶建造合同及其技术文件。

(2)相关的国家标准及行业标准要求。

(3)企业船舶建造方针中的有关要求。

(4)空调通风系统详细设计图纸资料。

(5)全船总布置图、舱室布置图、防火分割图、绝缘和甲板敷料图及相关区域的船体结构图、管系原理图、主干电缆走向图等有关资料。

(6)空调通风设备资料。

2.5.2 设计准则

(1)空调通风管系综合布置应符合该船入级的船级社及挂旗国的规范要求。

(2)空调通风管系应用不燃材料制造。

(3)空调通风管系穿过A级舱壁或甲板时,若风管净截面超过0.02 m^2,则风管壁厚至少为3 mm,跨越长度至少为900 mm,该长度最好分成在舱壁或甲板的两侧各450 mm,且此根风管应具有与舱壁或甲板同样的耐火隔热性。

(4)空调通风管系穿过A级舱壁或甲板时,若风管净截面超过0.075 m^2,除应满足上述第(3)条外,还应设置挡火闸,挡火闸应自动动作,也能在舱壁或甲板的两侧人工关闭。

(5)空调通风管系服务于A级分隔包围的处所、厨房、驾控室等区域,风管进出该区域的限界时,风管壁厚至少为3 mm,跨越长度至少为900 mm,且风管接近穿过限界处设有自动挡火闸。

(6)空调通风管系穿过B级舱壁时,若风管净截面积超过0.02 m^2,应装有长度为900 mm的钢质套管,该套管最好分成在舱壁两侧各450 mm。

(7)空调通风管系的主要进风口应能在通风处所的外部加以关闭。

(8)风管穿过桁材的通舱件应满足规范要求。

(9)风管上设置的调风门或防火风闸应便于人员操作或维修。

(10)管路上宜采用小角度弯头,两个弯头的间距一般不小于管子通径的5倍。

(11)空调通风管路应尽量采用标准截面,截面的规格参照《船用通风系统管路和附件的公称尺寸》(CB/T 4180—2011)的规定。

(12)空调通风管路中采用的通风附件应满足《船用通风附件技术条件》(GB/T 3029—1996)的规定。

(13)空调通风管路穿过舱壁或甲板的通舱管件应按《船用通风管路通舱管件》(CB/T 204—1999)的要求制造。

(14)空调通风管路中的风管吊架应按《风管吊架》(CB/T 210—1995)的要求制造。

(15)主风管上开支管时,为保证风量流通,沿气流方向要有一定的倾角。

(16)依据通风管路服务区域的要求,确定支管的分布形式,并在适当位置加设调风门。

(17)空调通风管路一般应布置在主干电缆和相关管系的下面,同时也要考虑相邻管系的布置情况,并保证相互间的间距要求。

(18)空调通风管路布置力求整齐、美观,并符合使用操作要求,便于施工、清理和维护。

2.5.3　设计内容

(1)按区域,以船体结构模型、木作流通图和天花板排版图作为背景,进行空调通风设备、附件和风管的建模,内容包括:

①空调装置:包括中央处理单元、空调压缩机组和单位空调等;

②各类通风装置:如风机、通风筒、水密百叶窗及有关基座等;

③空调风管、机械抽送风管、平衡风管、回风风管及管路上的布风器、抽送风头、通风栅、调风门、防火风闸等附件和固定件。

(2)通过计算机建模进行各专业之间的相互平衡,最后进行综合布置。

(3)通过计算机系统处理,生成风管制作图、安装图以及托盘表。

(4)利用计算机设绘铁舾件的制作图和安装图。

2.5.4　设计程序和方法

(1)图纸及资料准备

①舱室布置图、船体基本结构图、防火分割图、卫生单元图。

②各种管路系统图。

③主干电缆走向图。

④相关设备和附件的布置位置和外形尺寸。

⑤空调通风系统详细设计图纸

(2)通风附件和螺旋风管的布置

①通风栅的安装形式如图2.28所示。

②布风器的安装形式如图2.29所示。

③抽风头的安装形式如图2.30所示。

④菌形通风筒的安装形式:

a. 当菌形通风筒的安装高度 $H<900$ mm时,其安装形式如图2.31所示;

b. 当菌形通风筒安装高度 $H\geq 900$ mm时,应加肘板,其安装形式如图2.32所示;

c. 当通风筒连接风机时,菌形通风筒安装应加肘板,如图2.33所示。

⑤壁式通风栅的安装形式如图2.34所示。

⑥回风防火风闸的安装形式(垂直、水平)如图2.35所示。

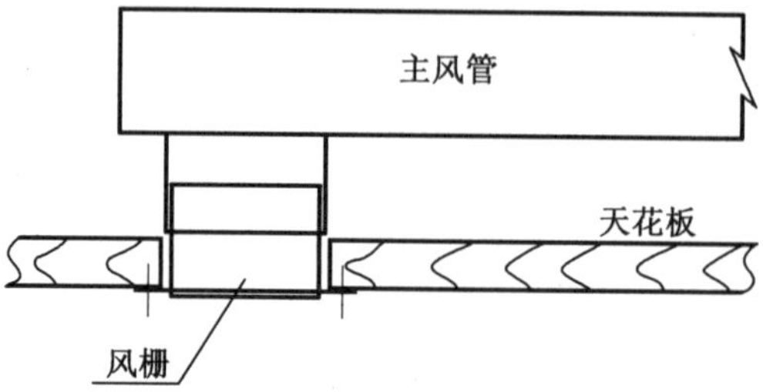

图 2.28　通风栅的安装形式

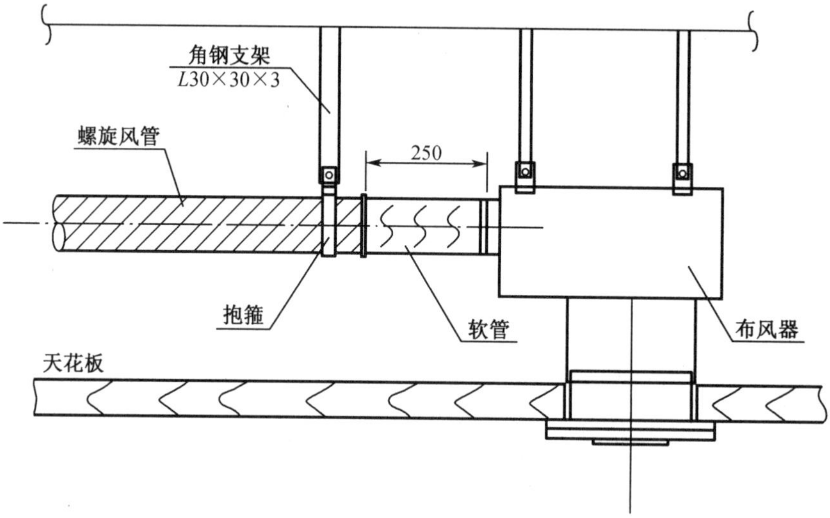

图 2.29　布风器的安装形式

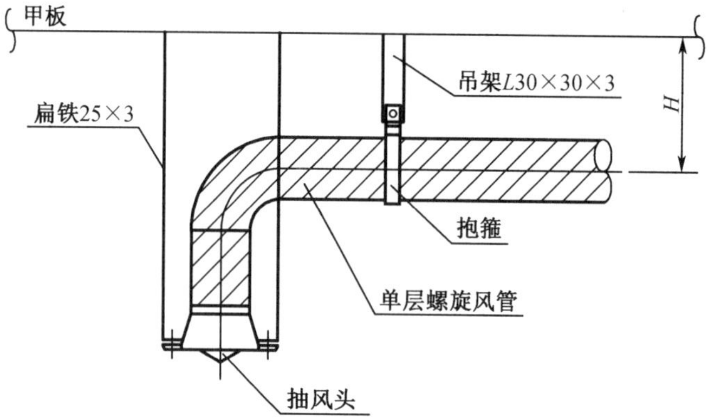

图 2.30　抽风头的安装形式

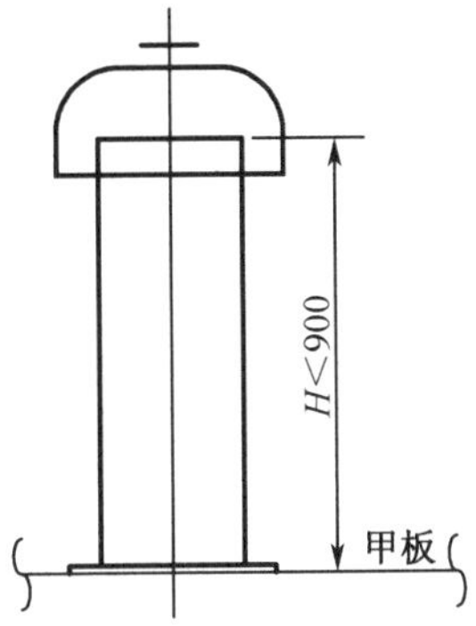

图 2.31　菌形通风筒的安装形式(1)

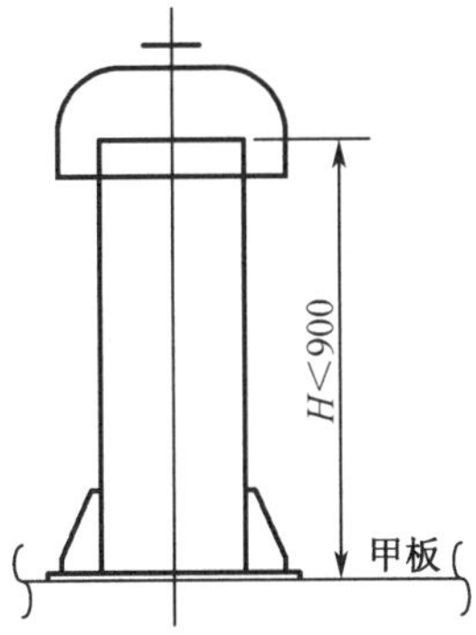

图 2.32　菌形通风筒的安装形式(2)

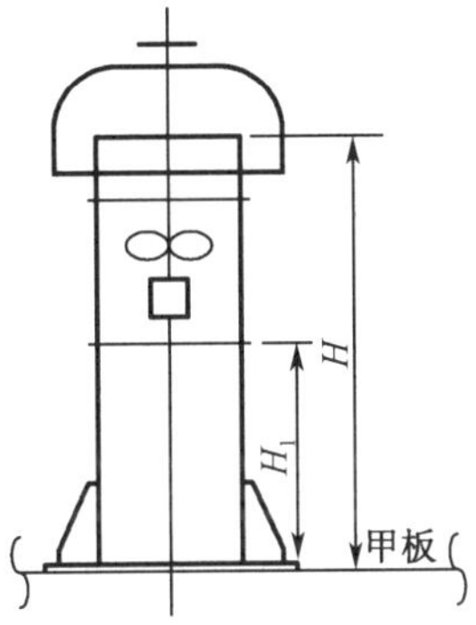

图 2.33　菌形通风筒的安装形式(3)

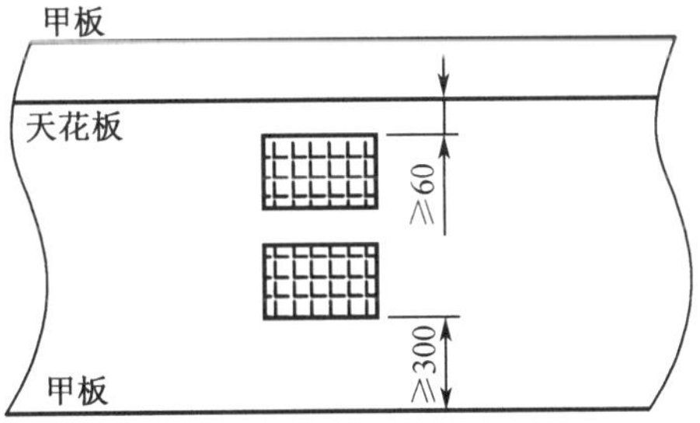

图 2.34　壁式通风栅的安装形式

⑦螺旋风管的安装形式如图 2.36 所示。

(3)确定空调通风设备的布置位置

通过舱室布置图、空调通风系统的详细设计图以及专业之间的相互协调，确定空调通风设备(中央空调器、压缩机组、通风机和单位空调等)的布置位置。

(4)确定布风器、抽风头和通风栅等的布置位置

根据舱室布置图、天花板排版图、空调通风系统的详细设计图以及专业之间的相互协调，确定布风器、抽风头和通风栅等的布置位置。

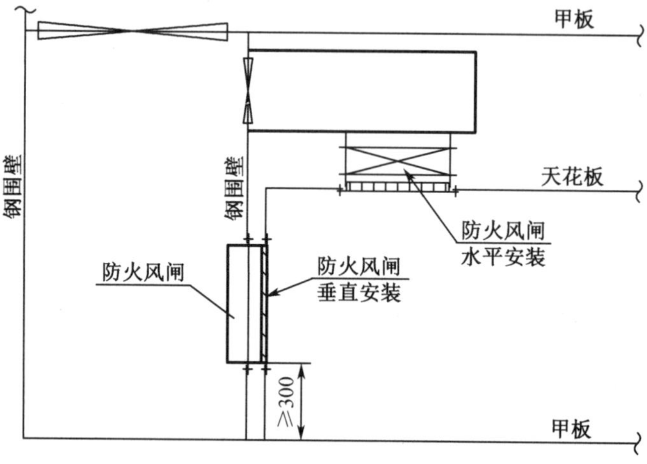

图 2.35　回风防火风闸的安装形式

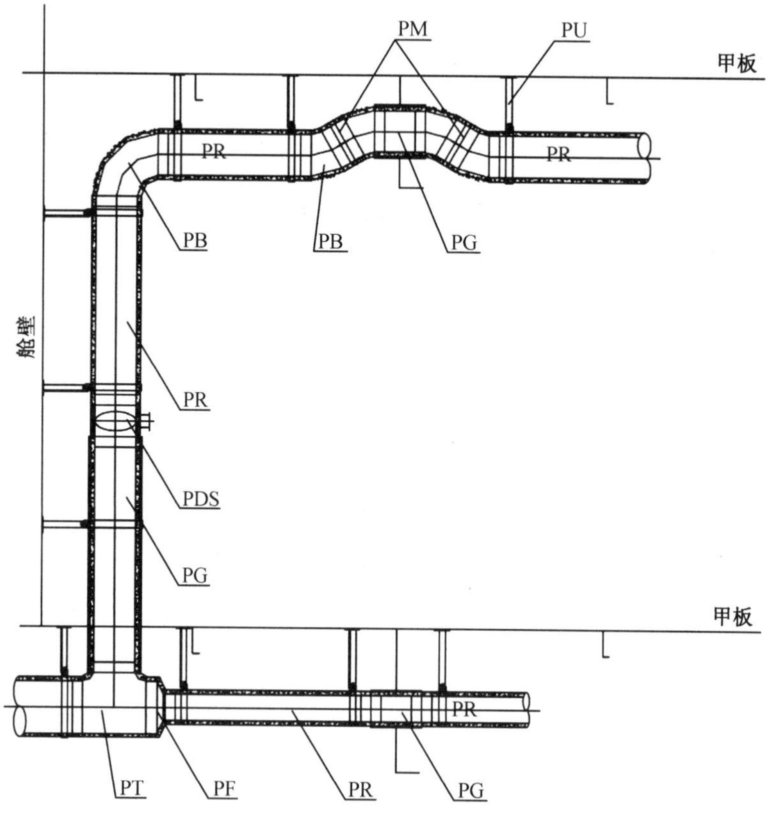

PT—预绝热三通;PF—预绝热异径;PR—预绝热螺旋风管;PG—预绝热通舱件;
PDS—预绝热调风门;PB—预绝热弯头;PM—预绝热套管;PU—预绝热吊架。

图 2.36　螺旋风管的安装形式

(5)确定空调通风管路的走向位置

根据舱室布置图、天花板排版图、防火分割图、绝缘和甲板敷料图、空调通风系统的详细设计图以及专业之间的相互协调,确定空调通风管路的三维走向。注意如下几点:

①穿过 A 级分隔舱壁的风管贯通件应满足 SOLAS 规范要求,即当风管的净截面积 $S \geq 0.02\ m^2$ 时,其使用的贯通件长度应≥900 mm。

②风管必须通过大梁时,开孔及补强要求应符合船体强力构件开孔及补强的规定。

③附件安装参照第(2)条的要求。

④风管平均间隔 1.5~2.0 m 设置风管吊架 1 只。

(6)空调通风管路的干涉检查和优化处理

通过风管建模,利用计算机软件对风管、水管、电缆托架、船体结构以及木作结构进行干涉检查,通过干涉检查可以进一步调整风管、水管、电缆托架的相对走向,确保其布置正确及合理。

(7)须设绘剖面图的场所

由于在平面安装图中有些地方重叠后安装信息不详,为了便于施工,空调通风管路安装图在下列场所须设绘剖面图:

①风管和电缆在同一个围井内的风管布置。

②风管与水管和电缆交叉通过的地方,特别是处于大梁下管子密集的地方。

③送风、回风管进出空调器室的风管排列。

④舱壁、挡风板或大梁上有集中开孔的地方。

⑤舱壁或围壁上有安装通风附件的地方。

(8)对空调通风管系安装托盘表的要求

空调通风管系安装托盘表应完整地表达机电设备、管子、支架及有关附件等物量信息。

2.5.5 设计验证要求

(1)空调通风管系综合布置是否符合规格书的要求和详细设计图纸的要求。

(2)空调通风管系综合布置是否符合相关专业的图纸和资料的要求。

(3)空调通风管系综合布置是否满足加工工艺和安装工艺的要求。

(4)空调通风管系综合布置是否满足有关设备的要求。

(5)空调通风管系综合布置是否满足船级社和 SOLAS 的规范要求。

(6)空调通风管系综合布置是否满足船东的要求。

(7)空调通风管系综合布置是否符合提高预舾装率、缩短造船周期的要求。

2.6 箱柜附件布置设计规范

本节介绍了船舶机、泵舱区域系统及甲板机械的箱柜附件布置的设计依据、设计内容、设计方法。适用于船舶机、泵舱区域系统及甲板机械的一般油、水箱柜附件布置的设计。船舶箱柜附件的布置必须合理、完整,并力求整齐、美观,布置应便于施工、检查,方便船员的操作和维护。

2.6.1 设计依据

(1)相关的规范、国际公约等。

(2)规格书、船舶建造合同及其技术文件。

(3)相关的国家标准及行业标准要求。

(4)公司的船舶建造方针中的有关要求。

(5)轮机管系系统详细设计图纸资料。

(6)全船总布置图、机舱布置图及相关区域的船体结构图等有关资料。

(7)相关设备及箱柜附件的样本和资料。

2.6.2 设计内容

(1)按区域,以相关船体结构及箱柜结构模型作为背景,进行机舱箱柜附件的建模和布置,内容包括:

①附件装置:包括人孔盖、注入管、吸入管、空气管、测量管、溢流管、放泄管(放泄螺塞)、加热管、薰舱管、液位计、液位开关、温度计、吊攀、铭牌等。

②附件焊接座、座板:包括温度计焊接座、箱柜铭牌座;穿舱管子座板、液位开关座板、放泄螺塞座等。

(2)通过计算机模型进行相关专业之间的相互平衡,最后进行综合布置。

(3)通过计算机系统处理,生成箱柜附件布置图及托盘表。

2.6.3 设计方法

1. 箱柜附件的布置安装

(1)人孔盖

①对于位于机舱双层底区域内的箱柜,当需要在该箱柜顶部的机舱内底板上布置人孔时,一般选用 A 型人孔盖;当布置在双层底内该箱柜的侧面时,一般选用 B 型人孔盖。

②对于位于平台上与船体结构相关的箱柜,一般选用 B 型人孔盖,其安装高度以方便人员进出为宜。

③对于独立油、水箱柜,可根据箱柜的实际用途、尺寸、使用要求等,选用适当型式的人孔盖(手工盖),并进行合理的布置。

(2)注入管

①注入管的形式主要包括法兰式顶装注入管和法兰式侧装注入管。

②法兰式侧装注入管安装时应尽量靠近箱柜顶部。

③对于注入管,其末端的箱柜壁上通常需要加装防击板。

④当箱柜管件穿过船体结构时,应根据有关规范要求采取开孔补强措施。

(3)吸入管

①常用的吸入管为带吸口的法兰式吸入管(图 2.37),吸口的选用可参阅《吸入口》(CB/T 495—1995)。

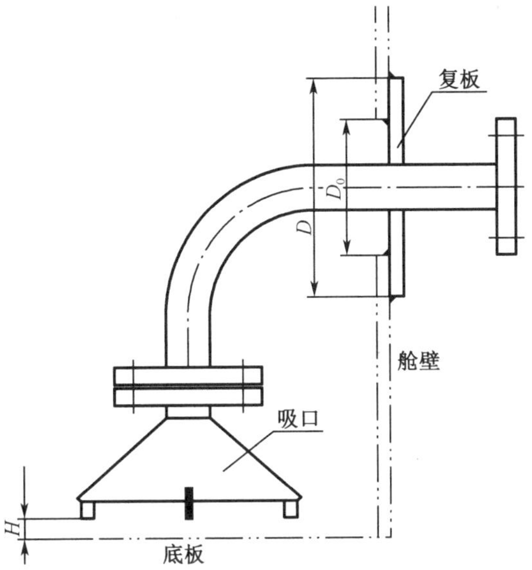

图 2.37　带吸口的法兰式吸入管

②图 2.37 中吸口底脚距底板的高度 H 一般为 5~10 mm。

③当吸入管兼作注入管时,通常在其吸口下方需要配装覆板。

④对于图中 D(覆板尺寸)、D_0(舱壁开孔尺寸)的具体参数,按照《法兰式通舱管件》中不同的法兰标准选用。

⑤吸入管在箱柜上的布置位置靠近箱柜底部,并参照②中的要求及管子通径推算出开孔位置。

⑥对于安装在油舱内的吸口,需沿吸口支撑板下端焊一周铜焊或底脚用铜螺栓固定。

(4)空气管

①对于独立的油、水箱柜,通常采用鹅颈式空气管。

②空气管在箱柜上的开口必须布置在箱柜最高处,应保证空气或其他气体在箱柜易积聚的地方能自由逸出,而且该开口必须高于箱柜上溢流管的开口。

③一般情况下,空气管布置时应尽可能远离注入管的位置。

(5)溢流管

溢流管在箱柜上的开口一般布置在约 95%舱容的高度处。

(6)放泄管(放泄螺塞)

①放泄管一般布置在箱柜的最低处,其端口一般距舱底 10~15 mm。

②放泄螺塞一般用于独立的油、水箱柜,通常布置于箱柜的底部或侧面靠近底部的位置。

(7)测量管

①测量管通常单独设置或与其他液位指示装置共同配置。

②测量管的布置位置应尽量靠近箱柜的最低位置处,其末端距底部一般小于 20 mm,在靠近箱柜顶板处应设置透气平衡孔。

③在测量管下端正对的箱柜底板上,应设有覆板以防止对底板的损坏,当使用底部封闭的测量管时,封板应进行适当加强。

(8)加热管和薰舱管

①对于盛装黏度较高油料的油柜,一般应设置蒸汽加热盘管和蒸汽薰舱管。

②蒸汽加热盘管一般布置在油柜的底部及吸入口处,并得到妥善的固定。

③薰舱管通常布置在靠近箱柜顶部。

(9)液位计及其座板

①平板玻璃液位计

a. 平板玻璃液位计安装布置时,一般在箱柜上的下部开孔,距底板不大于 200 mm,其显示范围一般应能反映 90%左右的舱容。

b. 当液位计上下开孔中心距超过 1.0 m 时,需选用带操纵装置的平板玻璃液位计,该操纵装置应布置在易于操纵的位置(平台以上 1 500~1 600 mm)。

②磁性翻板液位计

a. 磁性翻板液位计安装布置时,一般在箱柜上的下部开孔,距底板不大于 200 mm,其显示范围应能反映 90%左右的舱容,如果选用的磁性液位计有特殊的安装、检修要求,可按其要求进行相应布置。

b. 对于平板玻璃液位计和侧装式磁性液位计安装在箱柜上时,需带隔离阀,如图 2.38 所示。

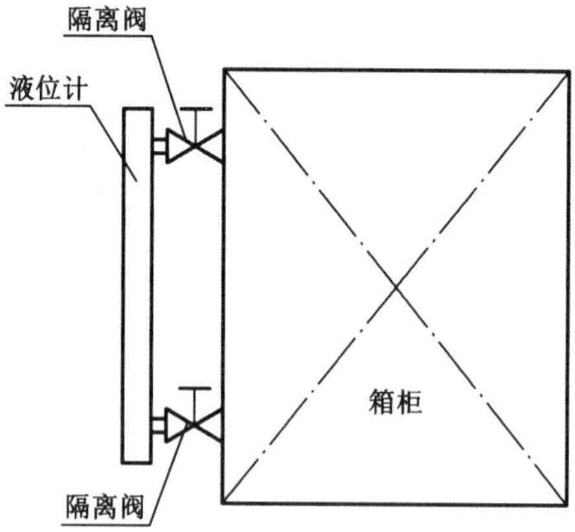

图 2.38　侧装式磁性液位计安装示意图

③当平台上与船体结构相关的箱柜布置上述附件时,通常安装高度比较高,故在箱柜外液位计边上应适当地布置直梯,以便人员攀登,对标尺上部进行观察读数。

(10)液位开关及其座板

①液位开关按安装形式分为顶装式和侧装式。

②液位开关在箱柜上布置时,按照输出舱容的低位/高位/高高位报警的要求,在对应的箱柜高度上布置。

③液位开关布置位置,可依自动化一览表以及系统要求做适当调整。

(11)温度计及其焊接座

①温度计的布置位置见表2.7。

表2.7　温度计的布置位置

箱柜形式	温度计型式	布置位置
内底油、水舱室	遥测温度表	表头引出到内底花钢板面上,并置于两侧船体结构上便于观察的位置
平台上油、水舱室	直型/直角型	平台以上为1 500 mm
独立油、水箱柜	直型/直角型	便于观察的位置

注:甲板上布置有花钢板平台时,温度计位置须相应抬高。

②对于敷设有绝缘保温层的箱柜,应选配合适长度的焊接座,留出足够的间隙,以使温度计不被绝缘材料包覆,影响读数。

(12)吊攀

一般容积超过0.5 m^3的箱柜均需安装供起吊用的吊攀。吊攀的型式应符合箱柜附件相关标准。

(13)箱柜铭牌座及铭牌

①一般布置在箱柜上便于观察的位置。

②箱柜铭牌座规格应符合相关标准。

2. 背景设计

根据需要,运用船舶三维设计软件调出本区域模块内的箱体结构及有关的船体结构、机械设备、电气设备等作为背景。

3. 确定箱柜附件的布置位置

根据舱室布置图、船体结构图、管系的详细设计图以及专业之间的相互平衡,确定箱柜附件等的布置位置。

4. 箱柜附件的干涉检查和优化布置

利用船舶三维设计软件对箱柜结构及附件、船体结构、管系、机械设备及其舾装件、电气设备及其舾装件等进行干涉检查,通过干涉检查可以进一步调整箱柜附件的位置,确保其布置正确及合理。

6. 箱柜附件布置图包括的信息

箱柜附件布置图须包括各附件的名称、规格、数量、安装位置坐标、开孔尺寸、连接件等。箱柜附件托盘表应完整地表达箱柜附件的名称、规格、数量等物量信息。

2.7 船舶主干电缆综合布置设计规范

本节介绍了船舶主干电缆综合布置设计原则、主干电缆走向图设计要求及设计验证要求。

2.7.1 主干电缆综合布置设计原则

(1)主干电缆综合布置应满足该船入级的船级社规范和建造规格书的要求。

(2)主干电缆综合布置直接影响船舶电力系统供电的可靠性,也关系到使用电缆的经济性和船上安装工艺的复杂性,船体、机装、舾装各专业设计人员应充分考虑电装专业的特点和重要性,在主干电缆综合布置过程中各专业应充分协调。

①应与总体专业协商解决专用的电缆垂直通道,此通道通常兼作区域配电室。根据船舶的大小,在适当位置选择一处或几处多层连续垂直通道。

②应与总体专业协商确定电缆水平路径满足平直和连续性要求,应充分注意水密舱、防火隔墙、冷藏舱、电气专用舱室等布置。

③在条件允许的情况下,当电缆通道、管系通道和风管通道并行布置时,应尽量横向展开。当纵向并行布置不可避免时,电缆通道应在管系通道和风管通道的上方或外侧。

(3)布置主干电缆时,主要考虑用电设备对电缆的走线和敷设的要求,电缆敷设的环境条件以及尽量节省电缆和降低工艺复杂程度。

①主干电缆应采用分层分束布置的原则,以满足电缆敷设的工艺要求。

②主干电缆通道应尽量平直,有足够的安装和维修空间,并不容易受机械损伤。

③主干电缆应尽量避免穿过防火、防爆及水密的舱壁或甲板,一般不应穿越水舱,严禁穿越油舱。

④主干电缆应尽量避免穿过船体强力结构件。

⑤主干电缆走向应避免潮气或水凝结的影响,尽量远离锅炉、热管或电阻器等热源。

⑥主干电缆不能穿越冷藏场所、蓄电池室及防爆区域。

⑦用于重要设备或应急动力设备,应急照明、应急状态下的船内通信或信号设备的电缆应尽量远离厨房、洗衣间、机器处所及机舱棚,以及有高度失火危险的处所。

⑧各主发电机至主配电板的电缆应分开敷设,并尽量远离。

⑨对于重要辅机,例如主机滑油泵、淡水冷却泵等,有时设置两套互为备用。这类互为备用的设备电缆应尽量远离敷设。

⑩非机舱辅机用电缆不应穿过机舱敷设。

⑪两路供电电缆应尽量分开敷设,实际不可行时,应尽量缩短敷设在同一电缆束的长度。

⑫舵机两路供电电缆和控制、报警等电缆,应尽量在水平及垂直方向远离敷设。

⑬主干电缆走向应考虑到通过用电设备集中区域或兼顾左右舷用电设备。

⑭主干电缆应远离具有较大失火危险的机械和机械部件敷设,但这些设备本身的电缆、以钢质舱壁或甲板与这些设备隔开的电缆及耐火电缆除外。

⑮沿船长方向敷设的长电缆管或托架应留有一定的伸缩空间,以防因船体变形而造成

电缆的损坏。

(4)对于特殊船舶,例如闪点不超过 60 ℃的油船、化学品船和电力推进装置的船舶等,主干电缆的走向设计必须满足其他附加要求。

2.7.2　主干电缆走向图设计要求

(1)总体平面布置背景图应注明各舱室部位的名称,各层甲板布局应顺序排列,注明肋位号,如几层平面在同一图面上,肋位号应尽量上下对齐。

(2)主干电缆均以粗实线表示。

(3)在复杂区域给出立体分解图。

2.7.3　设计验证要求

(1)主干电缆综合布置是否满足有关船级社规范和建造规格书的要求。

(2)主干电缆综合布置是否满足电缆敷设的工艺要求。

(3)主干电缆综合布置是否具有合理性、准确性和完整性。

(4)主干电缆综合布置是否与其他专业相容。

2.8　船舶电气设备安装工艺规范

本规范规定了一般电气设备安装前的准备工作、设备安装人员、设备安装的基本要求、操作要领和检验标准。

本规范适用于新建或修理船舶的一般电气设备的安装作业。无线电设备、导航设备及其他特种设备的特殊安装工艺不适用于本规范。

2.8.1　电气设备安装的基本形式

1. 直接紧固在支架或基座上

(1)螺栓紧固(图 2.39)

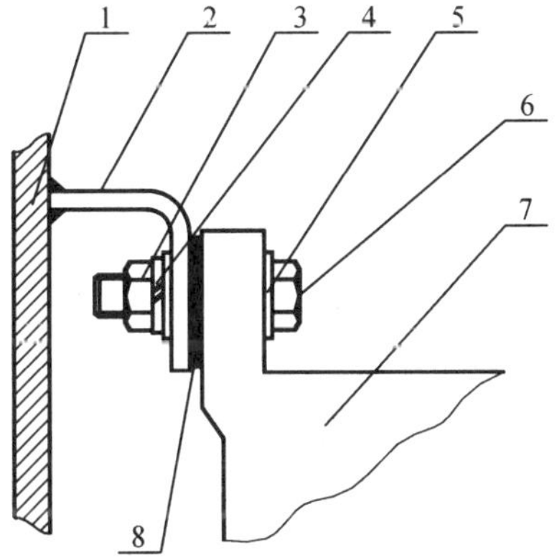

1—船体或金属构件;2—支架;3—螺母;4—弹簧垫圈;5—平垫圈;6—螺栓;7—电气设备;8—锡箔垫片(仅用于有接地要求的支脚)。

图 2.39　电气设备螺栓直接紧固

(2)焊接螺母紧固(图 2.40)

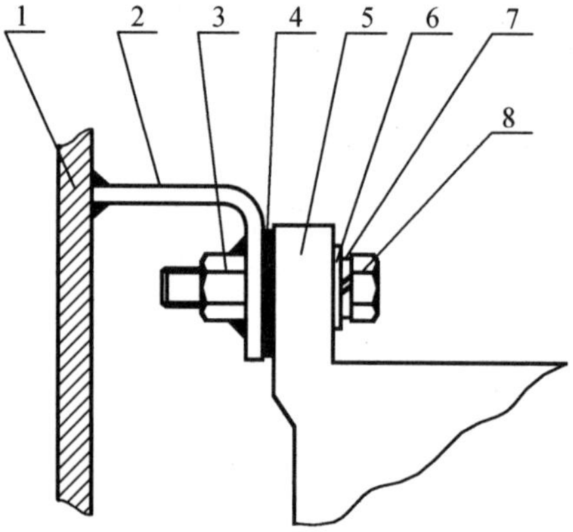

1—船体或金属构件;2—支架;3—螺母;4—锡箔垫片(仅用于有接地要求的支脚);
5—电气设备;6—平垫圈;7—弹簧垫圈;8—螺栓。

图 2.40　电气设备焊接螺母直接紧固

(3)螺钉紧固(图 2.41)

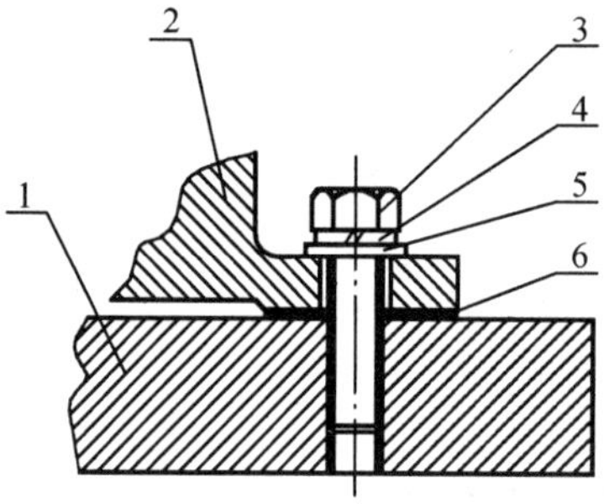

1—设备或基座;2—电气设备;3—螺钉;4—弹簧垫圈;5—平垫圈;6—锡箔垫片(仅用于有接地要求的支脚)。

图 2.41　电气设备螺钉直接紧固

2. 通过木垫或橡皮垫固定在基座上

(1)螺栓紧固(图 2.42)

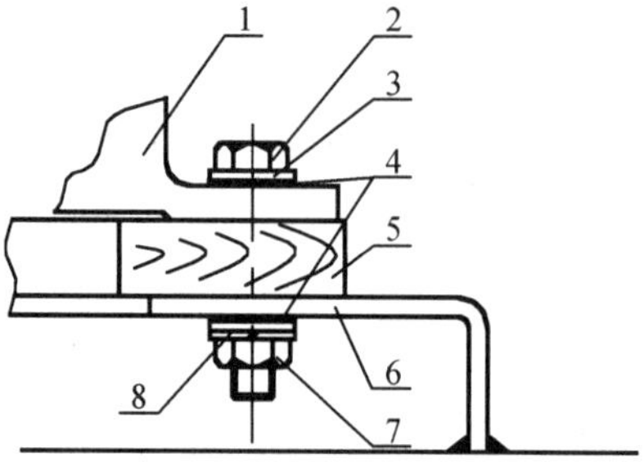

1—电气设备;2—螺栓;3—平垫圈;4—锡箔垫片(仅用于有接地要求的支脚);
5—木垫或橡皮垫;6—底座;7—螺母;8—弹簧垫圈。

图 2.42　电气设备螺栓间接紧固

(2)焊接螺柱紧固(图 2.43)

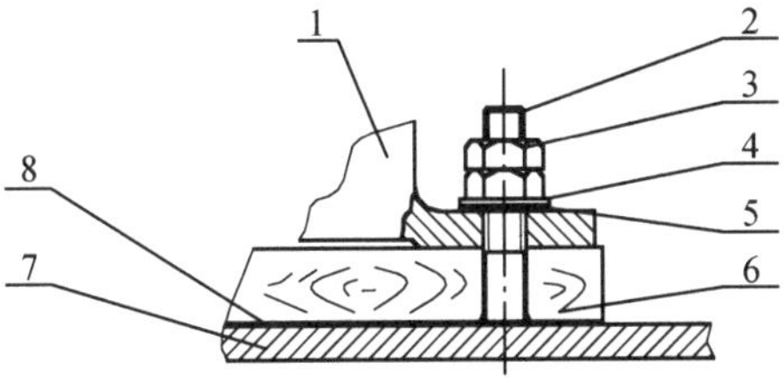

1—电气设备;2—螺柱;3—螺母;4—平垫圈;5—锡箔垫片(仅用于有接地要求的支脚);
6—木垫;7—船体或金属构件;8—厚白漆。

图 2.43　电气设备焊接螺柱间接紧固

3. 电气设备在复合岩棉板上的安装

(1)直接表面安装

电气设备(质量小于 5 kg)用自攻螺钉直接安装在复合岩棉板表面(图 2.44)。

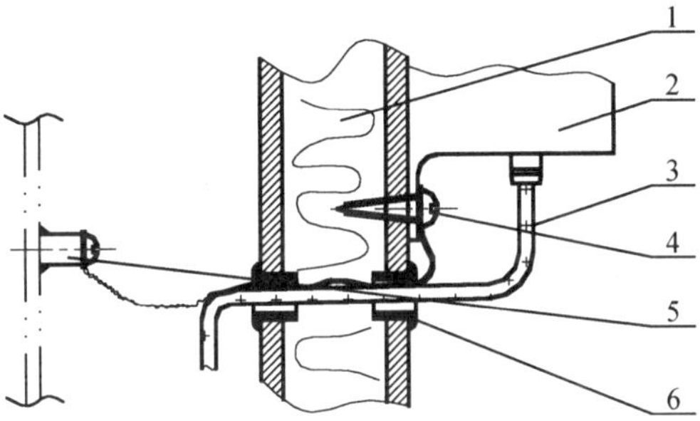

1—复合岩棉板;2—电气设备;3—电缆;4—自攻螺钉;5—接地柱;6—电缆衬套。

图 2.44　电气设备在复合岩棉板上直接表面安装

(2)直接嵌入安装

按电气设备(质量小于 5 kg)外形尺寸在复合岩棉板上开孔,孔略大于外形尺寸,将设备用自攻螺钉直接紧固在复合岩棉板上(图 2.45)。

(3)间接嵌入安装

用支柱或支架作安装件,将安装件焊接在船体构件上,按设备外形尺寸在复合岩棉板上开孔,待电缆进入设备后,安装复合岩棉板,见图 2.46。

(4)间接表面安装

用支柱或支架作安装件,其高度尽可能与复合岩棉板外部相一致,使电气设备紧贴复合岩棉板。

①支柱式(图 2.47);

②支架式(图 2.48)。

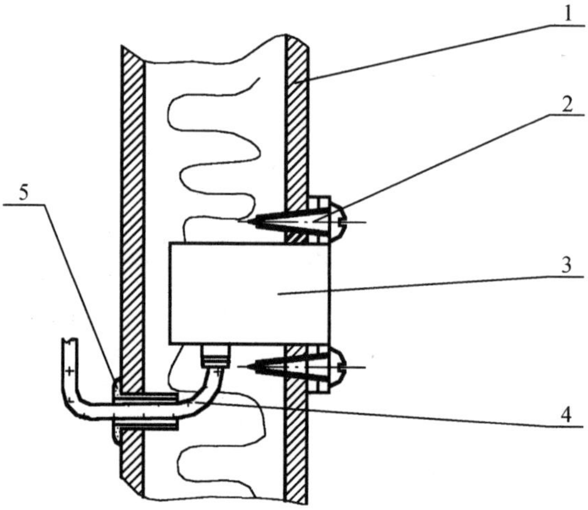

1—复合岩棉板;2—自攻螺钉;3—电气设备;4—电缆;5—电缆衬套。

图 2.45　电气设备在复合岩棉板上直接嵌入安装

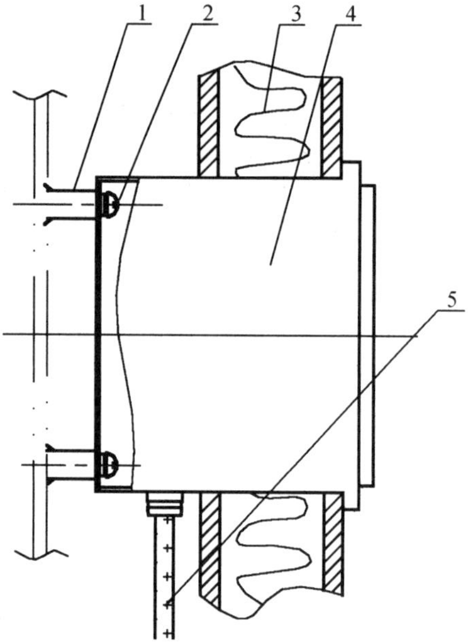

1—支柱;2—螺钉;3—复合岩棉板;4—电气设备;5—电缆。

图 2.46　电气设备在复合岩棉板上间接嵌入安装

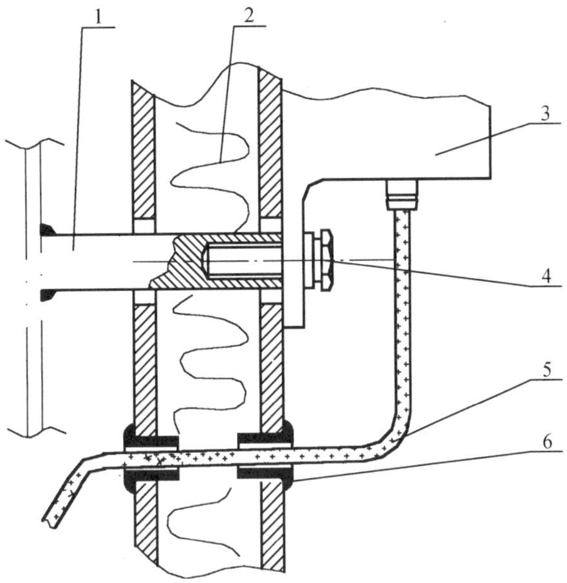

1—支柱;2—复合岩棉板;3—电气设备;4—螺栓;5—电缆;6—电缆衬套。

图 2.47　电气设备在复合岩棉板上支柱间接表面安装

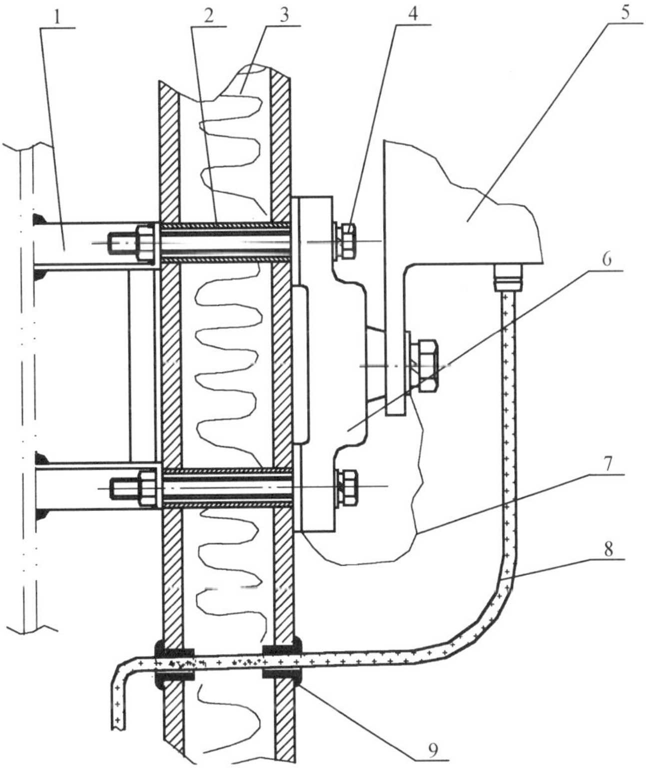

1—角钢支柱;2—衬套;3—复合岩棉板;4—螺栓;5—电气设备;6—减震器;7—接地跨接片;8—电缆;9—电缆衬套。

图 2.48　电气设备在复合岩棉板上支架间接表面安装

4. 灯具安装

(1)落地式旋转工作灯安装(图 2.49)

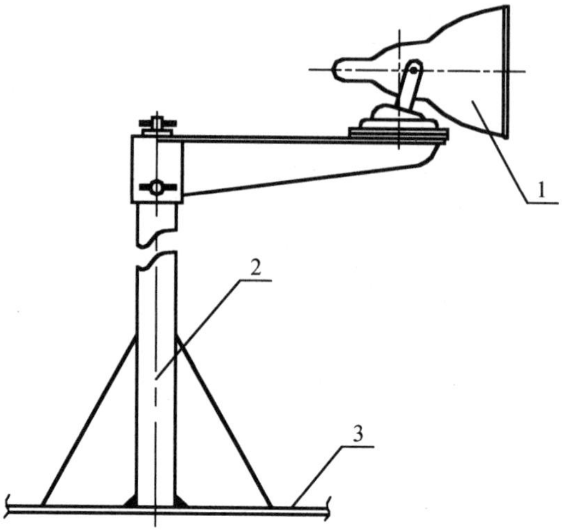

1—工作灯;2—落地式旋转支架;3—甲板。

图 2.49　落地式旋转工作灯安装

(2)壁式旋转工作灯安装(图 2.50)

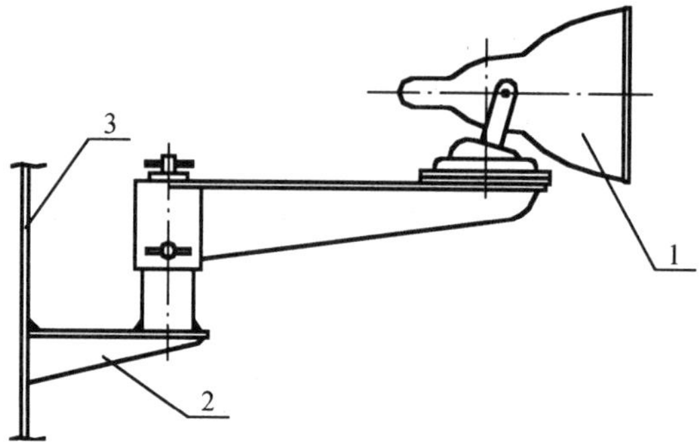

1—工作灯;2—壁式旋转支架;3—舱壁。

图 2.50　壁式旋转工作灯安装

(3)机舱舱顶灯安装(图 2.51)

(4)机舱荧光灯安装(图 2.52)

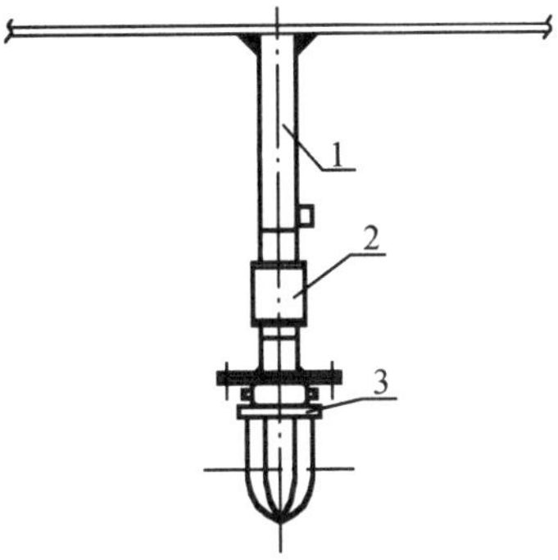

1—镀锌钢管;2—连接器;3—舱顶灯。

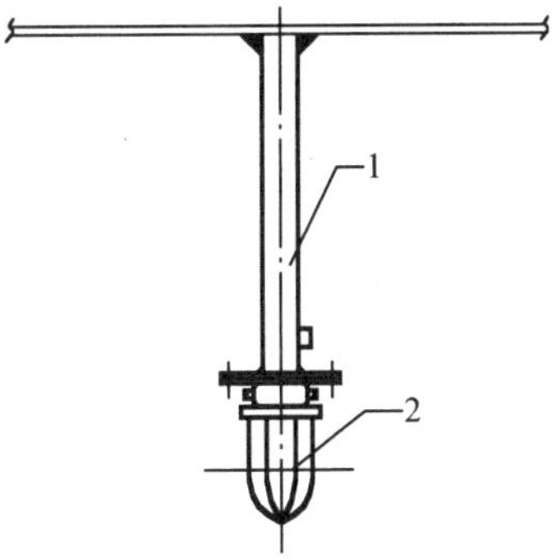

1—镀锌钢管;2—舱顶灯。

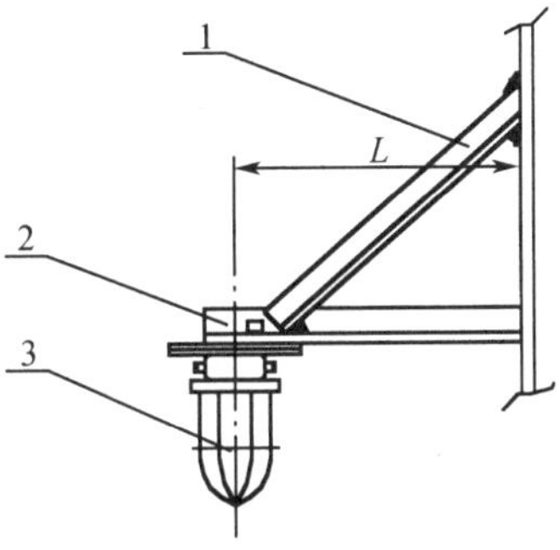

1—角铁斜撑(L>0.5 m时,使用);2—角铁;3—舱顶灯。

图 2.51　机舱舱顶灯安装

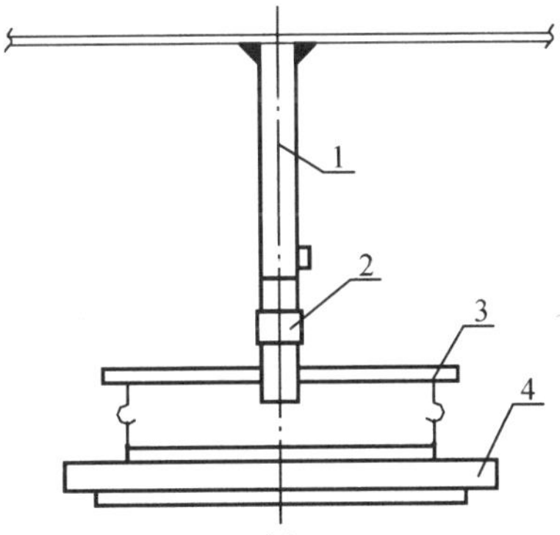

1—镀锌钢管;2—连接器;3—吊架;4—荧光灯。

图 2.52　机舱荧光灯安装

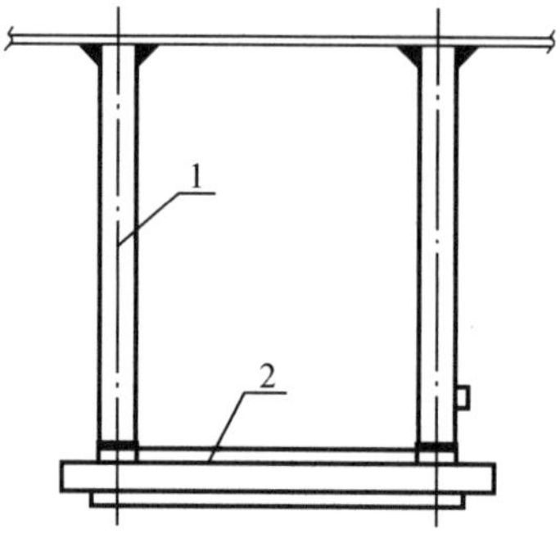

(b)

1—镀锌钢管;2—荧光灯。

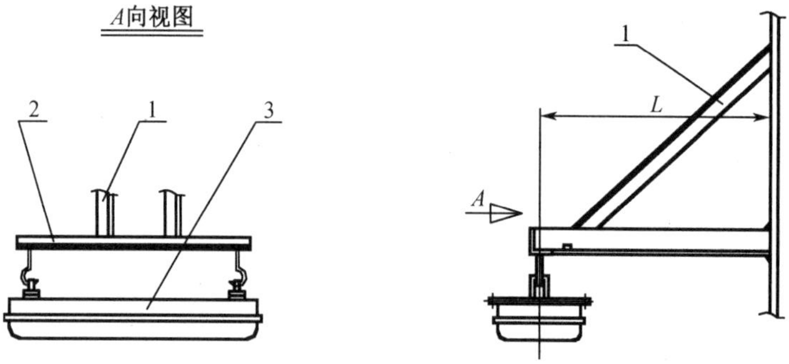

(c)

1—角钢斜撑(L>0.5 m时,使用);2—角钢架;3—荧光灯。

图 2.52(续)

2.8.2 电气设备的安装高度

(1)居住区(公用室、居住室、过道)的电气设备安装高度及示例分别见表2.7、图2.53、图2.54。

表 2.7 居住区的电气设备安装高度

单位:mm

<table>
<tr><th>代号</th><th>设备名称</th><th>安装尺寸</th><th>设定面</th><th>附注</th></tr>
<tr><td>SW</td><td>开关</td><td rowspan="3">1 400</td><td rowspan="4">地板</td><td rowspan="2">设备中心</td></tr>
<tr><td>SR</td><td>带开关插座</td></tr>
<tr><td>SW
SR</td><td>带开关的插座或开关(上下安装)</td><td>上下安装中心
间距 250</td></tr>
<tr><td>R</td><td>落地插座</td><td>300</td><td rowspan="3">设备中心</td></tr>
<tr><td>DS、TJ</td><td>台灯插座、台式电话接线盒</td><td rowspan="2">150</td><td rowspan="2">台面</td></tr>
<tr><td>TV、BT、AJ</td><td>电视机、收音机、天线插座</td></tr>
</table>

表 2.7(续)　　　　单位:mm

代号	设备名称	安装尺寸	设定面	附注
EB、RB	火警按钮盒、按钮盒	1 400	地板	设备中心
BL	床头灯	750	床铺板	
WL	壁灯	1 700	地板	灯下沿
		200	天花板	
ML	镜灯	20~100	镜面箱	箱上沿
HA	铃及蜂鸣器	1 800	地板	设备中心
		200 或 300	天花板	
BA	扬声器	1 800	地板	
B	壁式电话	1 400		
n、RC、PT	转速表、分罗经、钟	1 800		
EAP	延伸报警板	1 500~1 700		

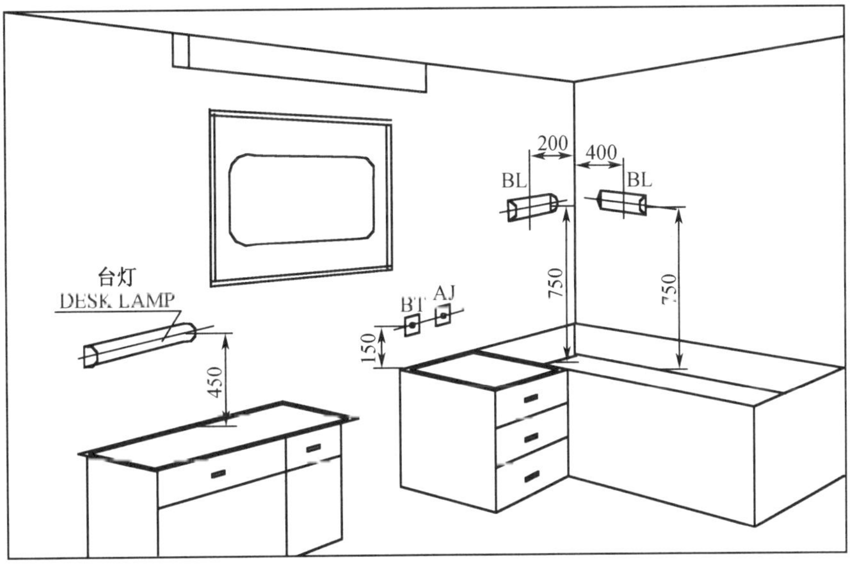

图 2.53　居住区电气设备安装高度(示例一)

(2)居住区以外(机舱、机械区域、其他区域)的电气设备安装高度及示例分别见表 2.8 和图 2.55。

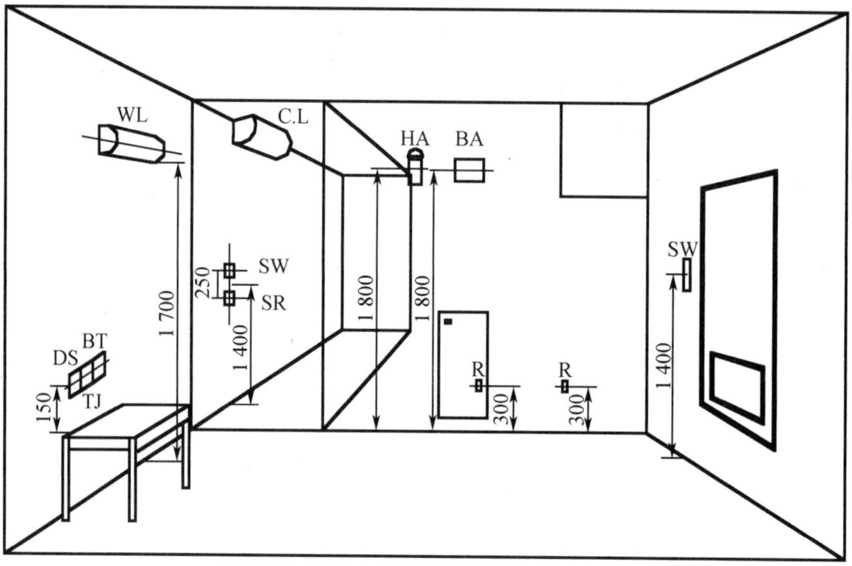

图 2.54　居住区电气设备安装高度(示例二)

表 2.8　居住区的电气设备安装高度

单位:mm

<table>
<tr><th>代号</th><th>设备名称</th><th>安装尺寸</th><th>设定面</th><th>附注</th></tr>
<tr><td>P. L
ST. CP</td><td>分电箱、启动器、控制箱</td><td>1 800
1 200</td><td>地板</td><td>设备上沿
设备下沿</td></tr>
<tr><td>SW
SR</td><td>开关插座或开关</td><td rowspan="3">1 400</td><td rowspan="3">地板</td><td>当上下安装时
中心间距 250</td></tr>
<tr><td>RB</td><td>按钮盒</td><td rowspan="3">设备中心</td></tr>
<tr><td>EB</td><td>应急按钮盒</td></tr>
<tr><td rowspan="2">O. P. L</td><td rowspan="2">外通道灯(包括应急灯)</td><td>150~200</td><td>甲板下</td></tr>
<tr><td>或 2 300</td><td rowspan="2">地板</td><td rowspan="2">灯下沿</td></tr>
<tr><td>C. L
F. L</td><td>天花板灯(荧光灯及白炽灯)</td><td>2 300
(最小 1 980)</td></tr>
</table>

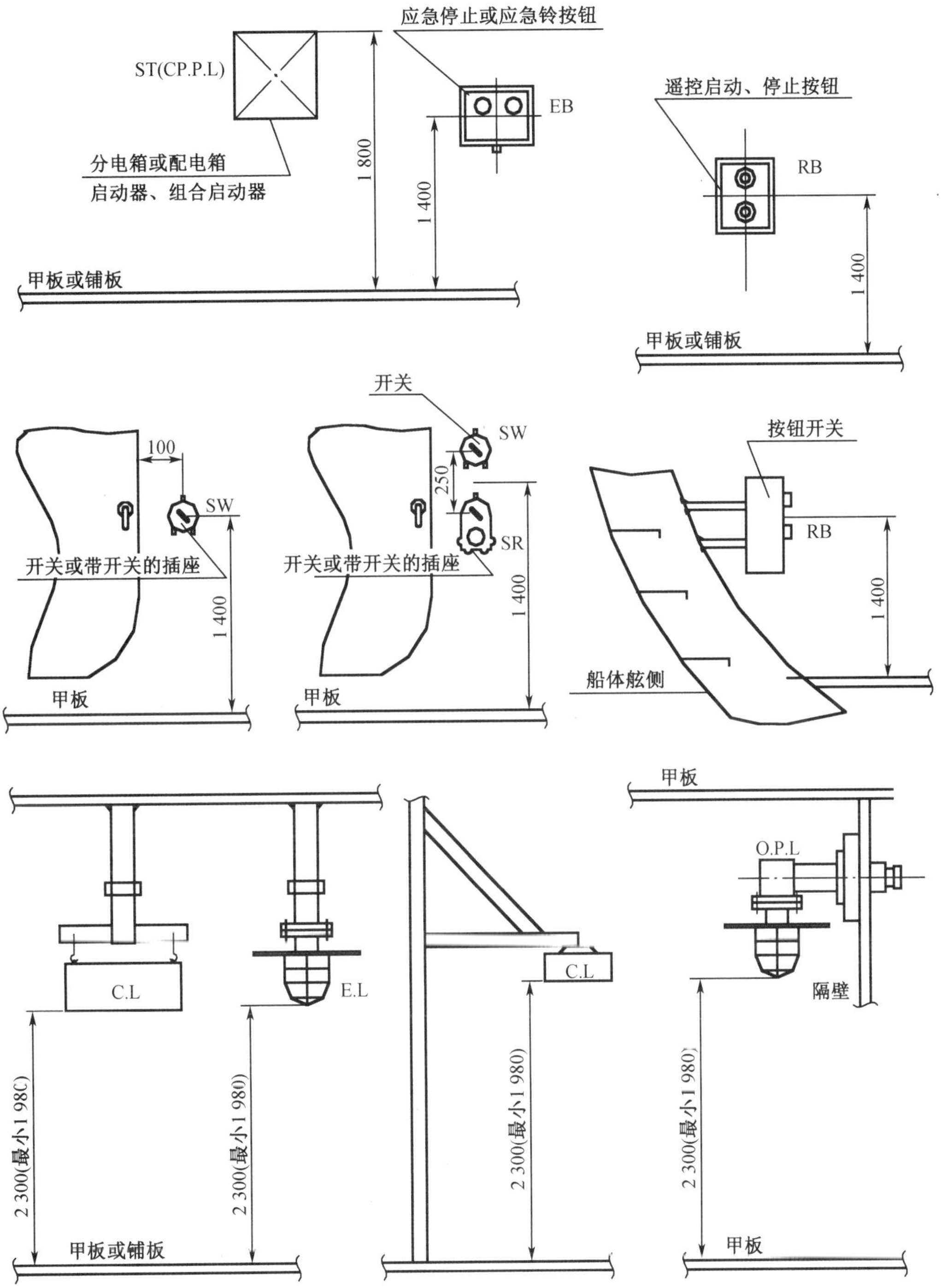

图 2.55　居住区以外电气设备安装高度示例

2.8.3 电气设备的进线和接线

(1)引入电气设备电缆的弯曲半径应不小于表2.9中的规定值。

表2.9 引入电气设备电缆的弯曲半径

单位:mm

电缆外护层	电缆外径 D	最小弯曲半径
金属护套、铠装层	任何值	$6D$
其他护层	≤25	$4D$
	>25	$6D$

(2)引入防水设备的电缆(图2.56)。

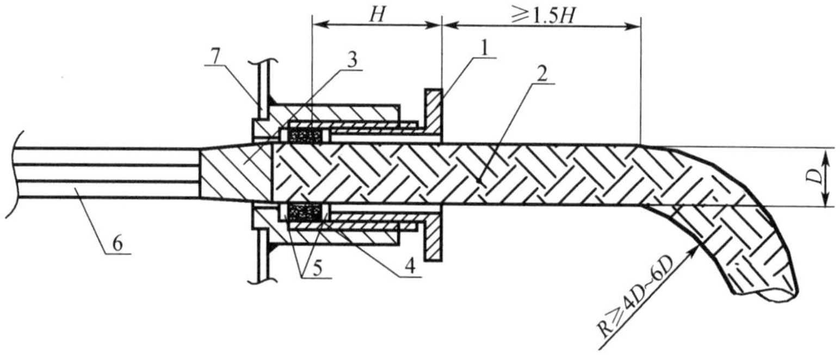

1—电缆填料函;2—电缆;3—聚氯乙烯胶带;4—橡皮圈;5—垫圈;6—电缆芯线;7—设备箱壁。

图2.56 电缆引入防水设备填料函

(3)进入非防水设备的电缆高温设备(图2.57)。

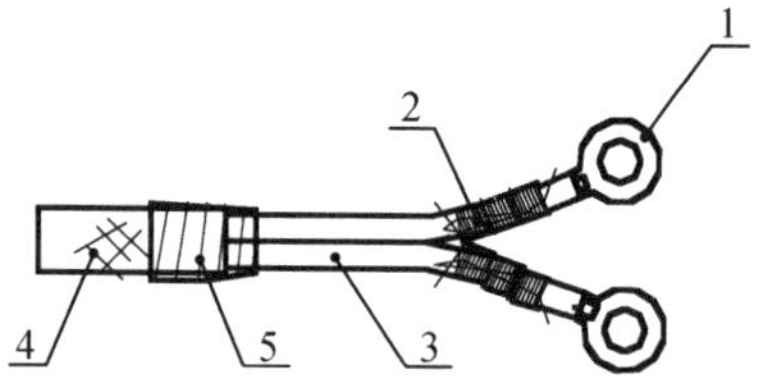

1—冷压电线接头;2—扎线;3—芯线耐热套管;4—电缆;5—聚氯乙烯胶带。

图2.57 电缆引入高温设备的芯线处理

(4)电缆芯线的接线和标记:

①接线柱的正确接线(图2.58)。

②发电机(电动机)的接线(图2.59)。

(5)分配电箱内的接线(防水式)(图2.60)。

(6)启动(控制)箱内的接线(防滴式)(图2.61)。

(7)配电板的接线(图2.62)。

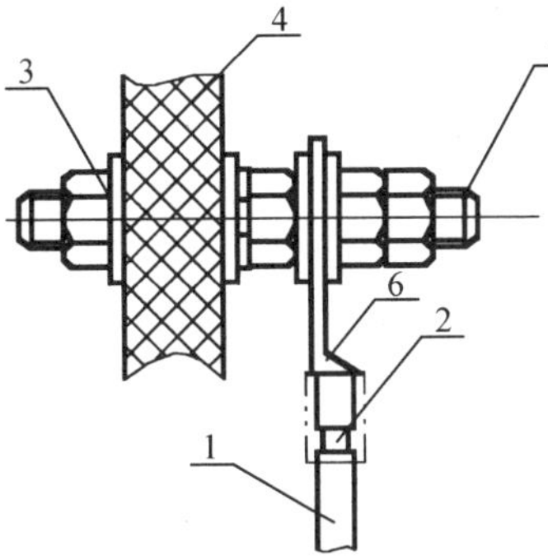

1—电缆芯线;2—标记套管;3—螺母;4—绝缘板;5—接线柱;6—冷压电线电缆接头。

图 2.58　接线柱的正确接线

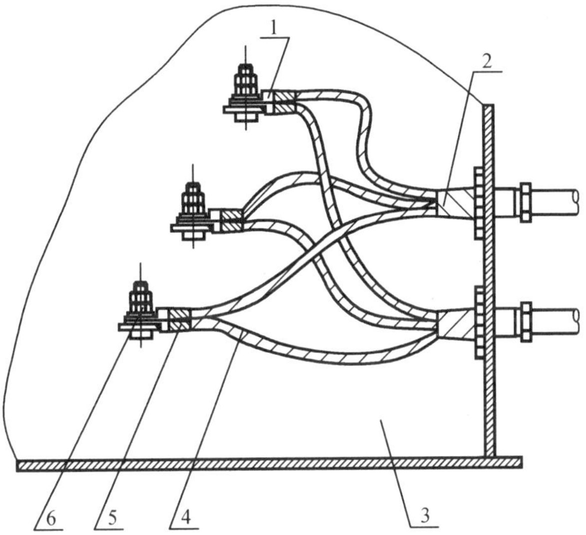

1—冷压电线接头;2—聚氯乙烯胶带;3—接线盒;4—电缆芯线;5—标记套管;6—接线柱。

图 2.59　发电机(电动机)的接线

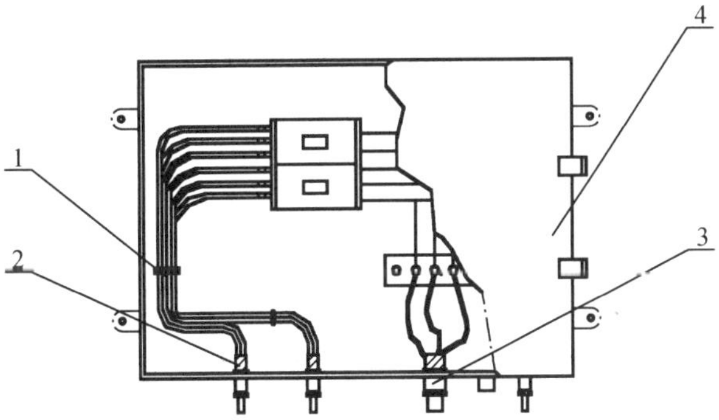

1—尼龙扎带;2—聚氯乙烯胶带;3—电缆填料函;4—分配电箱。

图 2.60　防水式分配电箱内的接线

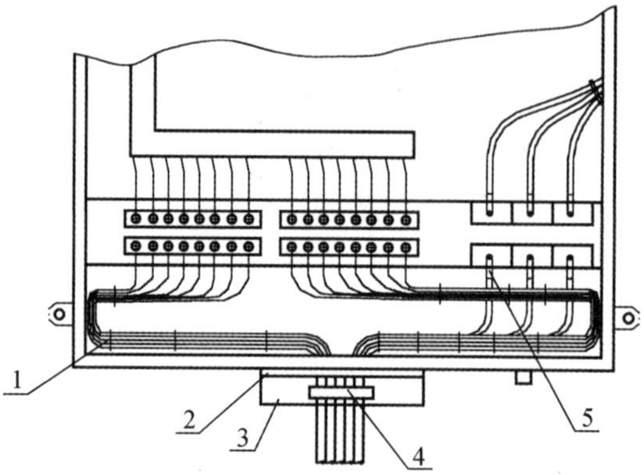

1—尼龙扎带;2—封口板;3—托线板;4—不锈钢扎带;5—标记套管。

图 2.61　防滴式启动(控制)箱内的接线

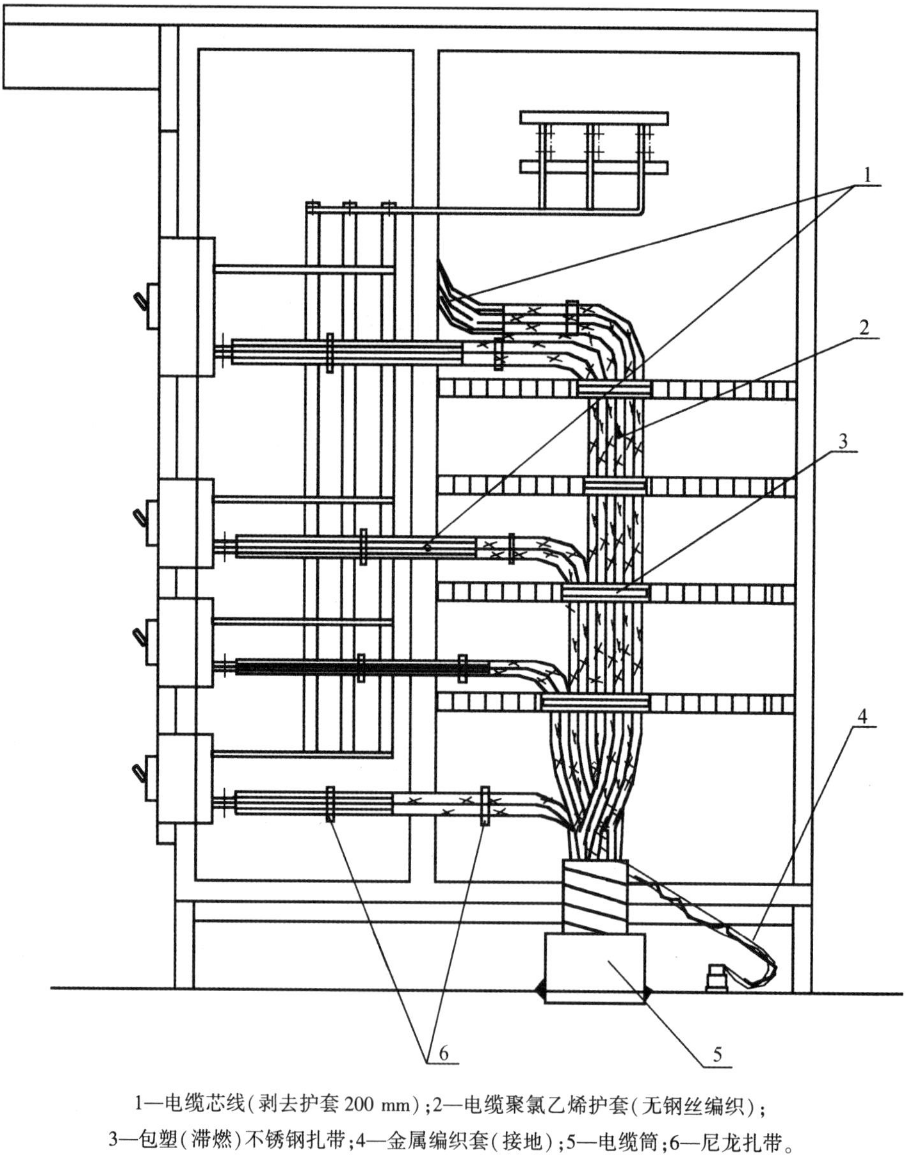

1—电缆芯线(剥去护套 200 mm);2—电缆聚氯乙烯护套(无钢丝编织);
3—包塑(滞燃)不锈钢扎带;4—金属编织套(接地);5—电缆筒;6—尼龙扎带。

图 2.62　配电板的接线

第3章　舾装综合布置的一般原理

舾装综合布置是舾装生产设计的基础，它将详细设计从按系统原理图转变成生产设计按工艺阶段、施工区域的生产出图，舾装综合布置就是分区域将舾装件进行全面规划。综合安排和统筹协调，这样既能及时发现和解决详细设计中所存在的问题，又能及时理顺，完成船东、船检的修改意见，使其更具合理性、规范性、美观性。舾装综合布置的过程就是模拟舾装件在船上安装的过程，这项工作做好就能提高产品质量、节约成本、缩短造船周期。

3.1　舾装综合布置的手段

舾装综合布置的手段有三种：

(1)设绘综合布置

综合布置图一般在涤纶薄膜上设绘，比例一般为1:25，有平面图和若干剖面图，综合图内容非常广泛，它可将船舶的每一空间用图纸的形式反映出来，综合布置图也可在计算机上用CAD二维设绘。

(2)模型综合布置

模型综合布置主要是对较复杂的设备和舾装件比较集中的区域按一定的比例制作实物模型，解决设备、风管、管路、电缆托架及船体结构之间的相互位置和关系。

(3)计算机三维建模综合布置

现今三维建模程序广泛应用于舾装综合布置，有瑞典的TRIBON M2以及AM软件、美国的CADDS5、我国上海船舶工艺研究所SB3DS和沪东船厂的东欣SPD软件，各种软件各有特长。

3.2　舾装综合布置的条件

3.2.1　图纸准备

1. 总体和船体部分

总体和船体部分要准备总布置图、船体基本结构图、船体肋骨线型图、船体分段划分图、船体分段结构图、大型设备基座结构图。

2. 机装部分

机装部分要准备机舱布置图、管系原理图、设备认可图、各类箱柜草图、专业舱室布置图、排气管布置图、通风布置图、路台、格栅、扶梯布置图、起吊设备布置图、海水箱附件布置图、舷旁阀布置图、液位表、温度计、传感器布置图、拦油扁铁布置图、主要设备安装图、百叶窗布置图、快关阀控制站布置图、管弄典型布置图、轴系布置图。

3. 外装部分

外装部分要准备锚机设备布置图、系泊设备布置图、物料、油管吊布置图、双层底及舱内直梯布置图、货舱内梯布置图、全船小舱口盖布置图、全船人孔盖布置图、救生设备布置图、舷梯和引水梯布置图、放水塞布置图、甲板电缆管布置图、船舶标志布置图、专业舱室布置图、各类箱柜草图、各类围井布置图、通风布置图、管系系统图、相关设备样本。

4. 内装部分

内装部分要准备金属窗布置图、防滑点布置图、救生艇架布置图、各类标志图、舱室布置图、预埋件布置图、绝缘布置图、甲板敷料布置图、外加电流保护装置布置图、牺牲铝阳极布置图、专业舱室布置图、自然和机械通风布置图、管系原理图、有关设备样本。

5. 电装部分

电装部分要准备电气设备布置图、电缆托架布置图、照明灯具布置图。

6. 工艺文件

工艺文件要准备建造说明书、船台搭载计划、设计中日程计划。

3.2.2 建造方针和舾装施工要领

建造方针是新造船舶的综合性文件,它对船舶的建造方法、搭载顺序、分段的划分、单元的设置、新工艺的采用,以及预舾装率、施工要点等都做出具体的规定和安排。

舾装施工要领是指导舾装生产设计和施工管理的技术性文件。它主要说明基本的工艺步骤和技术要点。对分段舾装来说,在什么时候、以何种状态、装什么都必须有图示和说明。

3.2.3 舾装区域的划分

双层底平面图如图 3.1 所示。

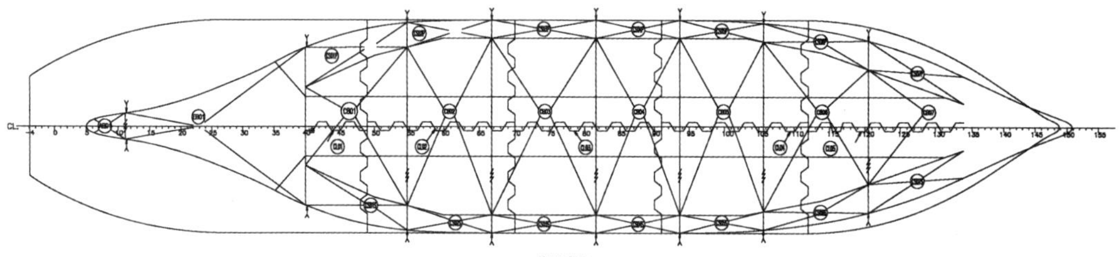

图 3.1 双层底平面图

机舱下平台平面图如图 3.2 所示。

机舱主甲板平面图如图 3.3 所示。

艉楼甲板平面图如图 3.4 所示。

机舱区域横剖面图如图 3.5 所示。

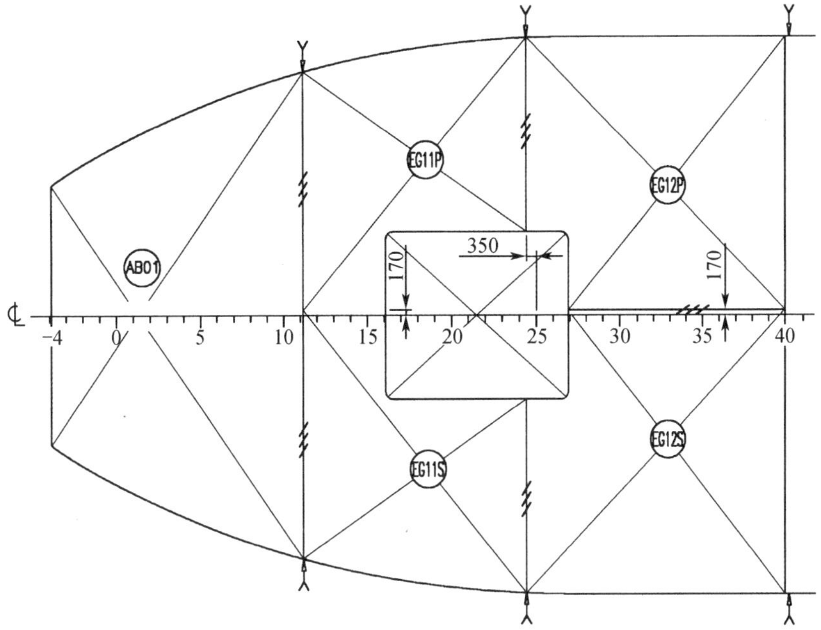

图 3.2　机舱下平台平面图

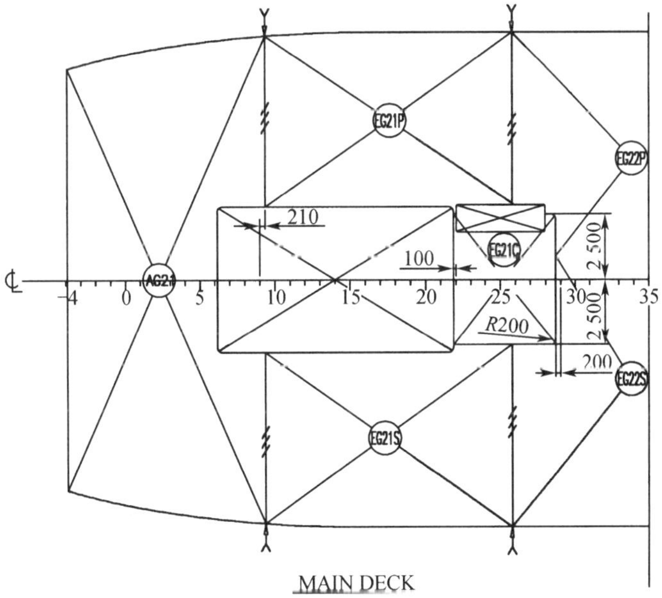

图 3.3　机舱主甲板平面图

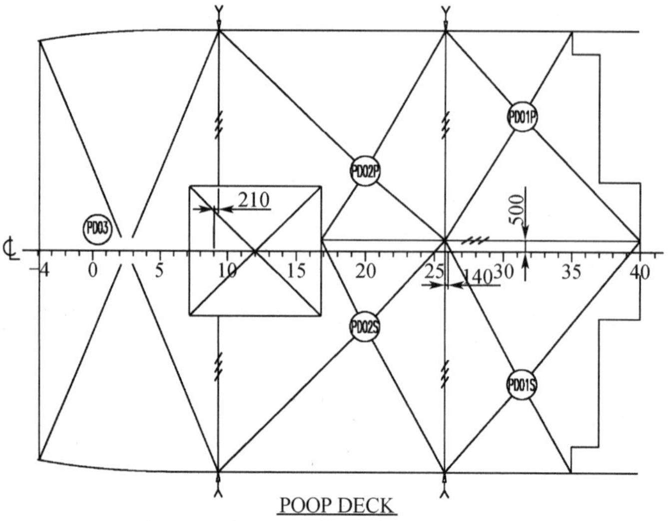

图 3.4　艉楼甲板平面图

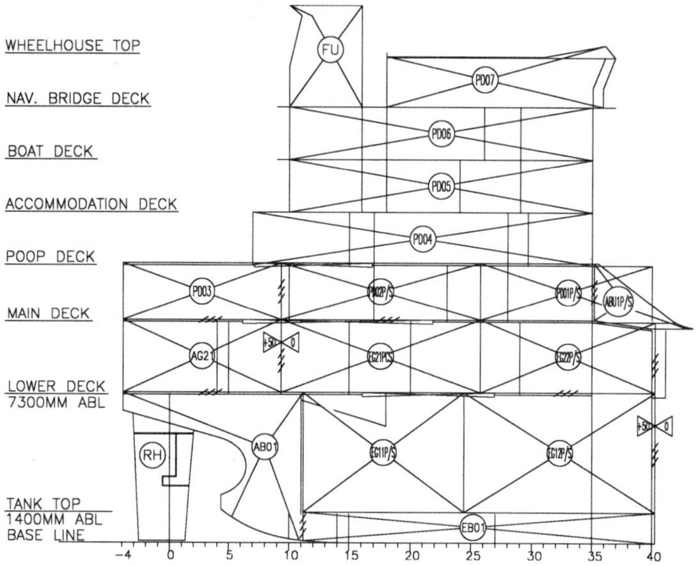

图 3.5　机舱区域横剖面图

3.2.4　船体背景图

1. 二维背景图

背景图以区域为单位绘制若干平面图和剖面图。剖面图向首视由以强肋骨为面的若干挡肋位线组成,如图 3.6 所示。

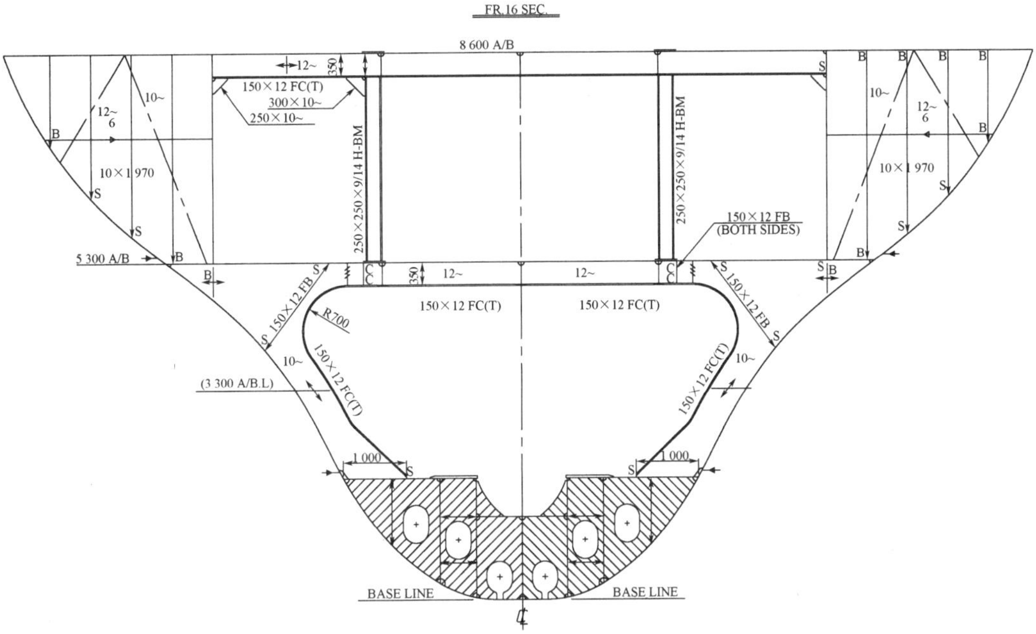

图 3.6　船体二维背景图

2. 三维背景图

以区域为单位绘制上、下两部分船体三维结构图，如图 3.7 所示。也可以由其他程序生成三维船体结构图(dwg 或 dxf 格式)。

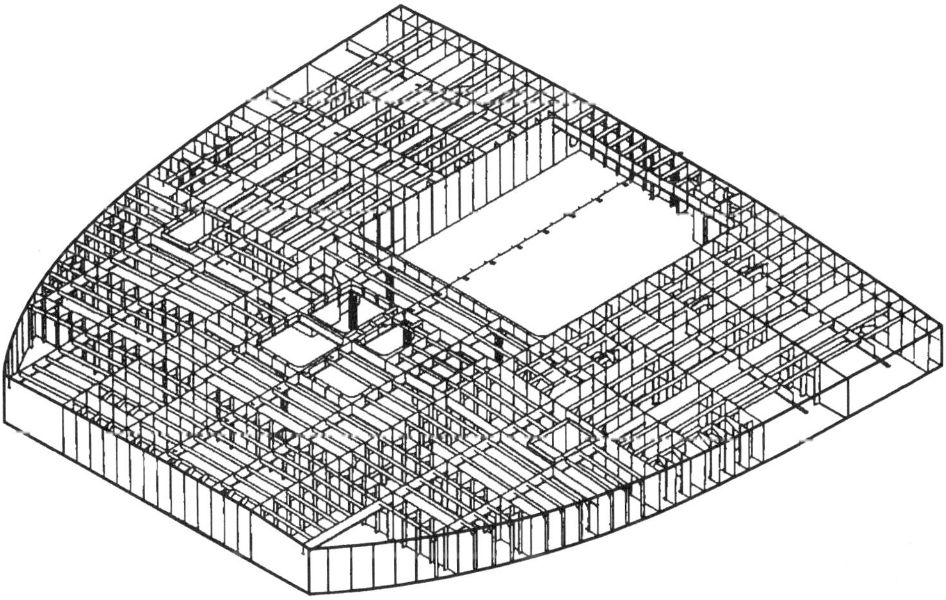

图 3.7　船体三维背景图

3.2.5 设备图形

1. 二维设备图形

设备图形以该设备在船上的俯视图和首视图绘制,如图 3.8 所示。

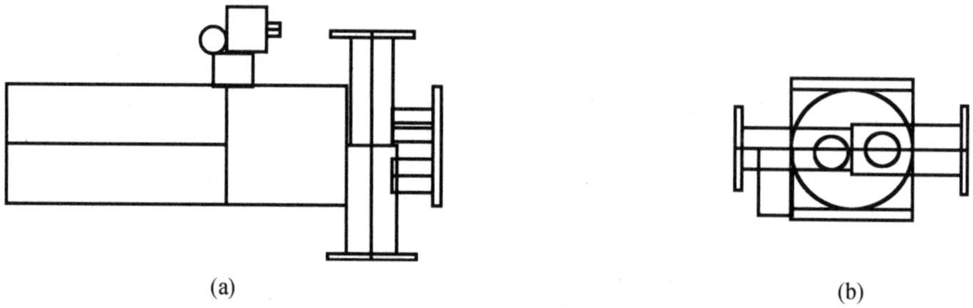

图 3.8 二维设备图形

2. 三维设备模型

三维设备建模的工作量较大,对于复杂的设备模型,其外形可以简化,其接口的相对位置和标准必须准确,如图 3.9 所示。

3.2.6 开孔节点坐标图表

由于是按中区分进行综合布置的,各区域之间的连接点便成为综合布置的矛盾突出点,为此有必要对这些部位进行一些规定。首先在原理图上标注连接点并编号,然后再将连接点的位置在布置图上确定下来,并在开孔坐标尺寸表上填写代号、坐标尺寸、管子规格、开孔尺寸配件形式及备注,各区域之间的综合布置就能同时开展。在综合平衡过程中要改变连接点的坐标只要通过协商并修改各自的开孔坐标尺寸即可。开孔节点坐标信息见表 3.1。

表 3.1 开孔节点坐标信息

单位:mm

序号	*X*	*Y*	*Z*/mm	开孔尺寸	管子名称	备注
1	FR59+220	LP1	LP15-600	ϕ310	BA0205-1	P
2	FR59+280	LP1	LP15-600	ϕ310	BA0207-1	2P
3	FR59+220	LP2	LP15-717	ϕ310	BA0205-1	L
4	FR59+280	LP2	LP15-717	ϕ310	BA0207-1	T
5	FR59+350	LP11	LP15-397	ϕ380	单面座板	DZ
6	FR59+320	LP10+264	LP15	ϕ224	双面座板	SZ
7	FR59+280	LP1-1	LP15-600	ϕ310	BA0206-1	0
8	FR59+220	LP1-1	LP15-600	ϕ310	BA0208-1	D
9	FR59+340	LP1-1	LP15-600	ϕ310	BA0204-1	S

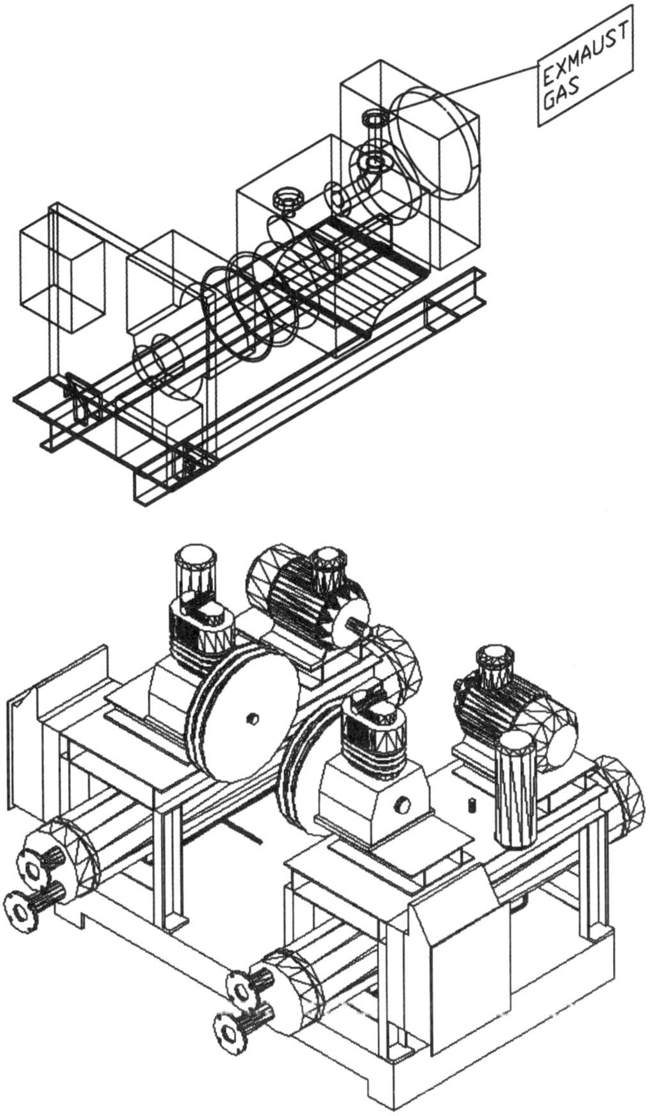

图 3.9　三维设备模型

配件形式如图 3.10 所示。

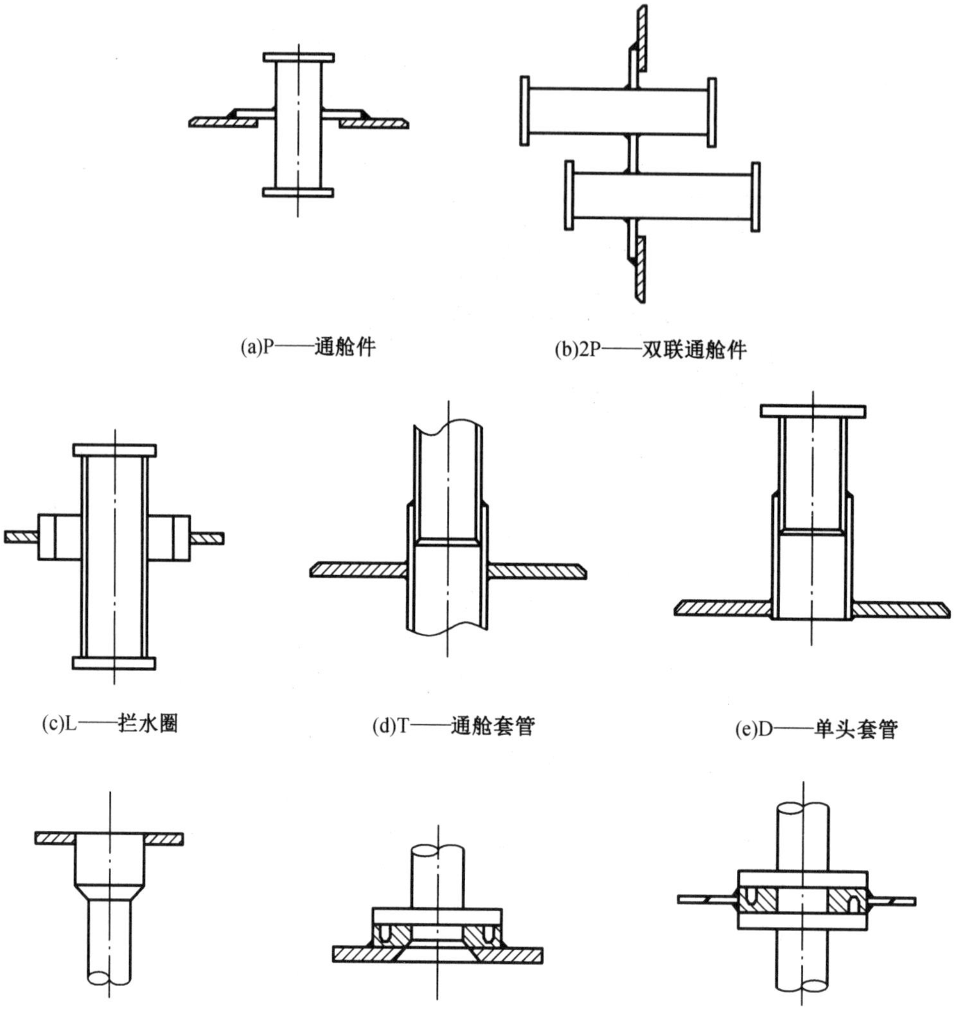

(a)P——通舱件　(b)2P——双联通舱件

(c)L——拦水圈　(d)T——通舱套管　(e)D——单头套管

(f)S/O——漏水 / 油口　(g)DZ——单面座板　(h)SZ——双面座板

图 3.10　配件形式

3.3　舾装综合布置的内容

(1)进行以船体结构为基础的背景布置,同时确定门窗、人孔、各类开口的位置。

(2)确定大型设备如主机、发电机、锅炉、舵机、错绞机起重装置、系泊设备、空调设备的位置。

(3)确定各种辅机、泵、油水箱柜、热交换器、压力容器、消防器材、主要电气设备以及基座的位置和形式。

(4)根据通风布置图和主干电缆起向图,初定风管和主干电缆托架的位置。

(5)对机舱区域来说,还要确定起重梁、起重吸板、设备支撑的位置。

(6)确定各区域花钢板的高度和梯子的位置。

(7)确定弦侧接管的结构形式和开孔位置。

(8)确定单元组装的范围。

(9)确定管路护罩的形式和位置。

(10)绘制典型剖面图：

①管弄典型剖面如图3.11所示。

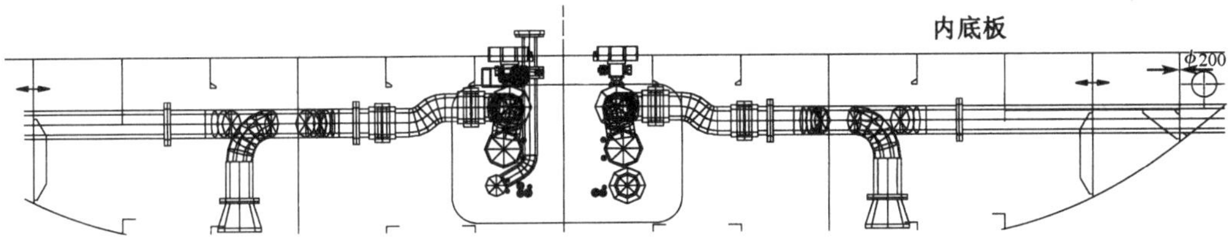

图3.11　管弄典型剖面

②边舱典型剖面图如图3.12所示。

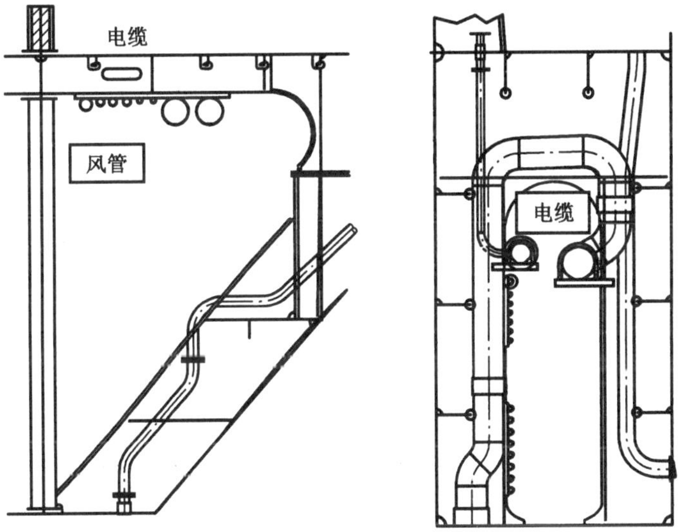

图3.12　边舱典型剖面图

舾装综合布置的内容很多，舾装综合布置就是确定舾装件的位置、形状和它们之间的关系，如图3.13所示。

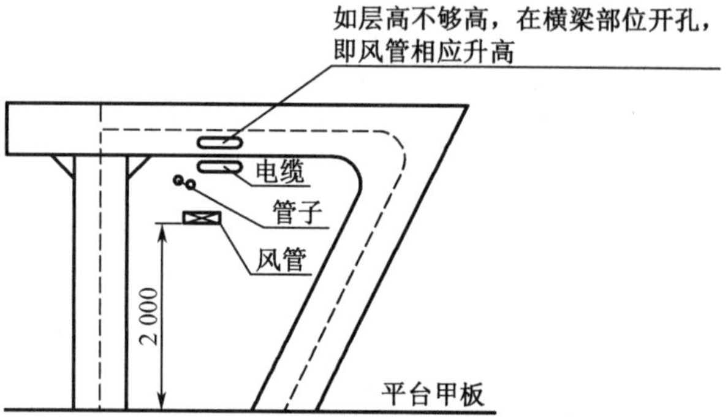

图 3.13　舾装综合布置图

3.4　双层底管路布置

双层底区域位于外板与内底板之间，在货舱部分有管弄。双层底区域船体结构机舱部分都为肋板结构，货舱为肋板和枞骨混合结构。其间布置有加热管、抽吸和注入管、测深管、压载管、舱底管、燃油管。

3.4.1　加热管布置

机舱双层底的舱容一般不大，加热管长度较短，但一般都有线形，设计制作都有一定困难。

机舱双层底加热管通过肋板有开槽和开孔两种形式，形式最好给船东确认。加热管布置高度为 100～150 mm。先在平面图上确定形状，再在剖面图上确定位置，如图 3.14 所示。在确定管子的坐标点时可以用直线代替曲线，即使建模时管子碰到外板也无妨。加热管的 U 字弯必须是弯管半径的 2 倍或 2 倍加夹头长度。

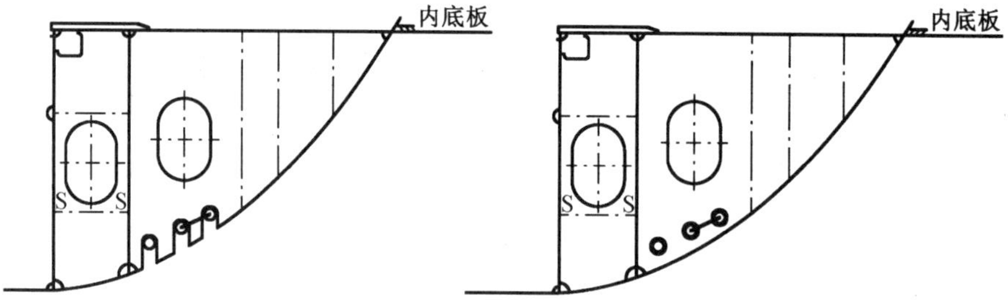

图 3.14　初步确定机舱加热盘管位置

货舱双层底加热管加热系数小，所以布置密度不高，一般以纵向布置为主，注意在过枞骨时要抬起，如图 3.15 所示。

如果是开槽形式加热，可以在车间内组装后在分段上预装，如图 3.16 所示。

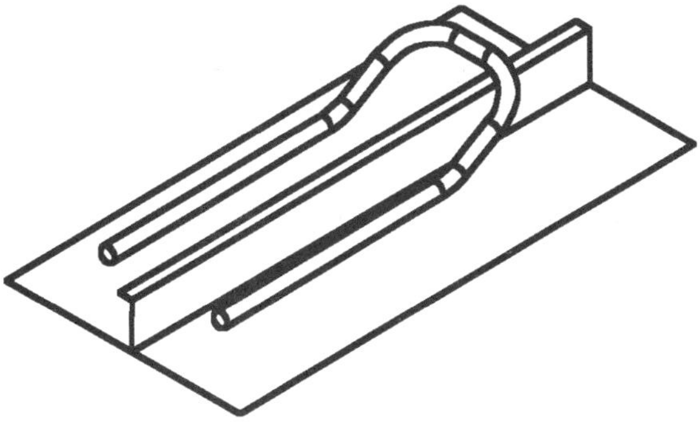

图 3.15 加热盘管抬起

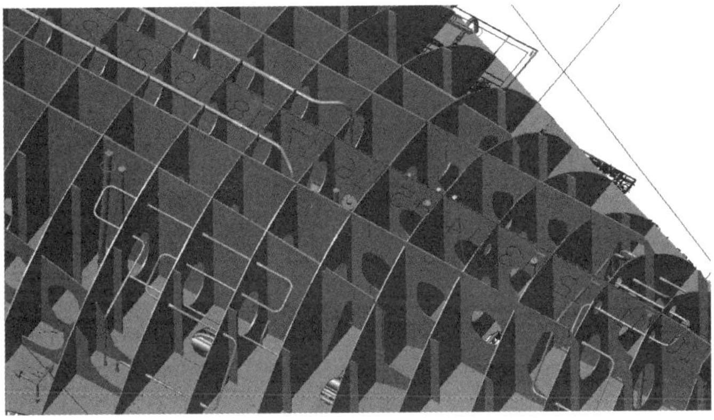

(a)

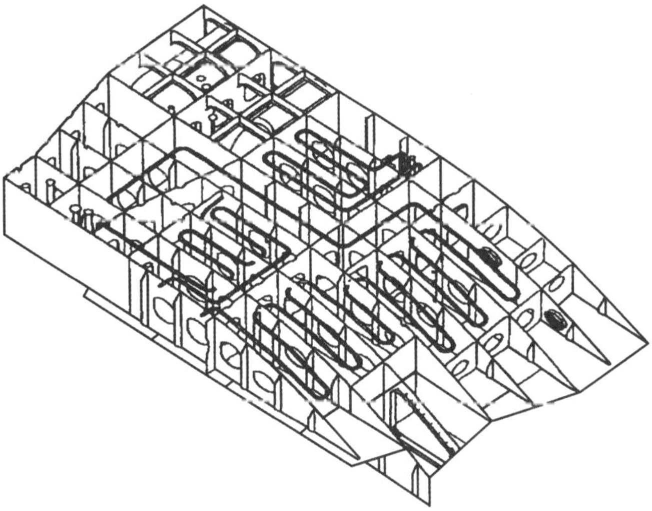

(b)

图 3.16 开槽形式的加热盘管预装

3.4.2 测深管布置

测深管原则上应置于舱内最低处，如由于机舱底层舱内最低处上方正好是走道、设备等不可布置测深管处，要通过弯曲管子来布置，货舱区域的底边舱也类似，如图 3. 17 所示。测深管的弯曲角度一般不超过 15°，如弯曲角度大于 15°小于 30°，则弯曲半径 R 必须在 1 000 mm 与 2 000 mm 之间，测深管的末端形式要根据原理图的典型图，在距舱顶 100 mm 处要钻平衡孔。

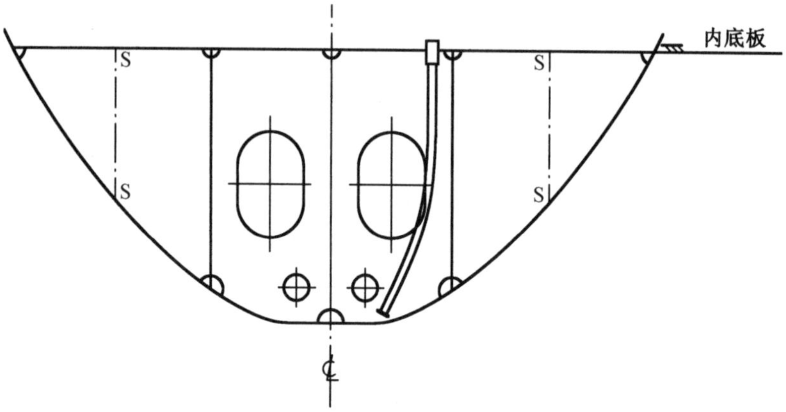

图 3. 17　测深管弯曲布置要求

货舱区域的测深管不能布置在舱内，有 2 种形式可以解决，如图 3. 18 所示。

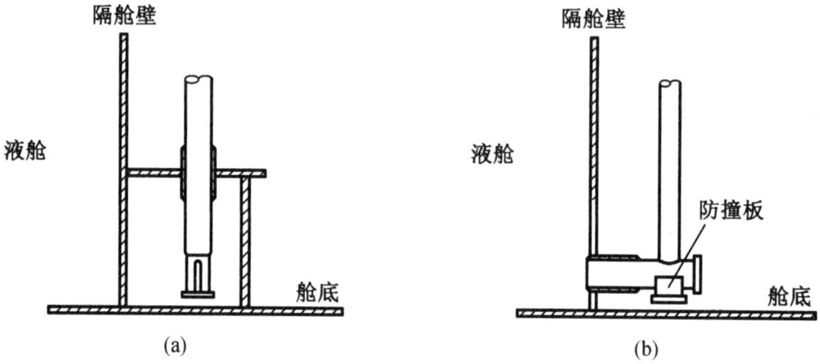

图 3. 18　货舱区域测深管布置方案

3.4.3 抽吸、注入、空气管布置

抽吸口一般置于舱内最低处，注意不要置于船底塞上方，如图 3.19 所示。吸口距舱底的高度以样本为准，自制吸口的高度由以下公式决定：

$$H=\frac{1.5\sim2.0A^2}{4B}$$

吸口高度也是船东比较注意的方面，自制吸口最好送船东认可。

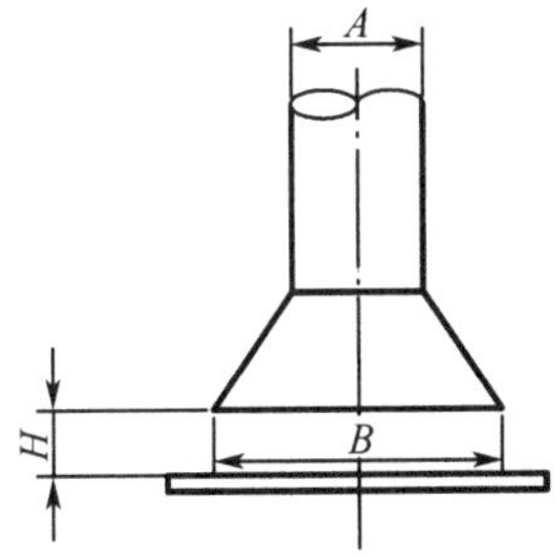

图 3.19　吸口布置高度

在压载水吸口处要焊一块大于吸口直径 20 mm 的垫板。压载水吸口要置于舱内较开敞处，如前后有结构，应如图 3.20 所示布置。

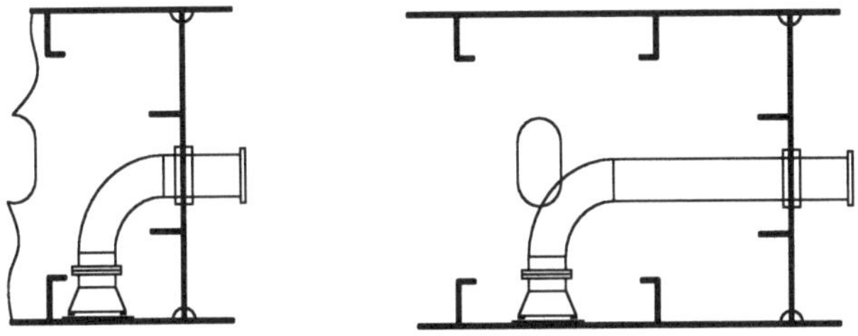

图 3.20　压载水吸口的两种布置形式

注入管要引向舱壁或舱底，并在舱壁上焊垫板如图 3.21 所示。

空气管置于舱顶最高处。在货舱区域由于空气管不能布置在本舱范围内，可以采用如图 3.22 所示形式。

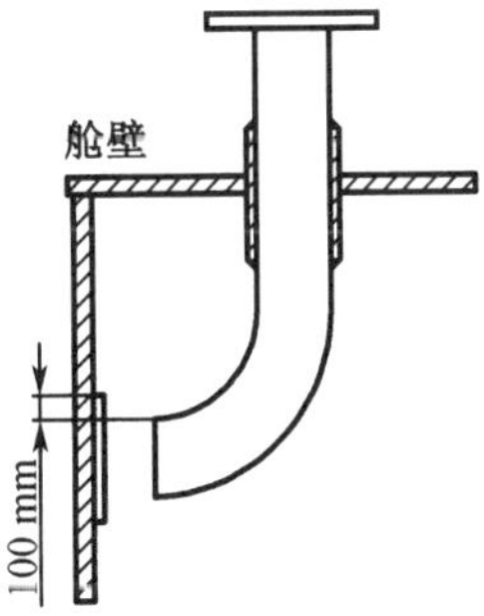

图 3.21　舱壁垫板

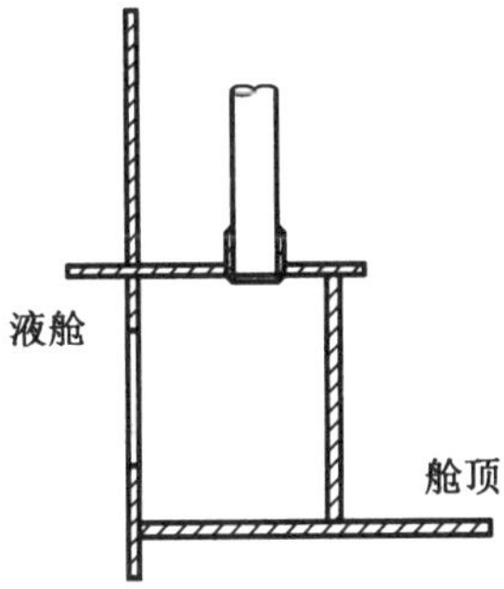

图 3.22　空气管布置形式

3.4.4 注意事项

管子开孔不允许开在主机底座加厚板上或厚薄板接缝处。管子的布置要避开人孔和人要通行的减轻孔，注意与舱内的直梯、踏步、拉手和舱面各种座板的位置平衡。

3.5 机舱底层管路布置

3.5.1 海水总管

海水总管是全船最大的管子,其布置参照机舱布置图和海水箱布置图,根据实际情况可以有所变动,但必须征得详细设计人员同意。布置海水总管时必须注意,海水阀是否碰结构,海水滤器的底部是否碰内底,情况特殊时海水滤器也可采用角尺或其他形状。海水滤器布置形式如图 3.23 所示。

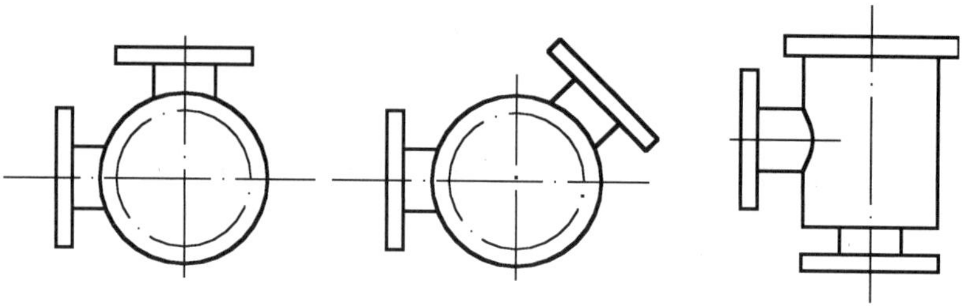

图 3.23 海水滤器布置形式

海水总管上的支管不可向上开,如必须向上开支管,则必须伸入管子内部,否则会吸不到水,如果海水总管与泵的进口高度一致,则可以开弯支管。海水总管开支管形式如图 3.24 所示。

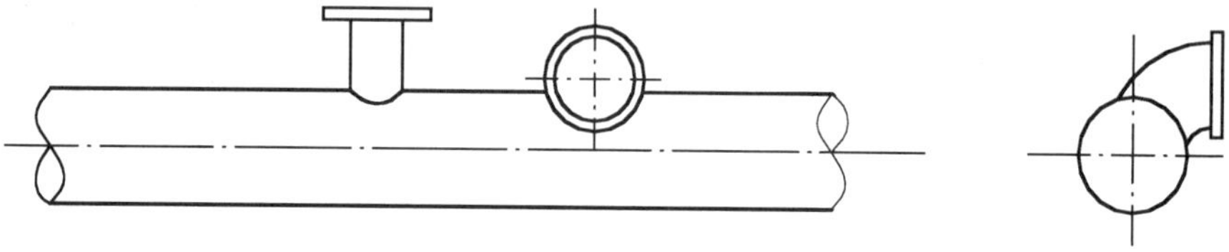

图 3.24 海水总管开支管形式

3.5.2 压载、舱底管系

机舱底层前部最主要的就是布置压载、舱底管系,舰机型的机舱在海水总管以前不会有太大的空间,一般压载泵的布置如图 3.25 所示。

舱底总用泵和消防总用泵的管系布置不像压载泵那样有规律,舱底总用泵和消防泵总用泵的进口如果是截止止回阀的话,一般选用角尺型。如果进口有滤器的话,考虑直接与泵对接,如法兰不匹配,则修改滤器的出口法兰。泵的出口可以考虑做阀组。舱底水的泥箱一般要与花钢板齐平,便于清洗。

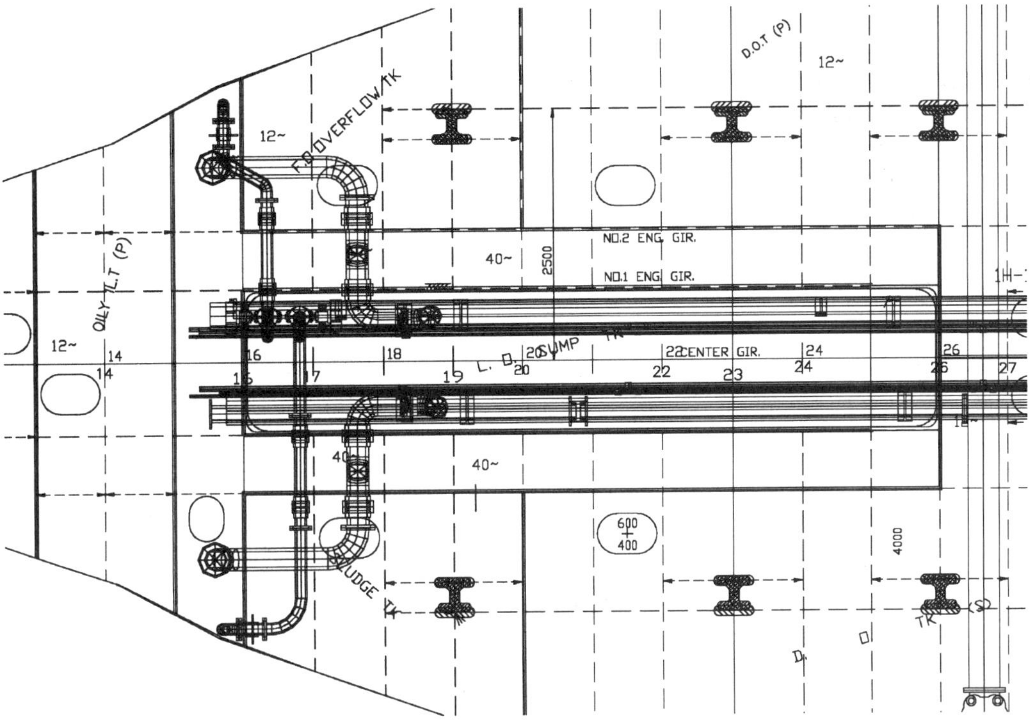

图 3.25　机舱压载泵布置位置

3.5.3　主机两侧管路布置

可根据主机的宽度，留出 600 mm 以上的主机安装空间以确立角钢或槽钢的位置，如图 3.26 所示。

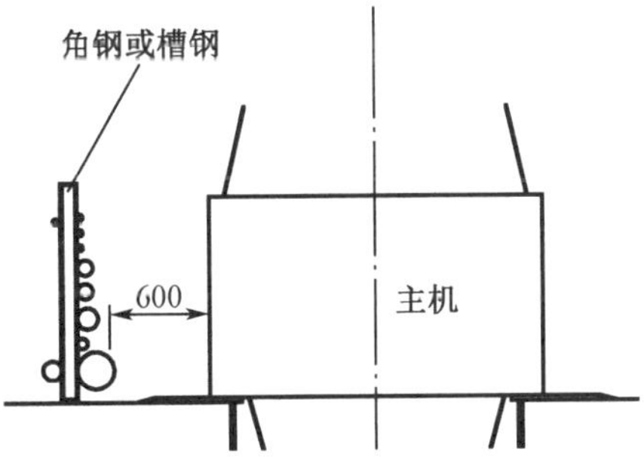

图 3.26　主机两侧管路布置

一般大口径管子在下面，小口径管子在上面，主要还是看与前面的连接要顺畅，这样的布置可以作为组合支架或者单元。

3.5.4　舷侧管路布置

舷侧管路布置可以在剖面图上进行，根据不同的线型采用不同的布置形式。大口径管子尽量不要通过舷侧纵桁，如图 3.27 所示。

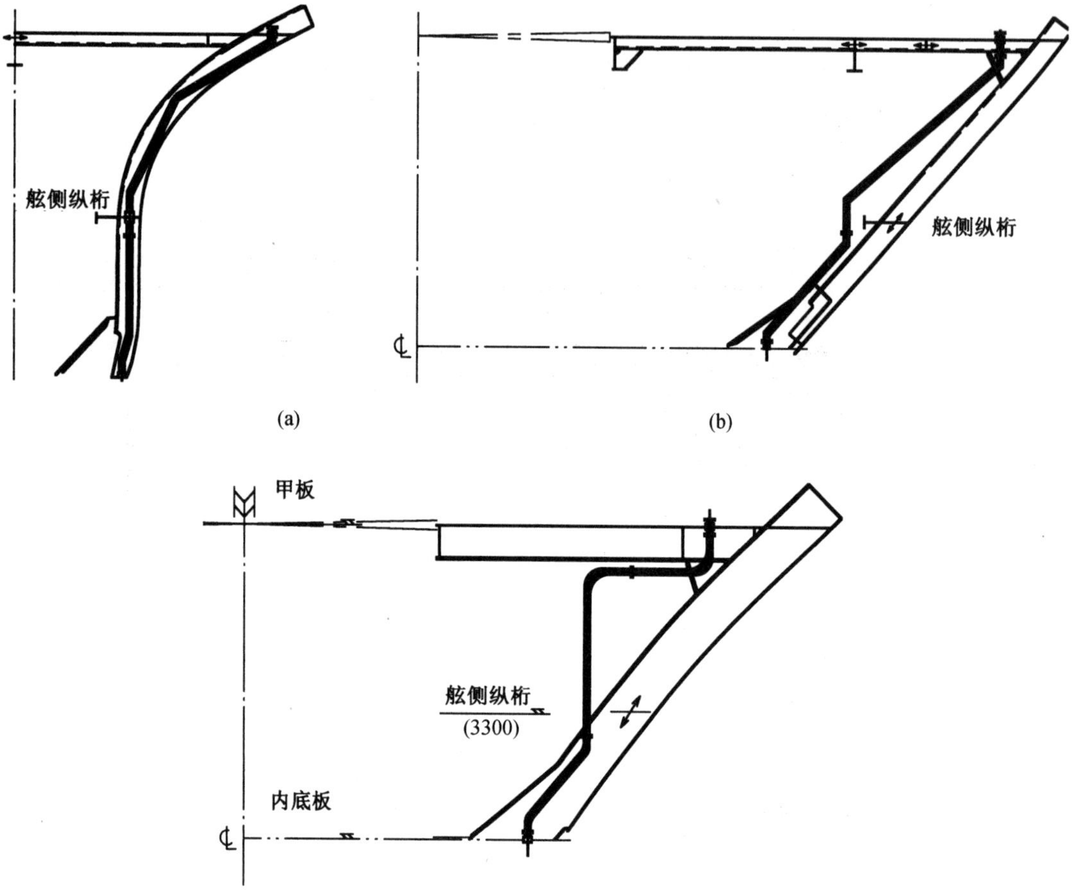

(a) (b) (c)

图 3.27 舷侧管路布置形式

3.5.5 底层设备布置

底层设备布置的变动最大,主要是详细设计的布置往往不能考虑结构和管系的情况,所以在布置管系时必须对设备进行必要的移动。前部设备在布置时可以看作是有基座的附件,管子布置到那里,设备就定在哪里。主机两边的设备取决于结构,哪里有空就定在哪里。底层的设备定位时要注意泵的吸高,如舱底水日用泵、油水分离器、滑油输送泵、滑油分油机输送泵等,泵的进口管子尽量短,以免吸油困难。底层大、中型设备的基座一般用框架式,便于在下方布置管子。小型设备的基座往往定位在船旁结构上或直接定位于格栅上,如图 3.28 所示。

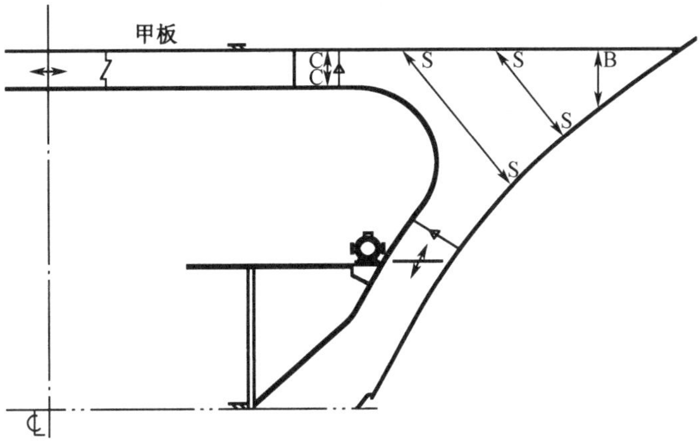

图 3.28 小型设备舷侧布置

3.6 机舱甲板下管路布置

3.6.1 典型布置

当空间足够大时,应该考虑平行布置,一般机舱内布置可以参照前文“机舱典型剖面图”。电缆托架穿强横梁,在强横梁下面布置管子,管子下面再布置风管。

3.6.2 管路布置原则

(1)管子平行走向布置。管路布置错排法兰间距表(GB/T 2506—2005)参照表3.2。表3.2中的参数可参照图3.29。

在同一层管路布置中,平行管一般布置在同一高度上,当管子发生交叉时,应布置在不同的高度,如图3.30所示。

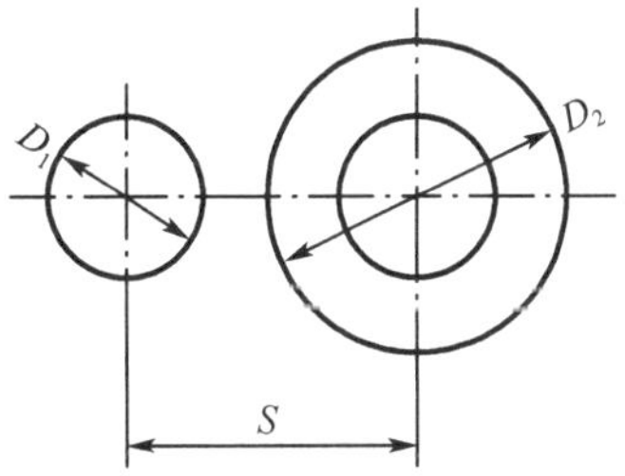

图 3.29 表 3.2 对应参数

表 3.2 错排法兰间距表

S	D2	95	105	115	140	150	165	185	200	220	250	285	340	395	445	505	565
D_1	DN2 \ DN1	15	20	25	32	40	50	65	80	100	125	150	200	250	300	350	400
22	15	80 \ 100	90	90	100	110	120	130	130	140	160	180	200	230	2060	280	320
27	20	100	90 \ 100	90	110	110	120	130	140	150	160	180	210	240	260	280	320

表 3.2(续)

S	D2	95	105	115	140	150	165	185	200	220	250	285	340	395	445	505	565
34	25	100	100	100/100	110	110	120	130	140	150	170	190	210	240	270	290	330
42	32	100	100	110	110/110	120	130	140	140	150	170	190	210	240	270	290	330
48	40	100	100	110	110	100/120	130	140	150	160	170	190	220	250	270	290	330
60	50	110	110	110	120	120	120/140	150	150	160	180	200	220	250	280	300	330
76	65	120	120	120	140	140	140	150/140	160	170	190	200	230	260	280	310	340
89	80	140	140	140	150	150	150	150	170/150	180	190	210	240	270	290	310	350
114	100	140	140	150	150	150	160	160	160	160/190	210	220	250	280	300	330	360
140	125	150	150	160	160	160	180	180	180	180	180/220	240	260	290	320	340	370
168	150	160	160	160	180	180	180	180	200	200	220	200/250	280	310	330	350	390
219	200	200	200	200	220	220	220	220	220	240	240	240	240/300	330	360	380	410
273	250	220	220	220	240	240	250	250	250	260	260	280	280	280/360	380	410	440
325	300	250	250	250	260	260	260	280	280	280	300	300	320	320	320/410	430	470
377	350	280	280	280	280	300	300	300	300	320	320	320	340	340	340	340/460	490
426	400	300	300	300	300	320	320	320	320	340	340	340	350	360	360	360	360/520

(2)在管路布置时一般应优先考虑自流管、大口径管路,并使之弯头最少。

(3)在电缆、电气设备和发电机上方,油水管路不得有可折接头。

(4)油管的可折接头不许布置在锅炉、排气管的上方,并禁止平行布置。

(5)要避免管内产生气囊现象。

(6)管路通过非水密甲板和舱壁时,可在开孔处设置挡水圈。

(7)注意管子法兰与船体结构的折边,避免强横梁面板相碰。

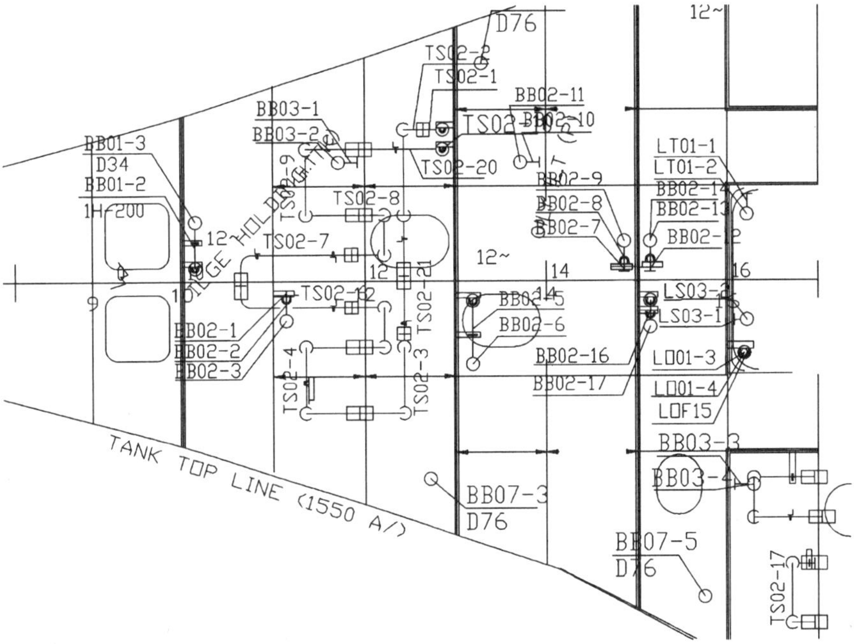

图 3.30　管子平行走向布置

3.7　机舱设备管系布置

3.7.1　发电机组管系布置

发电机组管系的布置分甲板上布置和甲板下布置。甲板上布置一般做成单元,首先确定格栅的高度,再如图 3.31 布置。

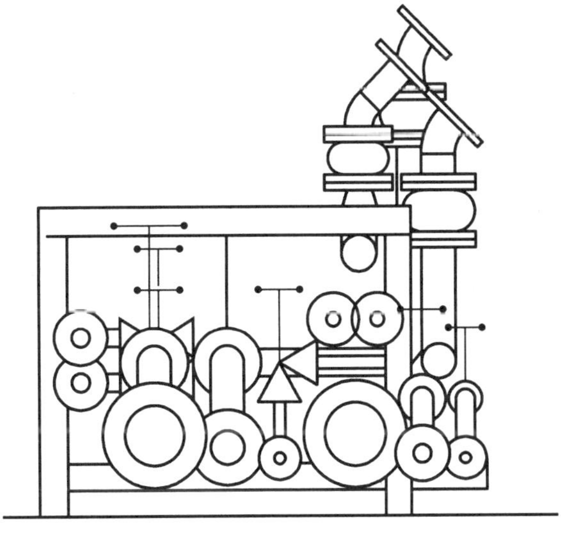

图 3.31　发电机组格栅

进发电机的阀可以选用角尺的，连接软管一般不允许弯曲。发电机组上方有吊梁，在布置管系时不能从梁下通过，发电机组在上方有排气管接口、滑油油底壳透气和淡水回水透气接口。

有的船东习惯于将管系布置在甲板下面，这样甲板上就比较整洁。甲板下管子的向上接口应布置在发电机接口附近，要确保能布置得下阀件和软管。

3.7.2 分油机管系布置

分油机管系一般都做成单元，有商品化单元和自制单元。单元有两种形式，一种是全部设备和附件全组装在单元内；另一种是输送泵、阀组、加热器组成一个单元，分油机、附件、控制箱组成另一个单元。后一种是布置比较困难或买来的分油机集成度比较高的情况，如图 3.32 所示。

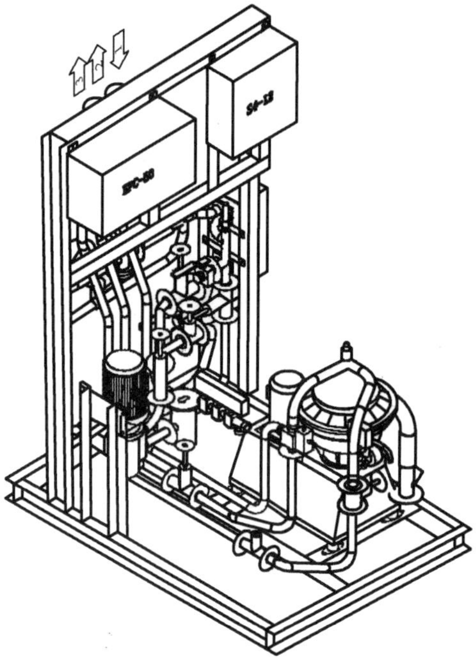

图 3.32 分油机管系布置

分油机单元一般以功能为单位分成若干个，其框架高度与分油机间的格栅高度齐平。如分油机间没有格栅，则直接置于甲板上。

分油机单元的接口是可以通过协商来改变位置的。

3.7.3 设备管系典型布置

1. 立式泵并排布置

图 3.33 所示为立式泵并排布置的几种形式。

2. 卧式泵并排布置

图 3.34 所示为卧式泵并排布置的两种形式。

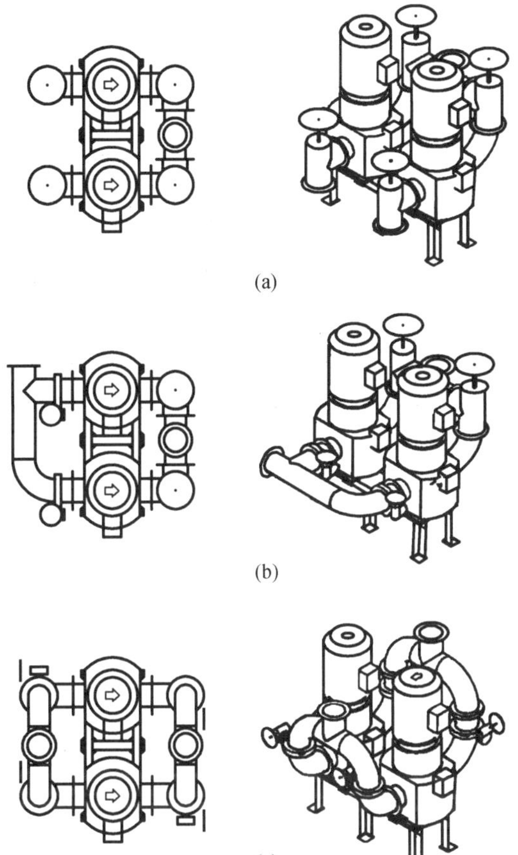

(a)

(b)

(c)

图 3.33　立式泵并排布置的几种形式

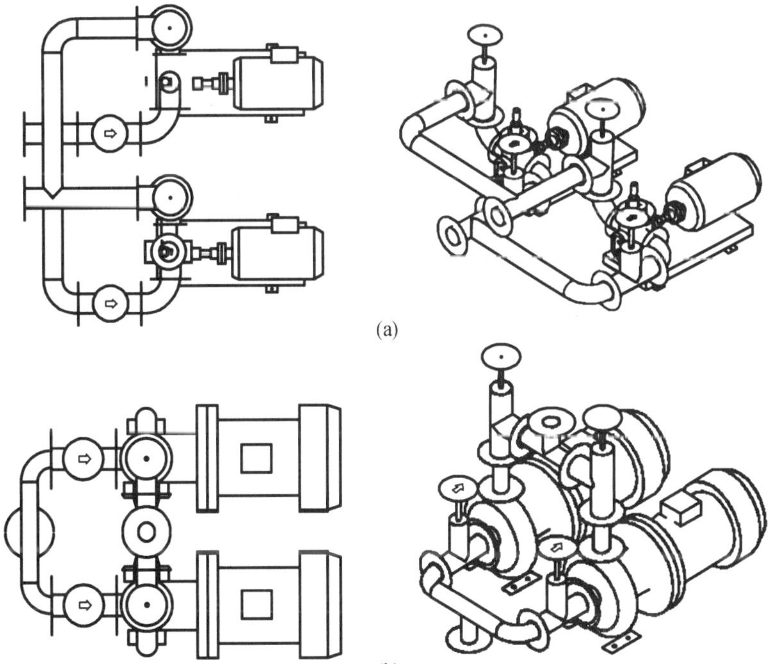

(a)

(b)

图 3.34　卧式泵并排布置形式

3. 冷却器管系布置

(1)冷却器管系如图 3.35 所示布置时,要征得厂商同意(将冷却侧和被冷却侧对换)。

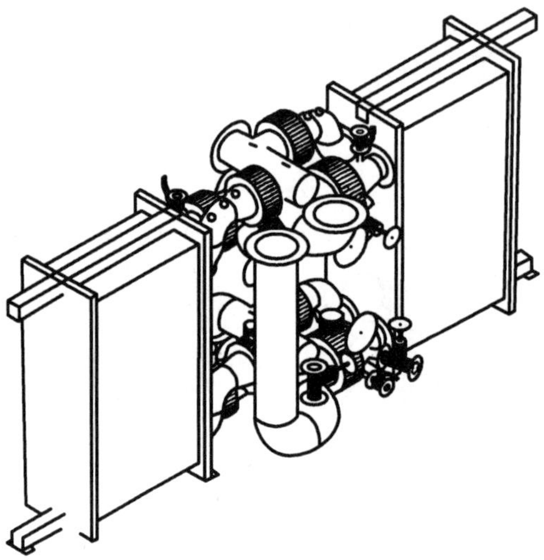

图 3.35　冷却器管系布置

(2)冷却器的进出口都有 3 只内螺纹焊接座,可以请厂商提供。

(3)镀塑管上不可以开内螺纹焊接座。

4. 空气瓶布置

两只空气瓶一般采用对称布置。

(1)卧式空气瓶对称布置如图 3.36 所示。

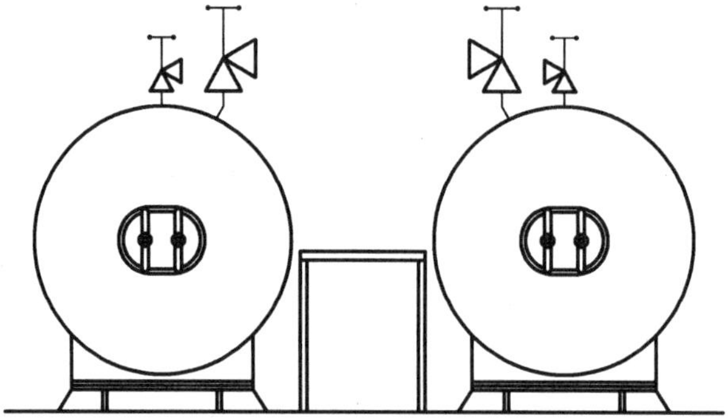

图 3.36　卧式空气瓶对称布置

(2)立式空气瓶对称布置如图 3.37 所示。

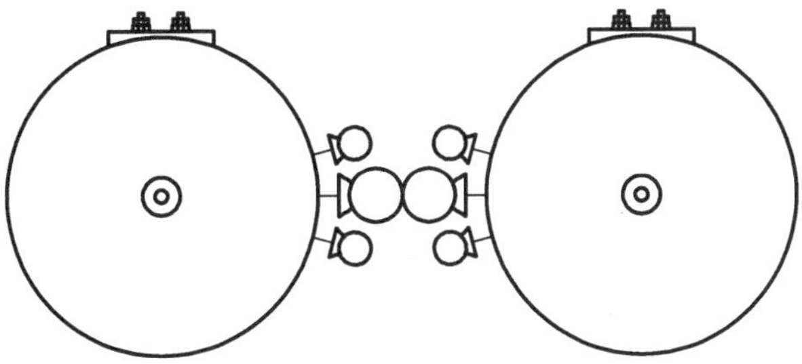

图 3.37　立式空气瓶对称布置

3.8　机舱油水舱管系布置

3.8.1　油舱加热管布置

机舱平台上油舱加热管的布置不同于双层底加热管，其加热系数高，所以管子长度较相同容积的双层底舱加热管要长。但其没有线型，可以做成单元在车间内预制，如图 3.38 所示。

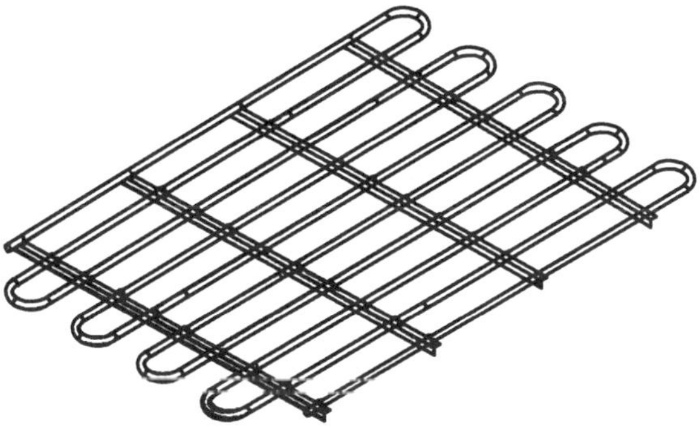

图 3.38　油舱加热盘管布置形式

加热管进出油舱的接口可以结合蒸汽、凝水阀组布置，如图 3.39 所示。

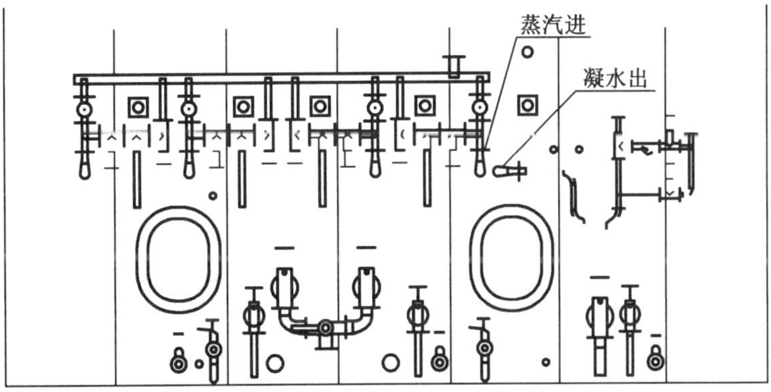

图 3.39　蒸汽、凝水阀组布置

3.8.2 舱面管系布置

舱面管系有抽吸、注入、溢流管。抽吸管一般置于舱柜的下部。燃油舱抽吸管一般不许用短管接出,必须用座板直接接阀。如果该舱有绝缘,应该用加厚座板,如图 3.40 所示。

如果出口阀是快关阀,则阀件的流向应为高进低出,大部分的快关阀可以采用角尺型(直角型),如图 3.41 所示。

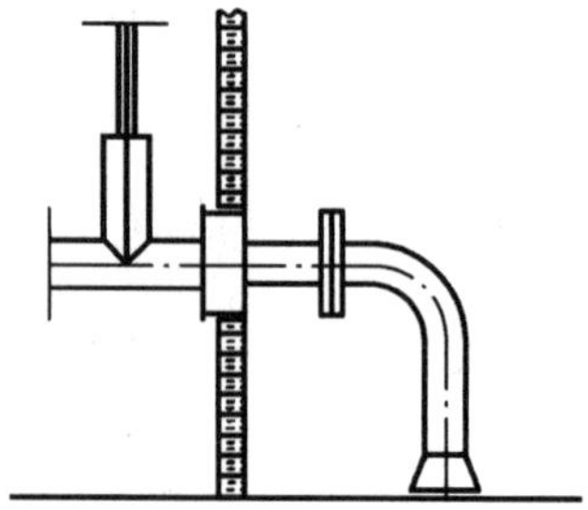

图 3.40 绝缘舱加厚座板

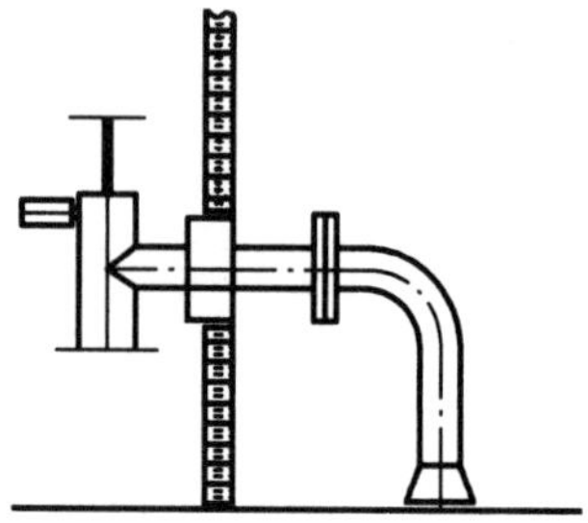

图 3.41 角尺型快关阀穿舱座板

由上而下的注入管一般布置形式如图 3.42 所示。

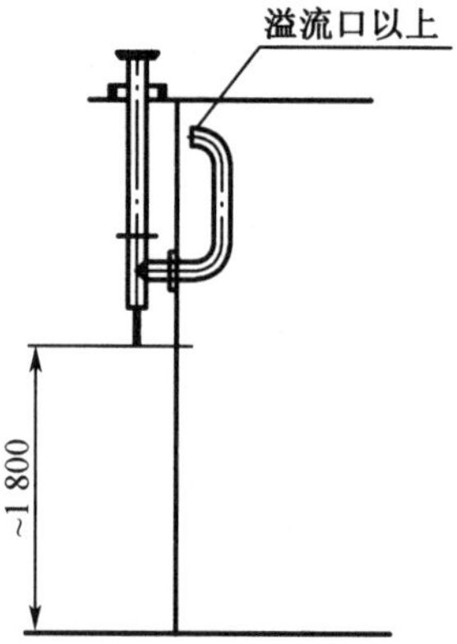

图 3.42 由上而下的注入管布置形式

从下而上的注入管一般布置形式如图 3.43 所示。

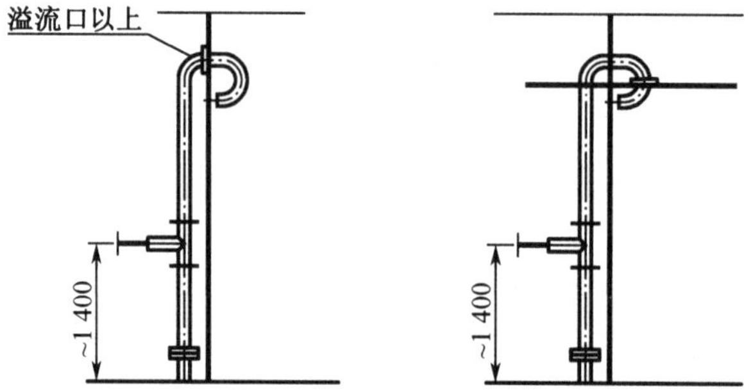

图 3.43 从下而上的注入管布置形式

两只相邻的油舱的注入管一般布置形式如图 3.44 所示。

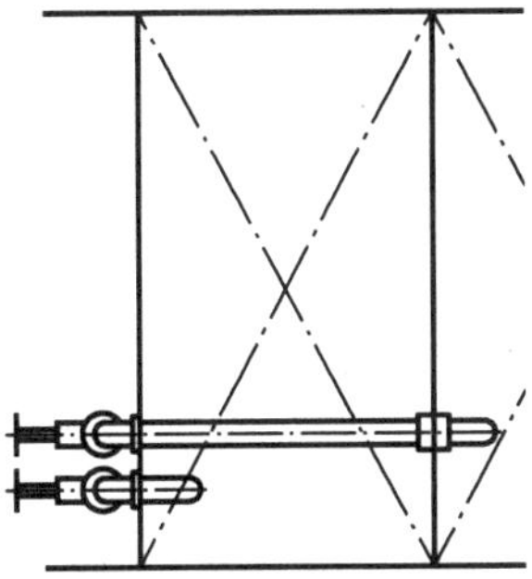

图 3.44　两只相邻的注入管布置形式

舱面管系布置还要注意与人孔、液位表、温包、报警座板的平衡。

3.9　单 元 舾 装

3.9.1　单元的种类

单元舾装是以某一舾装件为主体,其他舾装件依附其上而形成的一个组合体。或者说以一定的构架、基座或其他连接件将若干舾装件连成整体。

单元的种类有八种:

(1)功能性单元

这类单元具有一定的功能。如果成系列也可称为模块,如主辅机燃油供油单元、制淡装置、分油机单元、卫生单元等。

(2)设备单元

设备单元是最常见的单元,既有区域性大单元,又有单设备的小单元。

如图 3.45 所示为某船泵舱区域大单元。

(3)箱柜单元

箱柜单元与设备单元一样,只不过主体是箱柜。

(4)管件单元

管件单元的主体是管子。如图 3.46 所示为某船管件单元布置形式。

(5)交通装置单元

交通装置单元是以格栅,梯子为主体的,与管件单元没有严格的区分标准,主要有油轮甲板上的步桥。

(6)阀组单元

阀组单元是由阀件和管子组成的单元,如图 3.47 所示。

(7)雷达桅单元

雷达桅单元是以电气设备为主的单元,安装完成后可直接吊至船上,如图 3.48 所示。

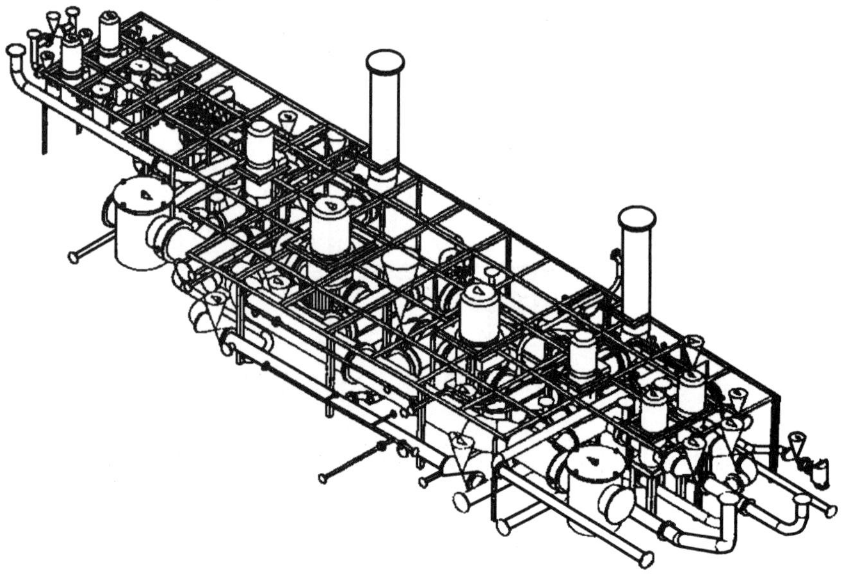

图 3.45　泵舱区域大单元

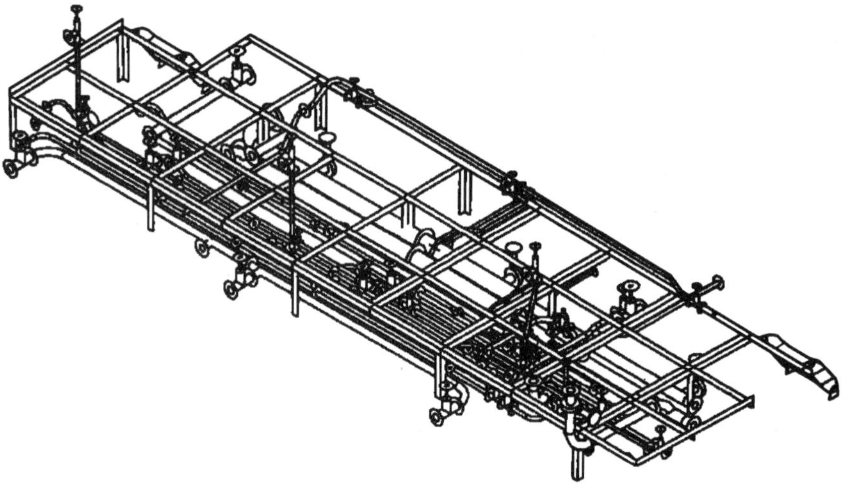

图 3.46　管件单元

(8)烟囱单元

烟囱单元是以船体结构为主体的区域性单元,区域内所有的舾装工作在单元吊装以前结束。

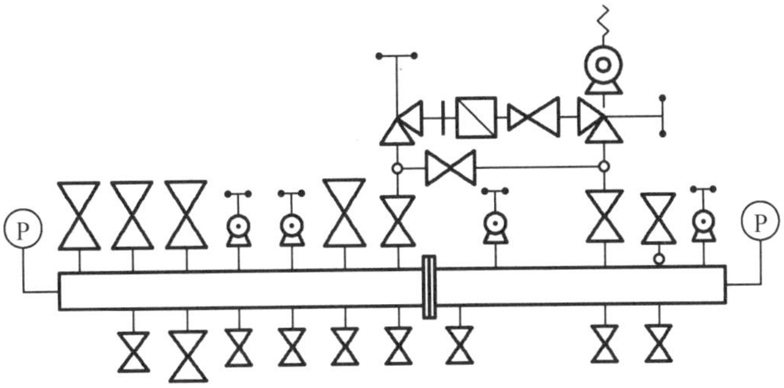

图 3.47　典型阀组单元

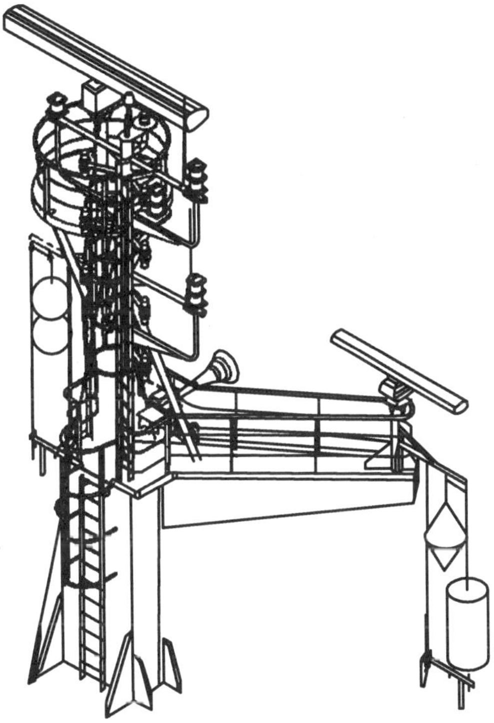

图 3.48　雷达桅单元

3.9.2　单元的确定和布置

(1)根据布置图来确定单元的数量和范围。

(2)根据原理图来确定单元的对外接口。

(3)考虑单元的吊装性。

①采用共用基座和框架;

②考虑专用吊架和加强。

(4)考虑单元的安装性。

①考虑单元吊装后定位作业的空间和可能;

②考虑上面分段的吊装和定位作业的空间。

(5)考虑单元设备的维修保养。

(6)考虑阀件、附件的操作方便。

3.10 货舱区域管系布置

3.10.1 结构开孔

(1)在上甲板边缘开孔,$L>D$,$L_{min}=150$ mm,如图 3.49 所示。

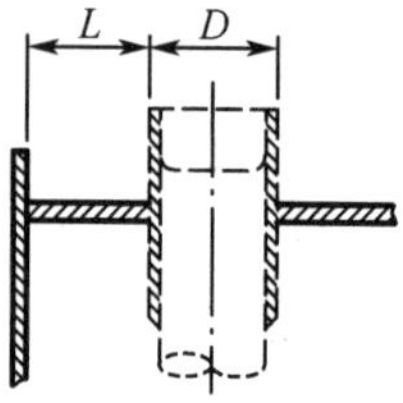

图 3.49 上甲板边缘开孔

(2)在货舱上甲板角偶区不能开孔,如图 3.50 所示。

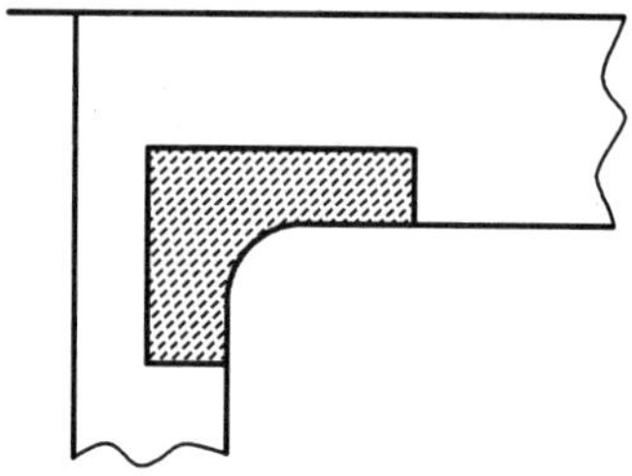

图 3.50 货舱上甲板角偶区禁止开孔

(3)在厚薄接缝处不许开孔,如图 3.51 所示。

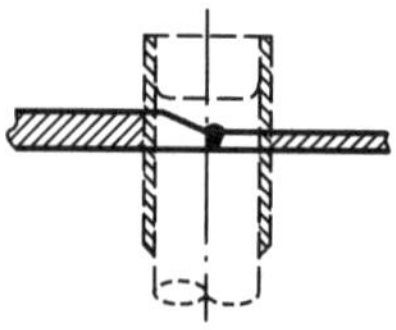

图 3.51 不同板厚接缝处禁止开孔

(4)开孔尽量避开板缝,实在不行可将板缝置于开孔中间,如图 3.52 所示。

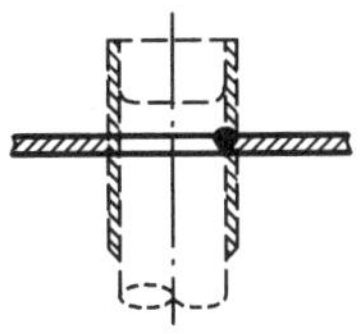

图 3.52　接缝处开孔处理方式

(5)焊缝间距 S>50 mm,如图 3.53 所示。

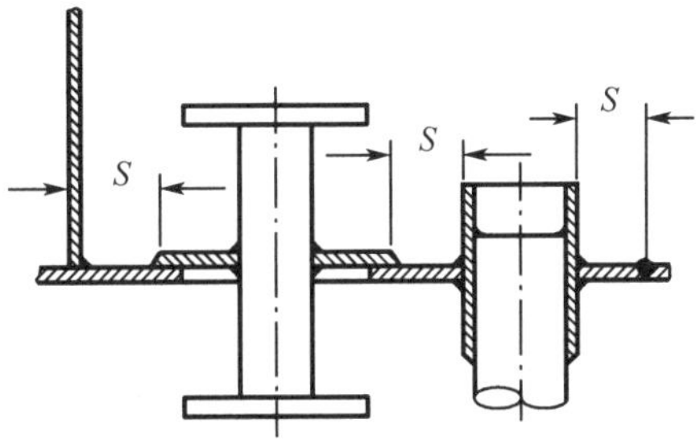

图 3.53　焊缝间距 S>50 mm 的开孔

(6)在阴影区域不许开孔。若必须开孔,则需经认可,如图 3.54 所示。

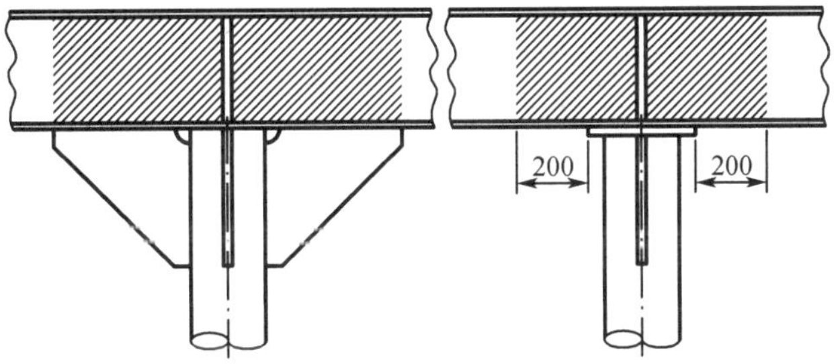

图 3.54　阴影区域开孔认可

(7)货舱前部的防撞舱壁不能随意开孔。

(8)集装箱船的上甲板开孔最好送船东,船检认可。

3.10.2　甲板管系布置

(1)集装箱和多用途船的甲板管系大多布置在边空舱内。

(2)散装货船的甲板管系大多布置在边舱内和甲板上,如图 3.55 所示。

(3)集装箱船上甲板上空间狭小,甲板上有集装箱立柱、集装箱绑扎件箱、带缆桩、导缆孔、小舱口盖、人孔盖等舾装件。空气、测深、消防、日用空气等管子向上通过上甲板时,要注意避开这些舾装件。

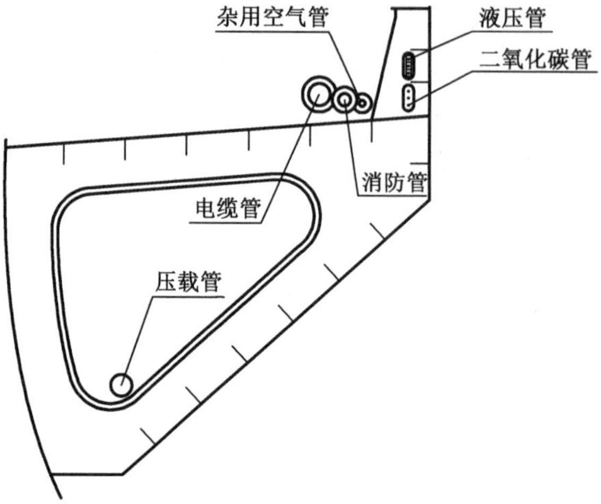

图 3.55　边空舱及甲板布管

(4)根据规范要求,上甲板上空气管高度必须大于 760 mm。有些地方根据稳性计算要升高或向船舯移动。

(5)空气和测深管头应布置在货物不易撞击到的地方。

(6)横隔舱壁主要布置空气、测深、二氧化碳灭火、舱盖液压等管系。要注意避开风管和通道。每挡扶强材之间最多布置二路管子(小口径除外)。

(7)上甲板排水管布置要注意舷侧开孔避开舷梯和舷侧标志。

(8)艏部管系相对简单,一般上下布置,但结构复杂,船装件也较多,应重点注意与结构、风管、通道和设备的平衡。

3.10.3　成品油轮甲板管系布置

(1)成品油轮甲板管系典型剖面图如图 3.56 所示。

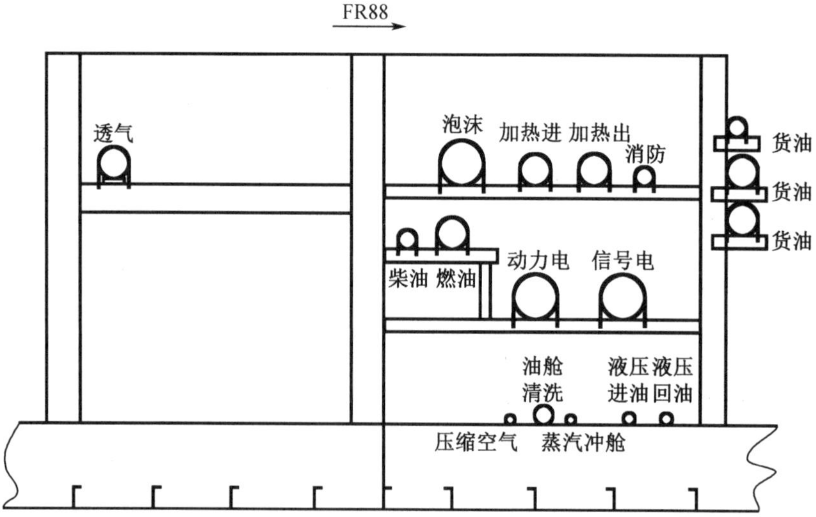

图 3.56　成品油轮甲板管系典型剖面图

(2)货油管和货油舱透气管应倾斜布置。向艏倾斜大于1.5°,向艉倾斜大于1.0°。在一定的间距内要设置膨胀弯。

(3)货油舱透气管快速透气阀应按规定布置在一定的高度和距生活区一定距离的地方。

(4)测深雷达下面一定范围内不许布置管子。

(5)深井泵和油舱舱口盖上方不许布置管子。

3.10.4 液压管系布置

(1)液压管系是高等级管系,一般选用冷拔无缝钢管。

(2)大口径液压管系采用法兰连接,小口径液压管系采用法兰或接头连接。

(3)液压管系一般采用高强度连接螺栓和"O"形密封圈。

(4)液压管系不许在管子上开支管,而是采用三通接头或三通焊接件。

(5)液压管系对清洁度要求很高,为便于清洗,管子的弯头不宜很多。

(6)液压管的管支架应采用能避振的管夹。管支架间距较一般支架的短。

3.11 居住舱室区域管系布置

3.11.1 结构开孔

由于居住舱室船体强结构尺寸不大,大口径管子通过结构后,结构强度就无法保证。因此必须改变结构的形式,如图3.57所示。

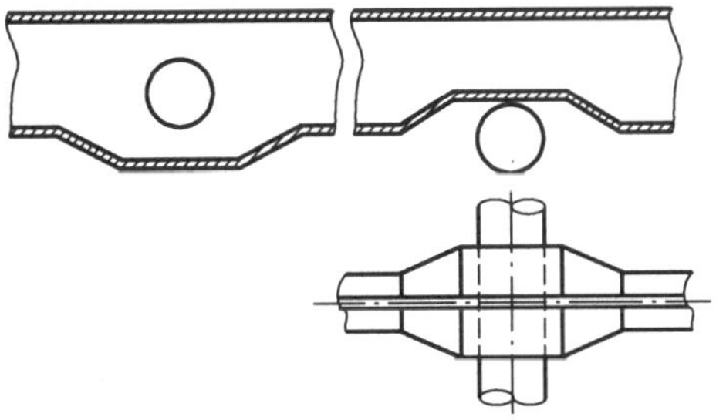

图3.57 住舱结构开孔

3.11.2 典型布置

1. 卫生单元的接管

图3.58所示为卫生单元接管形式。

2. 面盆

面盆的品种和规格很多,定位时应根据实际尺寸而定。面盆的冷、热水也有多种接法。如图3.59所示为一种常用的面盆冷热水管路接管方法。

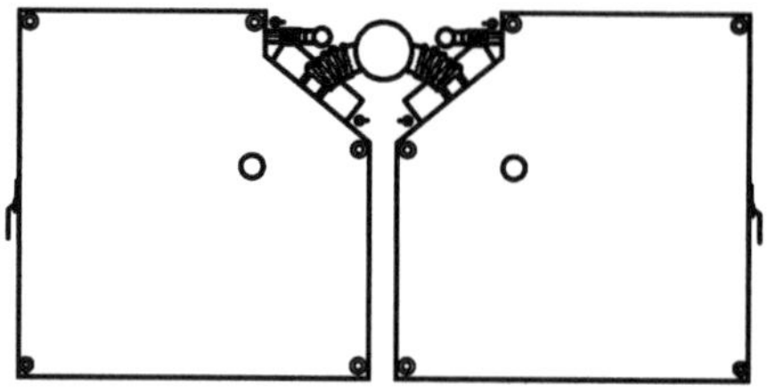

图 3.58　卫生单元接管形式

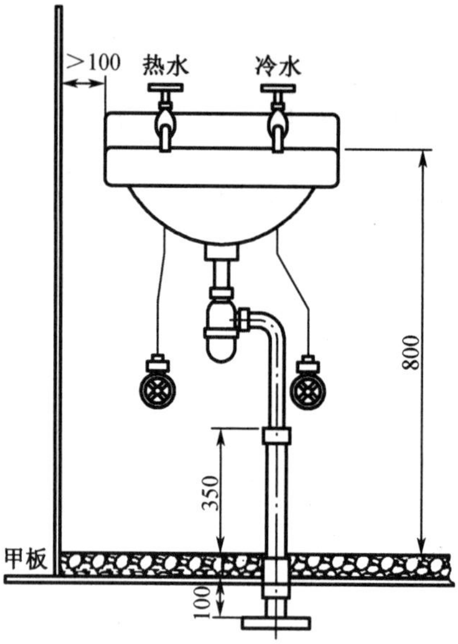

图 3.59　面盆冷热水接管

3. 蹲便器

(1)蹲便器的品种和规格很多,定位时应根据实际尺寸而定。

(2)根据冲洗阀的型号,冲洗管做相应的布置。

(3)如蹲便器带水箱,则按水箱要求安装。

如图 3.60 所示为常用的蹲便器定位尺寸。

4. 坐便器

(1)坐便器有前落水和后落水之分,图 3.61 所示为后落水式蹲便器常用定位尺寸。

(2)根据冲洗阀的型号,冲洗管做相应的布置。

(3)如坐便器带水箱,则按水箱要求安装。

5. 小便器

小便器的品种和规格很多,定位时应根据实际尺寸而定。图 3.62 所示为小便器常用的定位尺寸图。

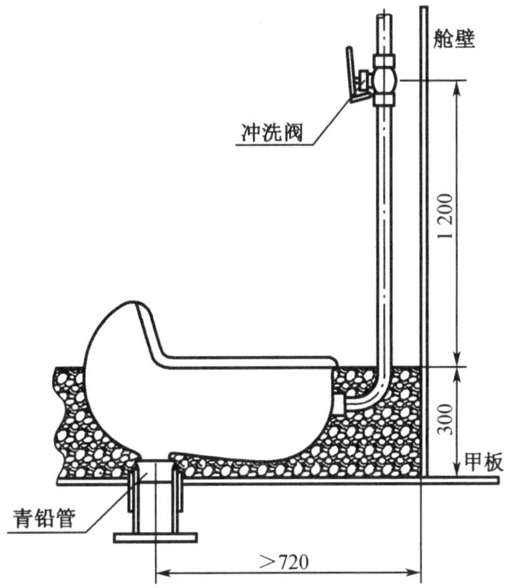

图 3.60 蹲便器定位尺寸

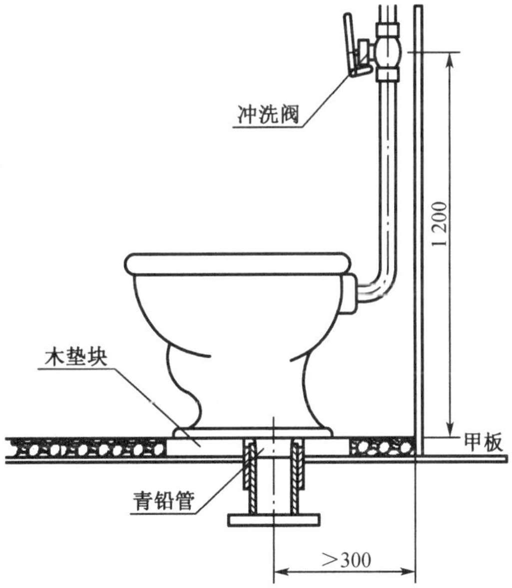

图 3.61 后落水式蹲便器定位尺寸

6. 淋浴器

各种型号的淋浴器接法不同,定位时应根据实际情况而定。图 3.63 为淋浴器常用定位尺寸。

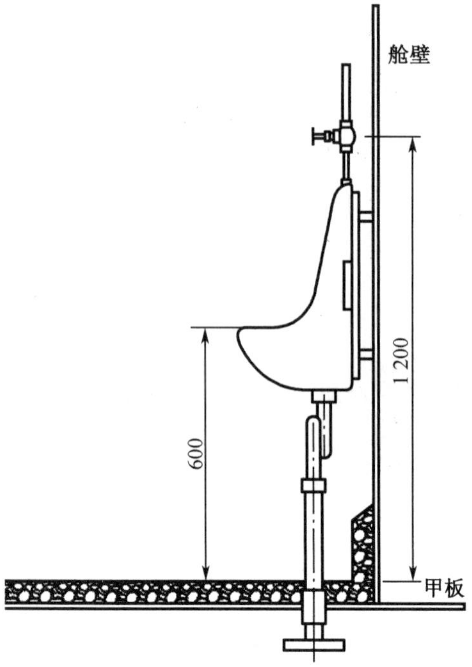

图 3.62　小便器常用定位尺寸

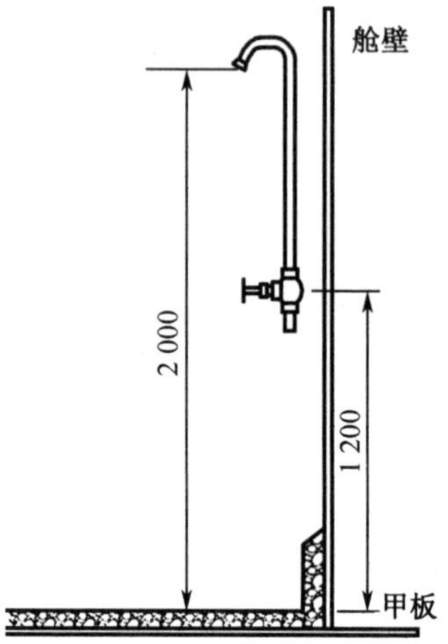

图 3.63　淋浴器常用定位尺寸

3.11.3　管路布置原则

(1)舱室内走道是管子、空调风管、电缆托架的集中布置区域。一般的布置原则是管子靠机舱,电缆托架在中间,空调风管靠舱室。

(2)在综合布置时,优先布置污水、疏水等有倾斜要求的管子,其次考虑空调风管和电缆托架,最后布置其他管子。

(3)管路布置应尽可能避开通过冷库、食品库、被服库等区域。如不可避免则不得有可拆接头。

(4)压力管路和蒸汽管应尽可能避免通过居住舱室。

(5)舱壁凝水管应逐层下泄,不得与其他疏水管相通。

(6)布置漏水口要注意甲板敷料的厚度。

(7)在敷水泥瓷砖的舱壁处布置管子,注意不要将法兰布置在水泥瓷砖内,如图 3.64 所示。

(8)为防止溢水,疏水管的支管应顺水开在总管上,并且与漏水口的距离不要太近。疏水管支管布置方式如图 3.65 所示。

(9)防火分隔处通舱件:

①防火分隔等级应参照防火分隔图。甲板用不同的填充图形来区分防火分隔等级,舱壁用不同的线形来区分防火分隔等级。

②防火分隔处通舱件必须满足防火结构典型节点图。

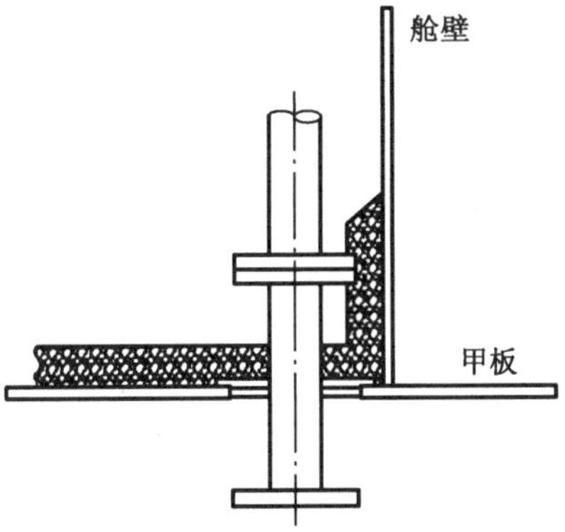

图 3.64 法兰布置于瓷砖敷料之上

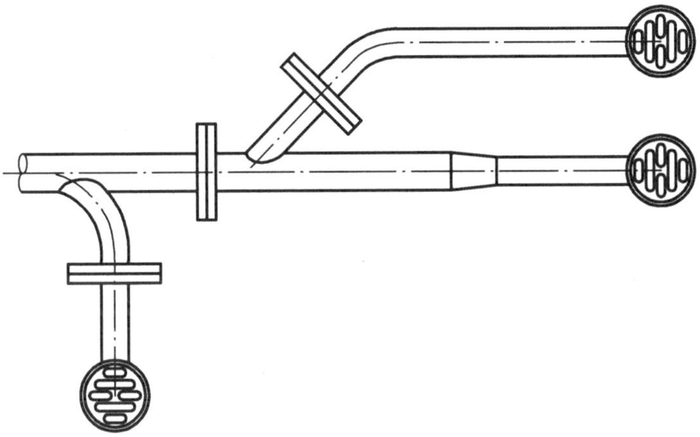

图 3.65 疏水管支管布置方式

3.12 其 他

3.12.1 附件布置

1. 阀件布置

(1)阀件竖向布置高度示意如图 3.66 所示。

(2)阀件水平布置高度示意如图 3.67 所示。

(3)花钢板下阀件布置示意。

手轮在花钢板下低于 300 mm 时,阀杆要接长至花钢板下 100 mm,如图 3.68 所示。

(4)阀件并排布置时,手轮间隙应在 30 mm 以上,而阀体间隙应在 10 mm 以上,如图 3.69 所示。

2. 视察器布置

视察器中心高度一般距离甲板面 1 800 mm 高度,如图 3.70 所示。

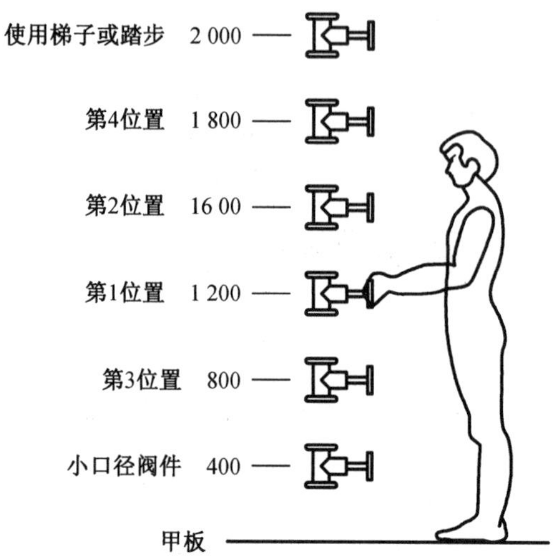

图 3.66　阀件竖向布置高度

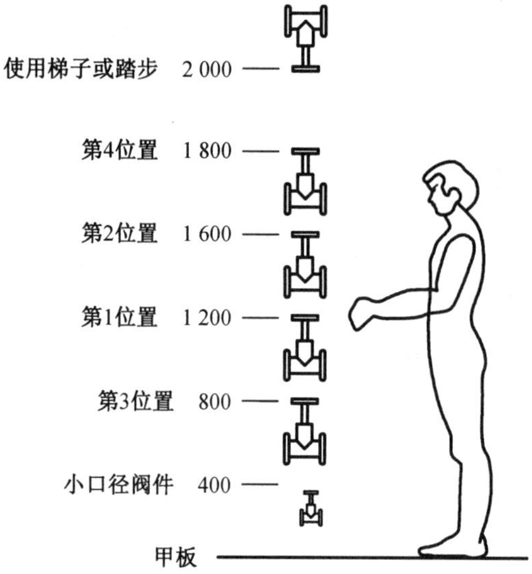

图 3.67　阀件水平布置高度

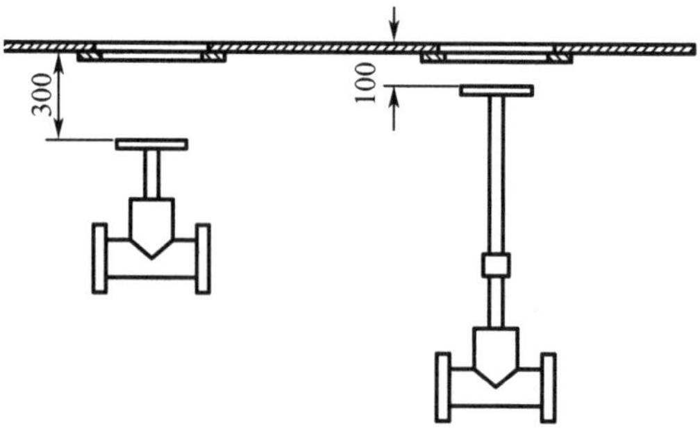

图 3.68　花钢板下阀件布置

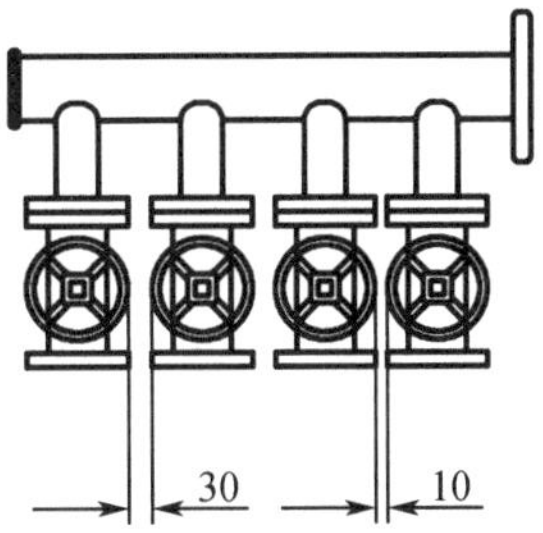

图 3.69　阀件并排布置

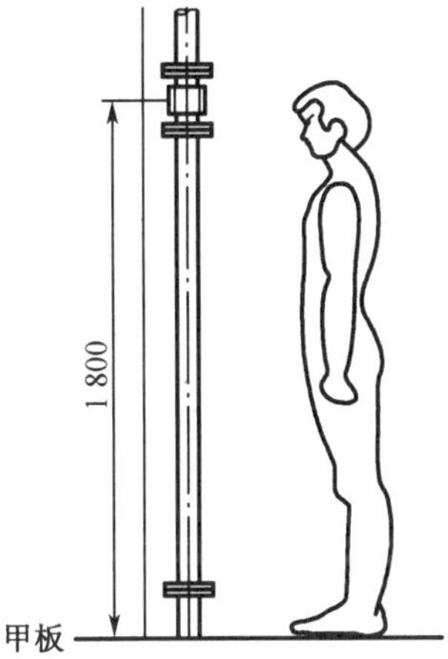

图 3.70　视察器布置

3. 滤器布置

(1)滤器要布置在便于清洗的地方。

(2)大型滤器的上方要考虑起吊空间。

(3)油滤器的下面要有油盘。

3.12.2　通道尺寸

(1)主通道的最小尺寸为宽 800 mm,高 2 000 mm。

①在机舱区域,底层围着主机的区域是主通道,各层甲板沿机舱开口的区域是主通道。烟囱区域各层的斜梯通道是主通道。

②在甲板区域,围着货舱口和居住舱室的区域是主通道。

(2)辅助通道的最小尺寸为宽 600 mm,高 1 900 mm。

(3)站立行走通道的最小尺寸为宽 400 mm,高 1 850 mm。

(4)下蹲行走通道的最小尺寸为宽 400 mm,高 1 350 mm。

(5)爬行通道的最小高度为 600 mm。

3.12.3　管子连接件

如图3.71为管子常用连接件形式。

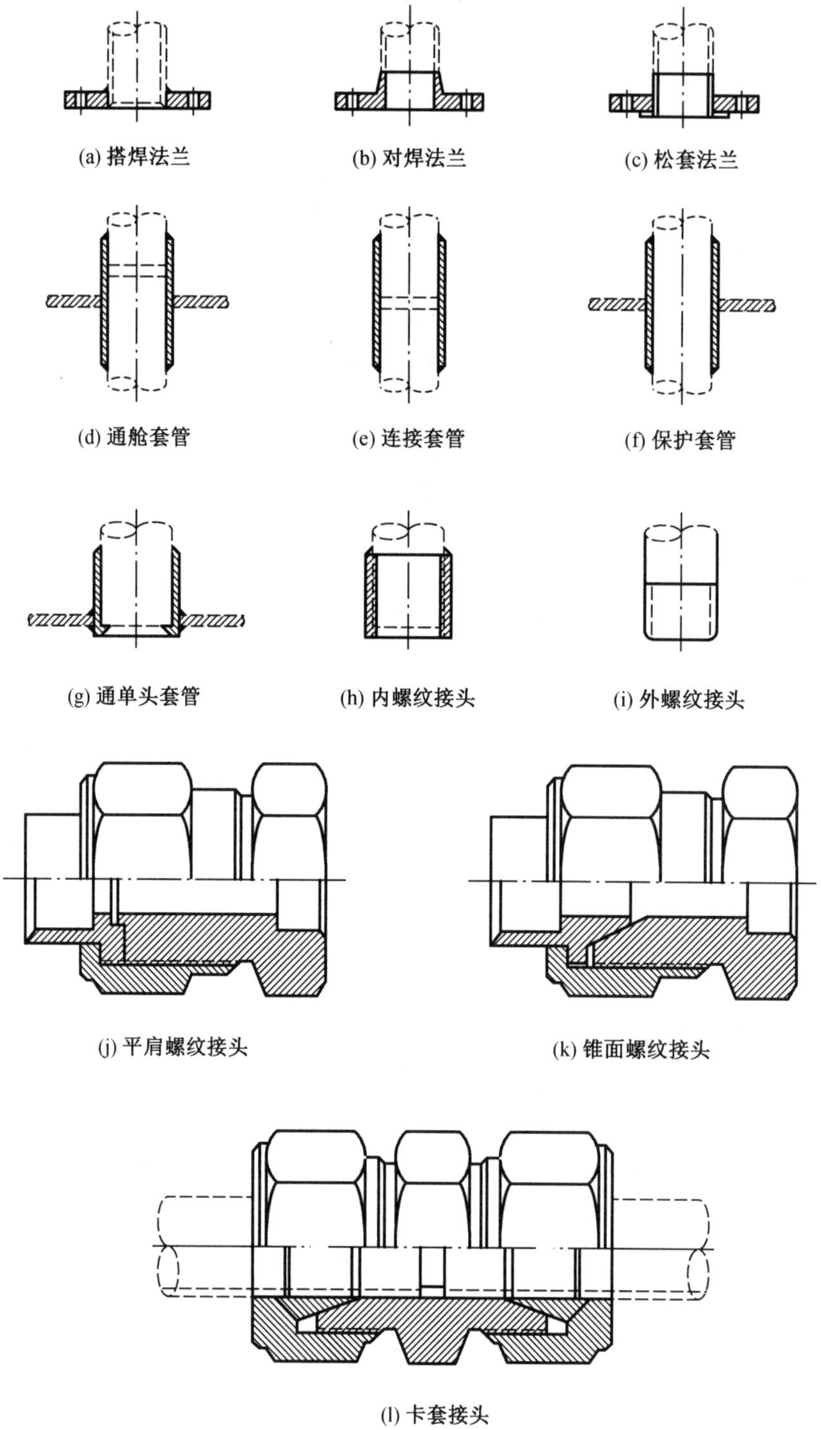

图3.71　管子常用连接件形式

第4章　船舶辅机设备基座及管系支架设计

4.1　船舶辅机的分类

(1)第Ⅰ类辅机:柴油或汽轮发电机组、柴油机或汽轮机驱动的辅机、中间轴承,舵机及其他需要找正对中的机组等。

(2)第Ⅱ类辅机:各类运动机械,包括具有公共底座的机械设备。

①回转式辅机:各类风机、离心式泵、轴流式泵、油水分离机等。

②往复式辅机:空压机制冷压缩机、往复式泵等。

③大型热交换器:冷凝器、冷却器。

④大型压力容器:主空气瓶、压力水柜等。

⑤动力机械加工设备:车床、铣床、刨床、钻床等。

(3)第Ⅲ类辅机:成套单元设备、各类非运动式设备等。

①成套单元设备:生活污水处理装置、油水分离器、造水机、空调器、焚烧炉等。

②小型热交换器:燃油雾化加热器、缸套水加热器、冷却器、储液器等。

③各类箱柜:油箱柜、水箱柜等。

④小型压力容器:辅空气瓶、汽笛空气瓶、杂用空气瓶、CO_2 瓶等。

⑤集中控制台:机舱集控台、阀组集控台、各类控制台等。

(4)第Ⅳ类辅机:各类甲板机械、起货机、锚机、绞缆机、舷梯绞车等。

(5)第Ⅴ类辅机:各类辅锅炉、废气锅炉、废气热水器等。

4.2　船舶辅机基座的结构形式

辅机基座在设计时,常用的参考标准有:《机械制图》(GB/T 4457~4460—1984);《金属船体制图》(GB/T 4476—1984);以及企业内部制定的相关标准及工艺规范等。

(1)面板-立板-T形肘板结构如图4.1所示,适用于第Ⅰ类、第Ⅱb类辅机。

(2)面板-立板-肘板结构如图4.2所示,适用于第Ⅰ类、第Ⅱb类辅机。

(3)角钢-肘板式结构如图4.3所示,适用于第Ⅲ类及部分Ⅱ类辅机。

(4)角钢框式结构如图4.4所示,适用于第Ⅲ类辅机及部分小型第Ⅱ-A类辅机。

(5)悬臂板式结构如图4.5所示,适用于第Ⅲ类bcd及第Ⅱ类中部分辅机。

(6)悬臂角钢式结构如图4.6所示,适用于第Ⅲ类b、c、d及第Ⅱ类中。

(7)舱壁夹箍式结构如图4.7所示,适用于立式压力容器及筒形备件。

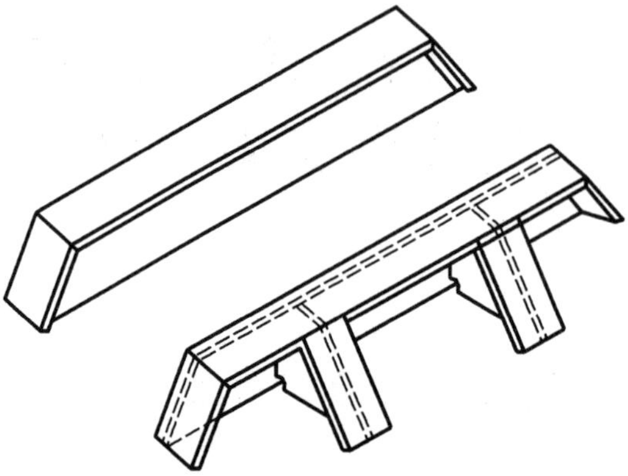

图 4.1　面板-立板-T 形肘板结构

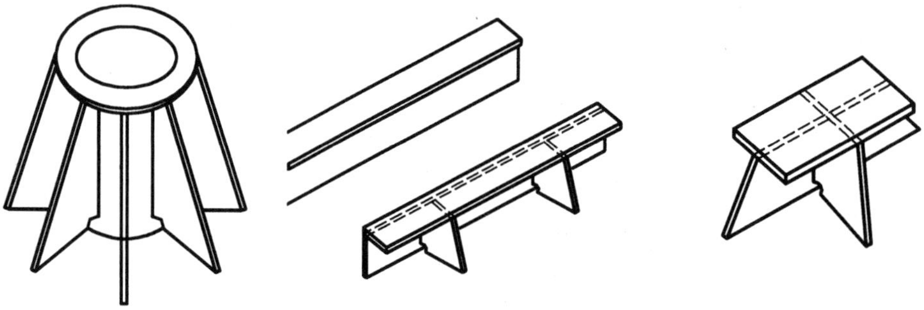

图 4.2　面板-立板-肘板结构

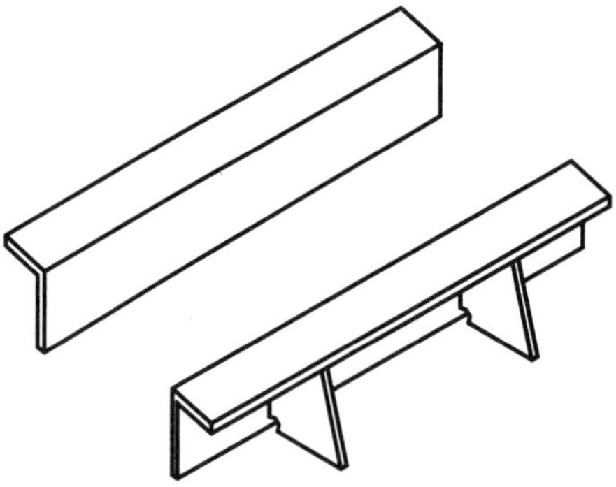

图 4.3　角钢-肘板式结构

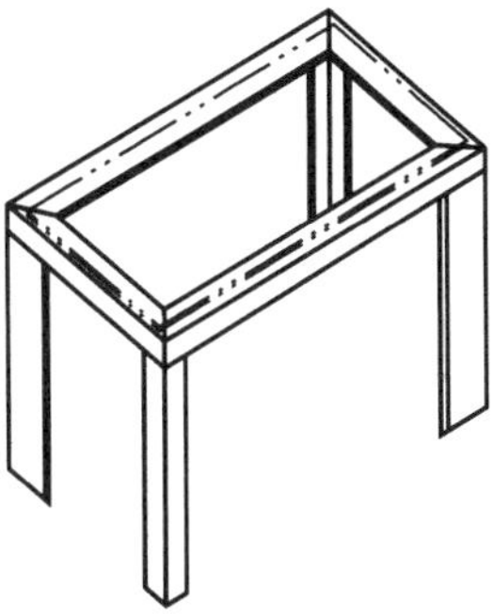

图 4.4　角钢框式结构

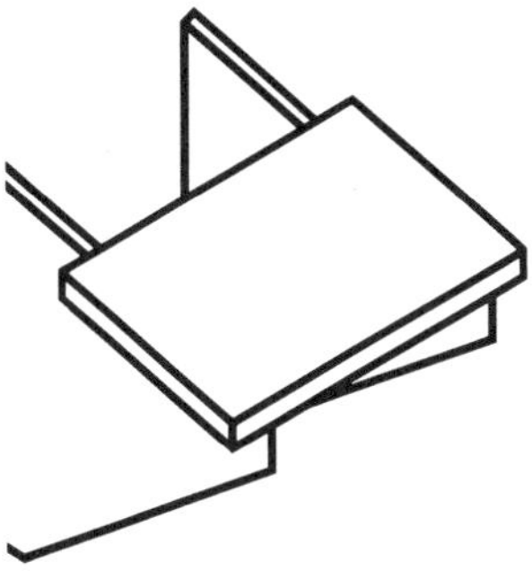

图 4.5　悬臂板式结构

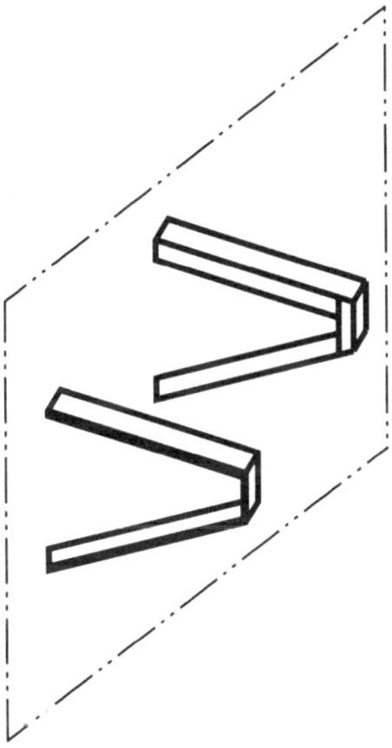

图 4.6　悬臂角钢式结构

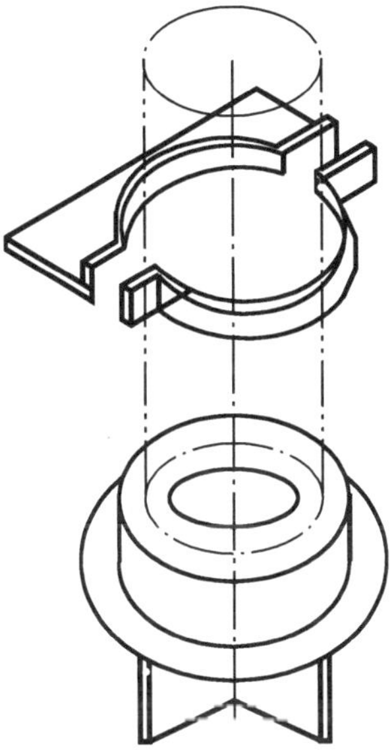

图 4.7　舱壁夹箍式结构

4.3　船舶辅机基座结构形式的选用

4.3.1　选用基座结构形式前应具备的资料

(1)辅机安装图。

(2)机舱布置图及有关辅机的布置图。

(3)综合布置图。

(4)设备认可图及样本说明书等。

(5)有关船体结构图。

4.3.2 选择基座结构形式时应考虑的问题

根据4.1节,分清需设基座的辅机所属类别;根据4.2节所介绍的基座结构形式,结合辅机的安装位置,选择所需的基座结构形式。

(1)要了解辅机的用途、辅机的质量、工作时所产生的振动力大小、辅机所承受的外力大小等,使所选用的基座既能满足辅机的工作要求,又能节省钢材,便于施工。

(2)基座要有足够的强度,还要具有不使辅机产生有害振动的结构形式和刚性,尤其是柴油发电机组、空气压缩机等振动大的辅机,要特别注意基座的结构刚性。

(3)注意利用基座周围的船体结构,尽量使基座的构件与船体桁材肋骨等相连接,以增强基座自身的刚性。

(4)对于特殊底脚的设备基座,为便于预装时定位,基座应制成一体。

(5)角钢或槽钢截面与船体壁子或甲板连接时,截面处应加焊垫板。

4.3.3 船舶辅机基座材料规格的选用

基座材料规格要根据辅机的类别和基座的形式加以选用,现摘录35 000 t散货船部分辅机基座所用材料的规格,见表4.1,供设绘基座时参考。选用材料时应尽可能简化规格,以便于订货和设绘。

表4.1 35 000 t级散货船辅机基座材料规格(选摘) 单位:mm

序号	设备名称	基座形式	面板	立板	肘板	角钢
1	中间轴承	面板-立板-T形肘板	22	18	18	
2	主发电机组		20	16	16	
3	主空压机组		12	10		
4	立式辅锅炉	面板-立板-肘板	18	14	14	
5	废气锅炉		20	16	16	
6	压载水泵		14	10	10	
7	舱底水泵(往复式)		14	12	12	
8	主海水冷却泵		12	10	10	
9	主机滑油泵(螺杆式)		12	10	10	
10	辅海水冷却泵		12	10	10	
11	辅机淡水冷却泵		12	10	10	
12	燃油输送泵(齿轮式)		10	10	10	
13	十字头滑油泵		10	8	8	
14	燃油分离机(MOP207)		12	10	10	
15	主机滑油淡水冷却器		12	10	10	

表 4.1(续)

序号	设备名称	基座形式	面板	立板	肘板	角钢
16	主空气瓶(卧式)	面板-立板-肘板	14	12	12	
17	热水柜		14	12	12	
18	淡水卫生水压力柜		12	10	10	
19	车床		12	10	10	
20	刨床		12	10	10	
21	海水淡化装置		12	10	10	
22	焚烧炉		10	8	8	
23	应急发电机组	角钢-肘板			10	200×125×14
24	尾绞缆机舵机液压泵组				12	200×125×14
25	滑油输送泵				8	90×90×9
26	热水循环泵				8	90×90×9
27	柜式空调器				8	90×90×9
28	燃油泄放柜				8	90×90×9
29	机舱监控台				8	75×75×8
30	污泥柜				8	100×63×8
31	主机喷油器冷却泵				10	140×90×10
32	压载控制台	角钢框式				100×63×8
33	舱底水油水分离器					90×90×9
34	热水井					90×90×9
35	辅机燃油沉淀柜					160×100×10
36	辅锅炉鼓风机					100×63×10
37	辅锅炉柴油日用柜					125×125×12
38	锅炉强制循环泵					125×80×10

4.4　船舶辅机基座设绘方法

(1)基座图的图线按照《金属船体制图第 1 部分:一般规定》(GB/T 4476.1—2008)一般规定中第 5 章“图线及其应用”规定,图样画法及编号按照《金属船体制图第 3 部分:图样画法及编号》(GB/T 4476.3—2008)规定。

(2)基座图的图纸幅面比例、字体、尺寸标注等按照《机械制图》(GB/T 4457)有关规定。

(3)基座装焊的质量要求见表4.2,质量要求应在图样的“技术要求”栏中写明。

表 4.2　基座装焊质量要求

项目		允许偏差/mm
支承面板的长度	≤2 m	±4
	<2 m	±5
支承面板的宽度		±4
基座的高度		±3
支承面板的中心距船体中心线基面肋骨的尺寸		±5
相对于水平面的平行度垂直度	每米长度	±3
	全长	±5
支承面板表面的平面度		±3

(4)基座图样明细表中的“名称”栏中,除写明规格外,还应尽可能写明下料尺寸,如下料尺寸是近似的,可在尺寸数字前加近似符号“~”。

(5)如果在图样中构件的精确尺寸不能确定,则应在图样的“技术要求”中写明“所有构件的精确尺寸均由放样决定”字样。

(6)基座图应注明焊缝符号和要求,也可在“技术要求”中注明,基座结构中多为角焊缝,角焊缝高度一般为焊缝构件厚度的二分之一。

(7)为便于基座的制作和安装,基座高度一般不小于100 mm。

(8)基座面板的周围尺寸一般应比设备底座长10 mm。

(9)基座图须注明基座的定位尺寸,包括距肋位、距舯、距哪层平台或甲板。

(10)如果无法在平台上设置拦油扁铁,燃油泵、燃油滤器、滑油泵、滑油滤器等的基座上应设置油盘,油盘应留出泄油口的位置。

(11)大型辅机基座的立板两端应跨在船体的纵横结构上,基座肘板应尽可能坐落或延伸至肋位上,必要时在基座坐落的平台或甲板下的肋骨间增设加强筋板予以补强。

(12)辅机一般用螺栓固定在基座上,应尽可能在靠近螺栓的基座底部设置肘板或构件,但需留出拧紧螺母所必需的空间。

(13)基座肘板与平台或甲板连接处肘板上必须割出流水孔,流水孔半径一般为30~40 mm。

(14)基座构件禁止和船体外板直接焊接。

(15)预制的基座在装船前应涂一层底漆和一层面漆,涂漆应在“技术要求”中注明。

4.5　管支架设计

4.5.1　管卡、支架的形式

1. 管卡的形式

A 型管卡适用于油舱内的蒸汽加热管。

B 型管卡适用于一般的钢管。

C 型管卡适用于震动较大或舱柜内的钢管。

D 型管卡适用于蒸汽、燃油和有色金属管。

E 型管卡适用于海水总管、排气管和有色金属管。

F 型管卡适用于小口径有色金属管。

G 型管卡适用于液压管和有色金属管。

管卡形式如图 4.8 所示。

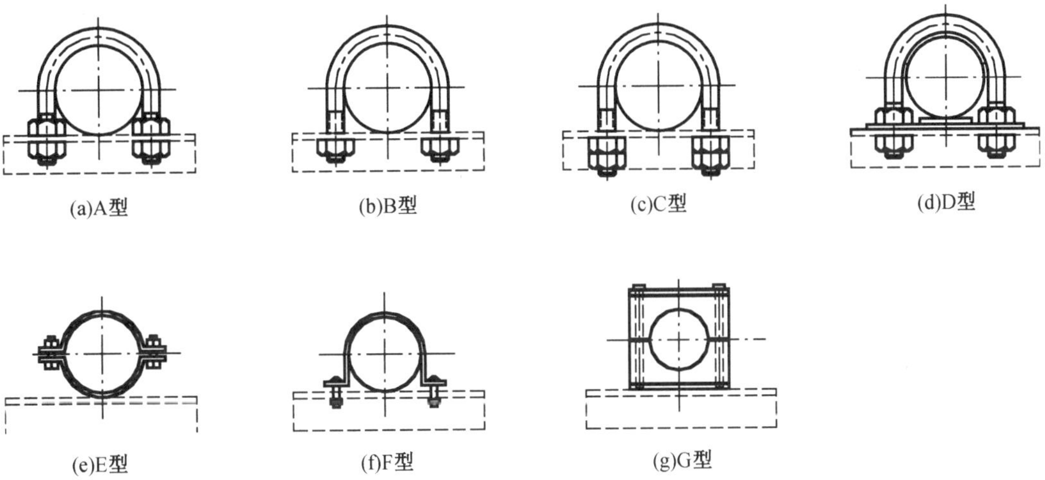

图 4.8　管卡形式

2. 支架的形式

(1) A1 型管子支架适用于除舱柜内、管弄内及振动剧烈部位以外各种部位的钢管；A2 型管子支架适用于小口径铜管，如图 4.9 所示。

图 4.9　A1/A2 型管支架

(2)B1~3 型管子支架的适用范围与 A1 型管子支架基本相同,如图 4.10 所示。

图 4.10　B1、B2、B3 型管支架

(3)B4 型管子支架适用于海水总管、发电机排气管及其他大口径管子,如图 4.11 所示。当在发电机排气管垂直部分安装支架时,应在支架上端紧贴支架处的管子外壁上装焊两块止动块。

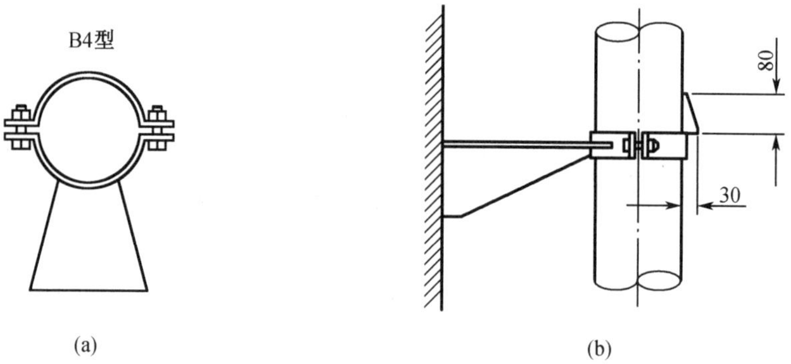

图 4.11　B4 型管支架

(4)下列各型管子支架配上各型管夹,适用于船上的各种部位和管子,如图 4.12 所示。

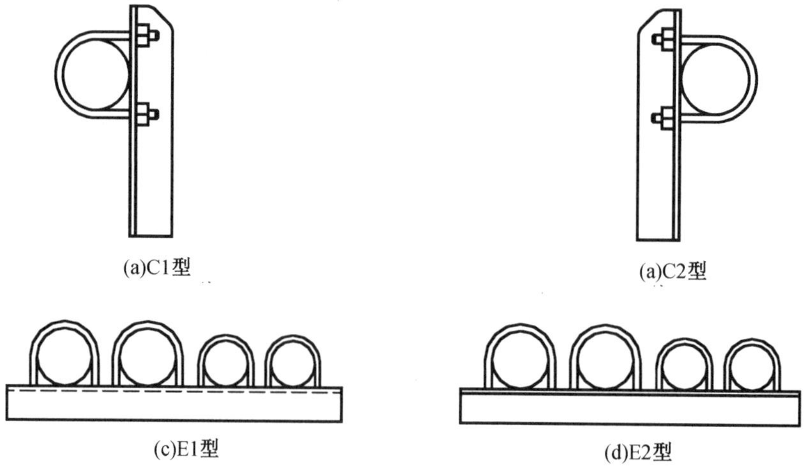

图 4.12　其他型式管支架

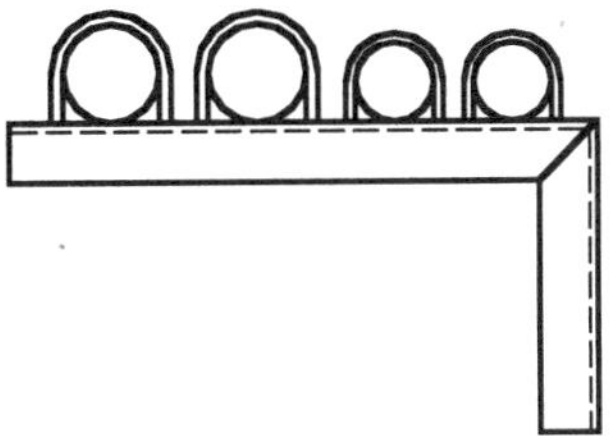

(e)F1型

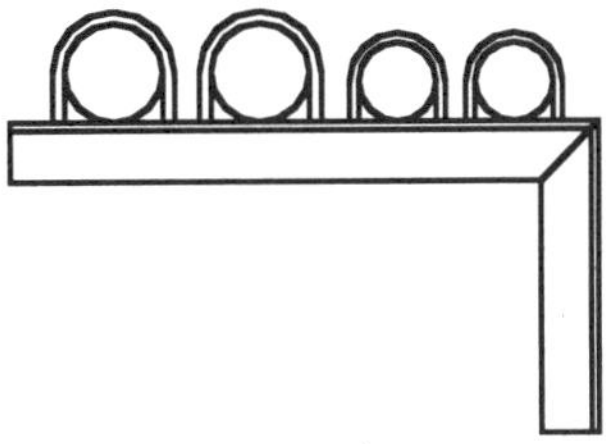

(f)F2型

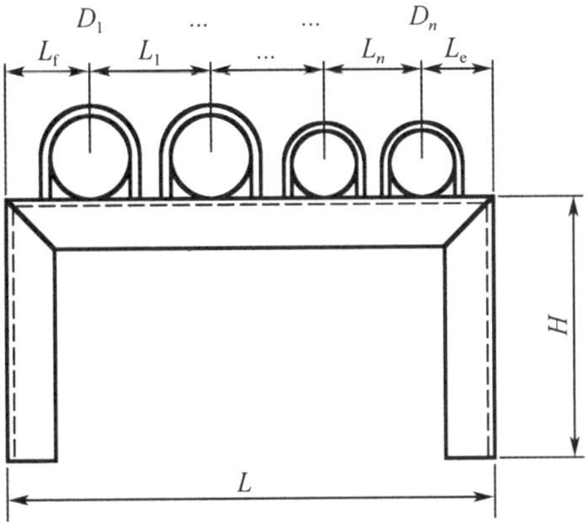

(g)H1型

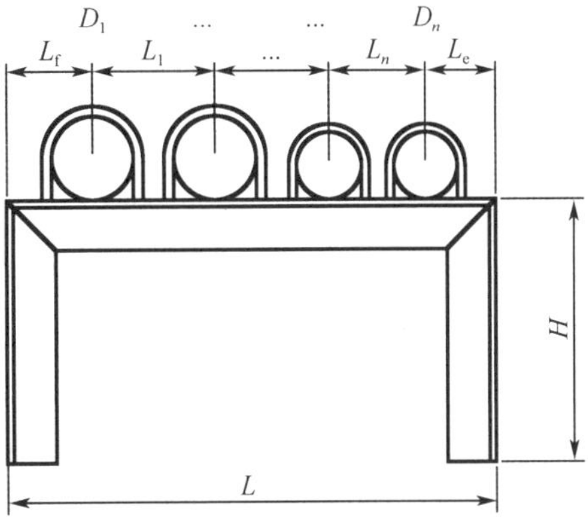

(h)H2型

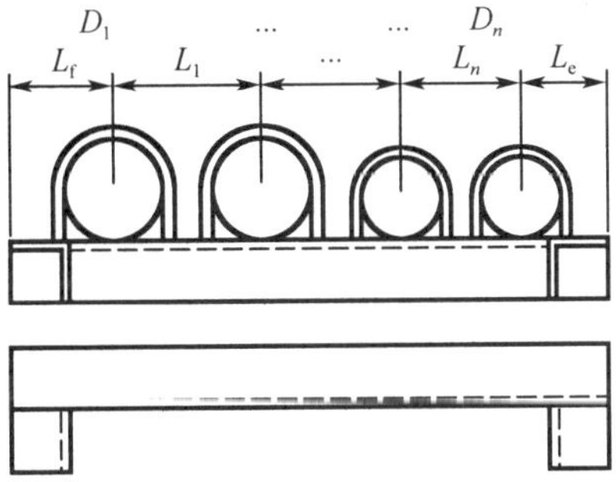

(i)H3型

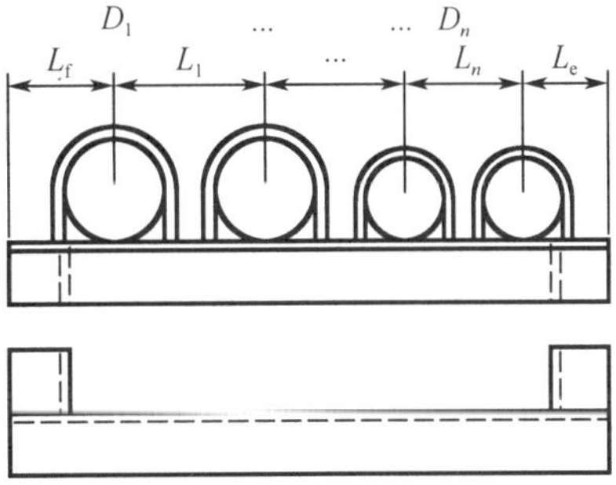

(j)H4型

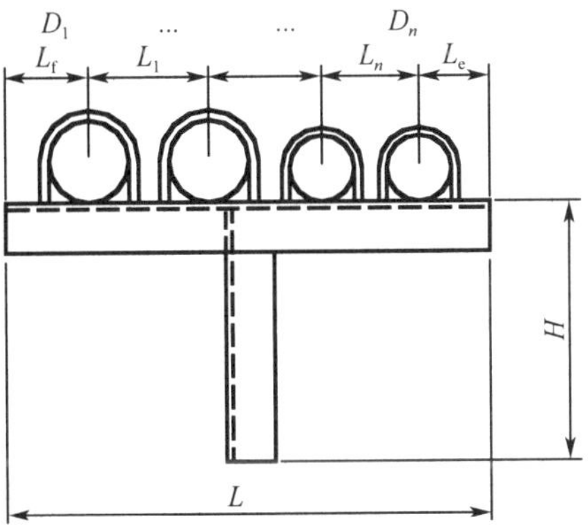

(k)T1型

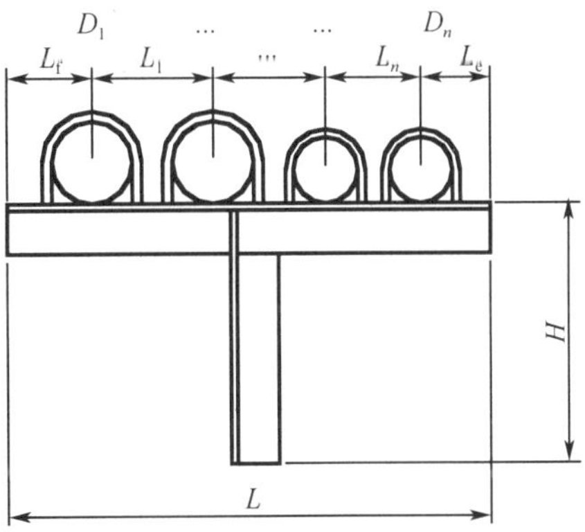

(l)T2型

图 4.12(续)

4.5.2 管子支架的安装

（1）如在甲板、舱壁的非结构面上安装管子支架，则应尽量装在背面有纵骨、横梁，以及背面有扶强材或其他加强构件的部位。当管子支架装焊在无加强构件的部位时，应当在管子支架的支撑根部加焊一块垫板，垫板的焊缝应当连续，不得采用间断焊，如图 4.13 所示。

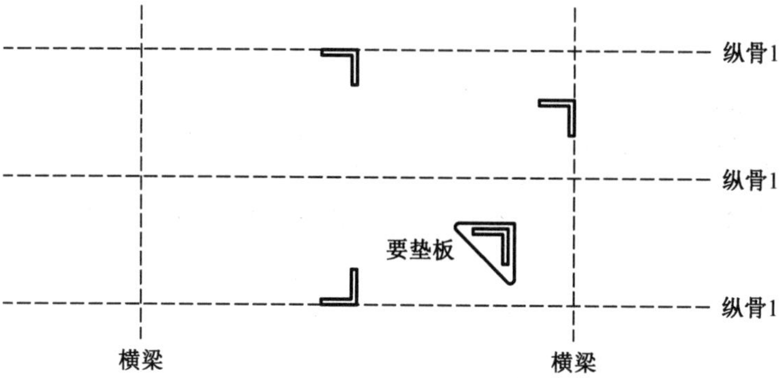

图 4.13 管支架垫板

（2）管子支架如安装在构件上，安装方式如图 4.14 所示。

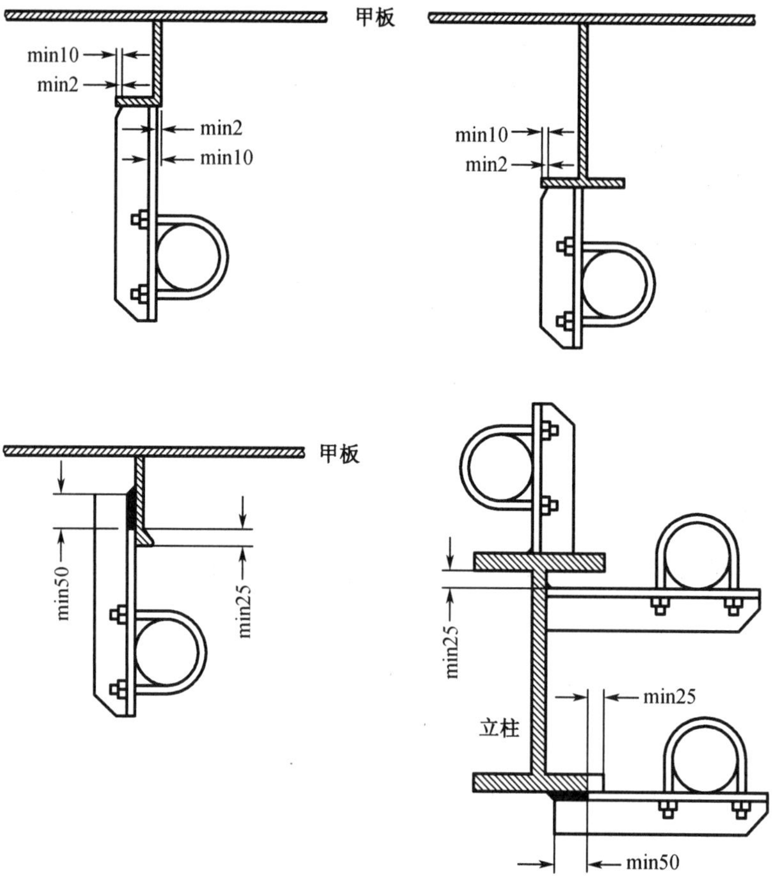

图 4.14 管支架安装于构件的方式

(3)管子支架的形状应尽量简单并能有效地发挥作用。

(4)管子支架及其支撑不得从电缆中穿过。

(5)不宜装焊部位:

①船体强力甲板。

②船体主要构件的焊缝周围 50 mm 范围。

③通风管道。

④经镀锌或者特殊涂装后的箱柜壁。

(6)禁止装焊部位:

①船体外板。

②强力甲板焊缝周围 50 mm 范围内。

③强力甲板与外板连接焊缝周围 100 mm 范围内。

④薄型风管及电缆导架。

⑤管子的外表面。

⑥高压容器。

⑦各类机电设备的本体。

4.5.3　管子支架的间距和长度

管支架间距及管支架长度表分别如图 4.15、表 4.3 所示。竖装支架示意图及长度表分别如图 4.16、表 4.4 所示,横装支架示意图及长度表分别如图 4.17、表 4.5 所示,倒装支架示意图及长度表分别如图 4.18、表 4.6 所示。

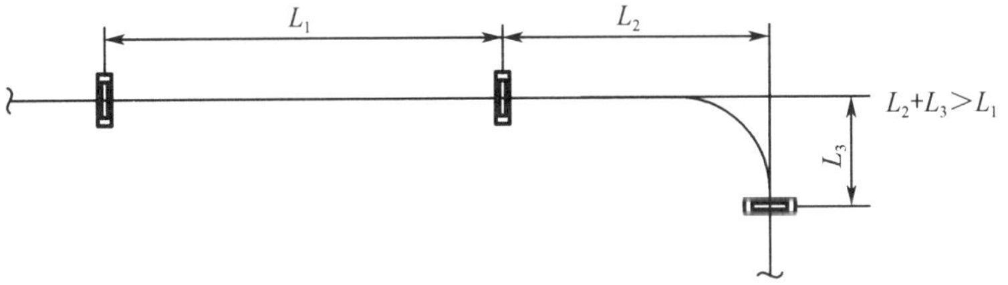

图 4.15　管支架间距示意图

表 4.3　管支架间距表　　单位:mm

管径(DN)	支架最大间距(L_1)
25 以下	1 200
32	1 500
40	1 500
50	2 000
65	2 000
80	2 500
100	2 500

表 4.3(续) 单位:mm

管径(DN)	支架最大间距(L_1)
125	3 000
150	3 000
200	4 000
250	4 500
300	4 500
350	5 000
400	5 500
450	5 500
500 以上	6 000

表 4.4 竖装支架长度表 单位:mm

<table>
<tr><th>管径(DN)</th><th colspan="3">支架长度(H)</th></tr>
<tr><td>32</td><td rowspan="2">L40×40×4 角钢
“C”型</td><td rowspan="2">L40×40×4 角钢
“CS”“H”型</td><td rowspan="2"></td></tr>
<tr><td>40</td></tr>
<tr><td>50</td><td rowspan="3">L50×50×5 角钢
“C”型</td><td rowspan="3">L50×50×5 角钢
“CS”“H”型</td><td rowspan="3"></td></tr>
<tr><td>65</td></tr>
<tr><td>80</td></tr>
<tr><td>100</td><td rowspan="3">L63×63×6 角钢
“C”型</td><td rowspan="3">L63×63×6 角钢
“CS”“H”型</td><td rowspan="3"></td></tr>
<tr><td>125</td></tr>
<tr><td>150</td></tr>
<tr><td>200</td><td rowspan="2">L80×80×8 角钢
“C”型</td><td rowspan="2">L80×80×8 角钢
“CS”“H”型</td><td rowspan="2"></td></tr>
<tr><td>250</td></tr>
<tr><td>300</td><td rowspan="2">L90×90×10 角钢
“C”型</td><td rowspan="2">L90×90×10 角钢
“CS”“H”型</td><td rowspan="2"></td></tr>
<tr><td>350</td></tr>
<tr><td>400</td><td rowspan="2">L100×100×10 角钢
“H”型</td><td rowspan="2"></td><td rowspan="2"></td></tr>
<tr><td>450</td></tr>
<tr><td>500</td><td rowspan="2" colspan="3">L125×125×12 角钢“H”型</td></tr>
<tr><td>600 以上</td></tr>
</table>

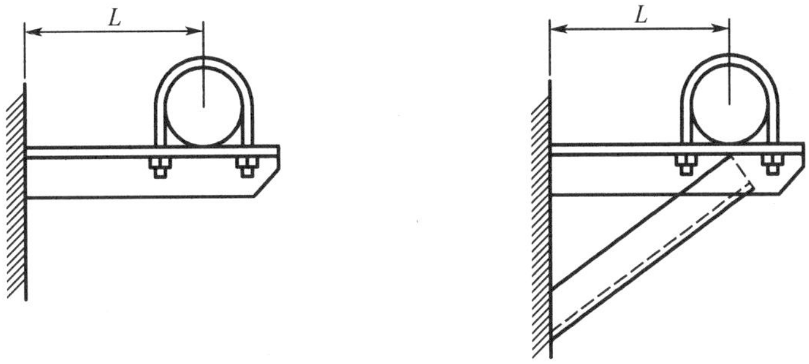

图 4.17　横装支架示意图

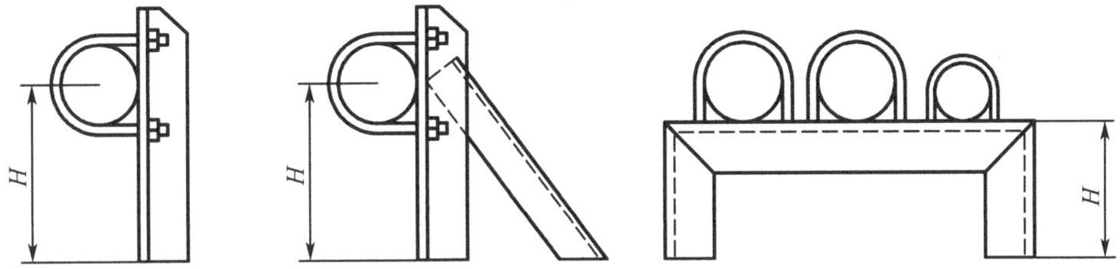

图 4.16　竖装支架示意图

表 4.5　横装支架长度表

单位:mm

管径(DN)	支架长度(L)	
32	L40×40×4 角钢“C”型	L40×40×4 角钢“CS”型
40		
50	L50×50×5 角钢“C”型	L50×50×5 角钢“CS”型
65		
80		
100	L63×63×6 角钢“C”型	L63×63×6 角钢“CS”型
125		
150		
200	L80×80×8 角钢“C”型	L80×80×8 角钢“CS”型
250		
300	L90×90×10 角钢“C”型	L90×90×10 角钢“CS”型
350		
400	L100×100×10 角钢“CS”型	
450		
500	L125×125×12 角钢“CS”型	
600 以上		

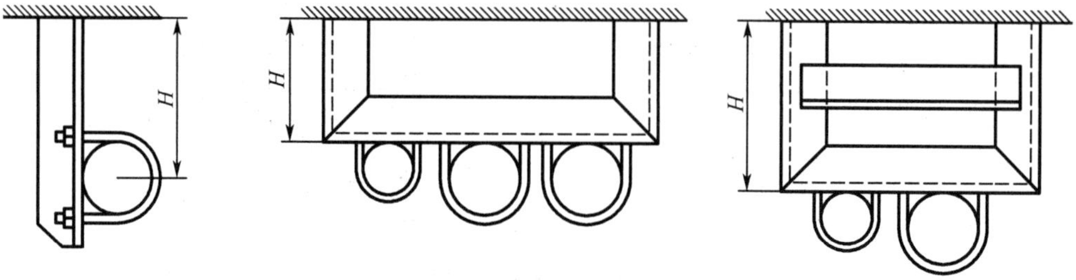

图 4.18　倒装长度支架示意图

表 4.6　倒装支架长度表

单位：mm

管径(DN)	支架长度(*H*)		
32	L40×40×4 角钢"C"型	L40×40×4 角钢"H"型	L40×40×4 角钢"HS"型
40			
50	L50×50×5 角钢"C"型	L50×50×5 角钢"H"型	L50×50×5 角钢"HS"型
65			
80			
100	L63×63×6 角钢"C"型	L63×63×6 角钢"H"型	L63×63×6 角钢"HS"型
125			
150			
200	L80×80×8 角钢"C"型	L80×80×8 角钢"H"型	L80×80×8 角钢"HS"型
250			
300	L90×90×10 角钢"C"型	L90×90×10 角钢"H"型	L90×90×10 角钢"HS"型
350			
400	L100×100×10 角钢"H"型		L100×100×10 角钢"HS"型
450			
500	L125×125×12 角钢"H"型		L125×125×12 角钢"HS"型
600 以上			

第 5 章　基于 SPD 软件系统舾装标准定义

5.1　概　　述

舾装部件标准数据定义是舾装三维设计的基础工作，主要是建立舾装专业建模所需的各类设备和部件基础模型库，以便在三维建模时进行调取和布置。

5.2　启 动 程 序

舾装标准定义为独立模块，在 SPD 的主界面点击“通用”—“舾装标准”启动程序，启动后进入主界面，如图 5.1 所示。

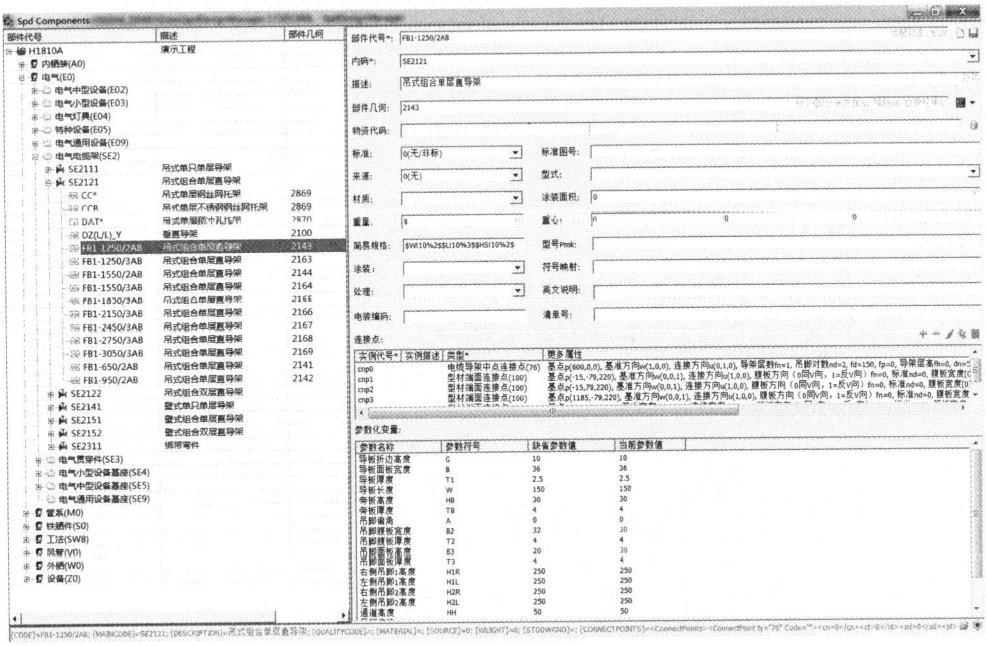

图 5.1　舾装标准定义启动界面

5.3　主界面图标

主界面上常用图标功能说明如下：

(1)打开工程|设置

(2)新建|保存

(3)参数化部件库|VOL 小样库|三维小样

(4)选择物资代码

(5)添加连接点|删除连接点|编辑连接点

5.4　打开/切换工程

点击主界面右下角打开工程按钮，弹出【打开工程】对话框，如图 5.2 所示。

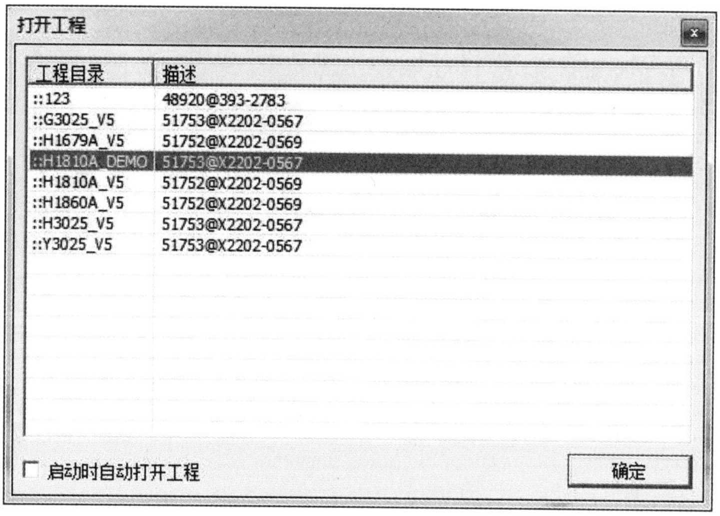

图 5.2　【打开工程】对话框

选中工程双击或者点击确定按钮。

若勾选了“启动时自动打开工程”选项，则下次使用部件管理时自动打开上次使用的工程。

5.5 部件导航树

部件导航树共有工程、专业、部件大类、部件小类(按内码区分)、部件数据五层节点显示,如图5.3所示。

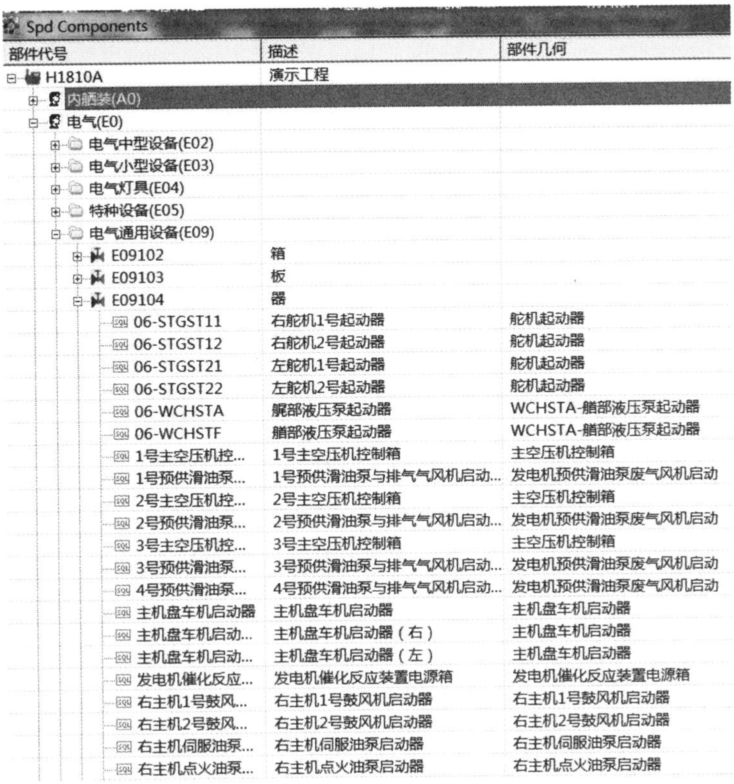

图5.3 部件导航树

5.5.1 节点信息

部件导航树中主要显示部件代号、描述和部件几何三种基本属性。部件代号的命名要求全船唯一,定义好之后如果被原理或者模型引用之后,该部件代号的名称不允许修改,否则将导致原理或者模型对应的部件丢失;描述是指对部件的说明,该名称可以修改,对该描述字段的使用详见各专业的说明;部件几何是对部件的几何形状映射,部件几何来源有三种:参数化部件库、VOL小样库和三维小样库。

在部件导航树中选择部件后,右边将显示该部件的基本属性、连接点和参数表。不同类型的部件,显示的基本属性内容不相同,如图5.4所示。

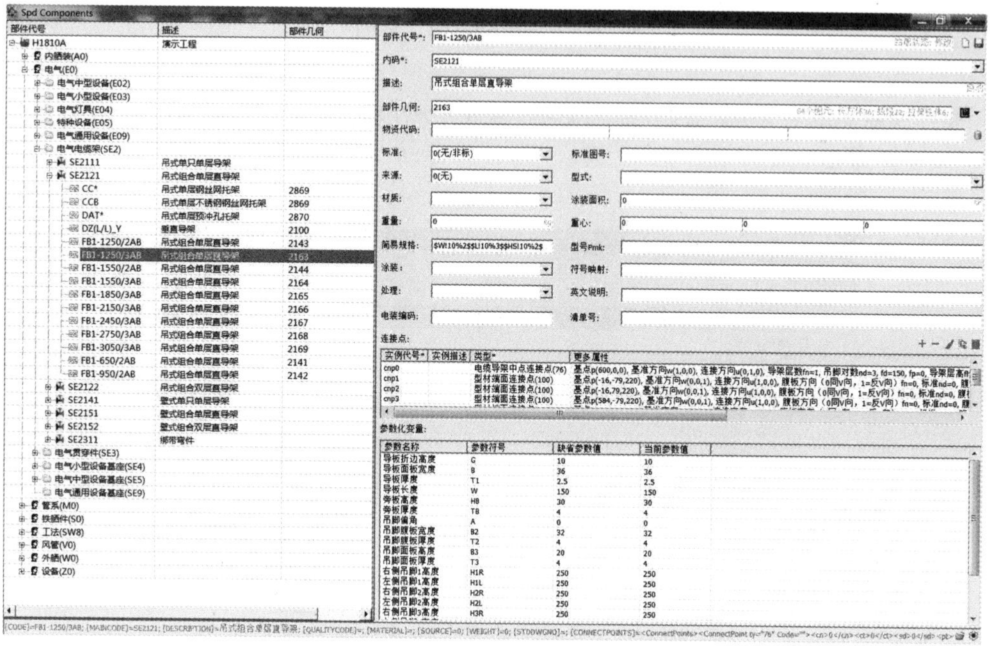

图 5.4　部件基本属性、连接点和参数信息

5.5.2　右键菜单

在导航树上点击鼠标右击，弹出菜单中的功能说明如下：

1. 查找

查找功能界面如图 5.5 所示。根据输入的字段查找相匹配的部件代号，支持【 * 或?】的通配符功能。

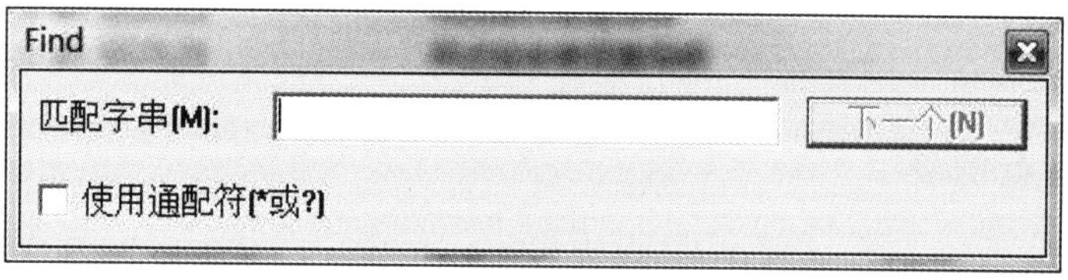

图 5.5　查找功能界面

2. 新建部件记录

根据鼠标当前位置，初始化不同的数据：

(1) 鼠标点击在部件上，新建部件，将以该部件的属性初始化新的部件；

(2) 鼠标点击在分类码上，属性数据将清空，只保留部件内码。

3. 删除部件记录

根据选择的节点删除相应的部件记录：如果选择“部件”将只删除这一个部件，如果选择“部件小类”，将删除该“部件小类”下的所有部件。为了防止误删除导致的错误，目前软件不允许选择“专业”或者“部件大类”进行删除操作。

4. 导出 XLS 文件

(1)根据需要,在部件导航树上选择“专业”“部件大类”“部件小类”或者一个部件,点击鼠标右击后,在弹出的菜单中选择“导出 XLS 文件”,将批量或者单个导出选择的标准数据保存为 Excel 文件,如图 5.6、图 5.7 所示。

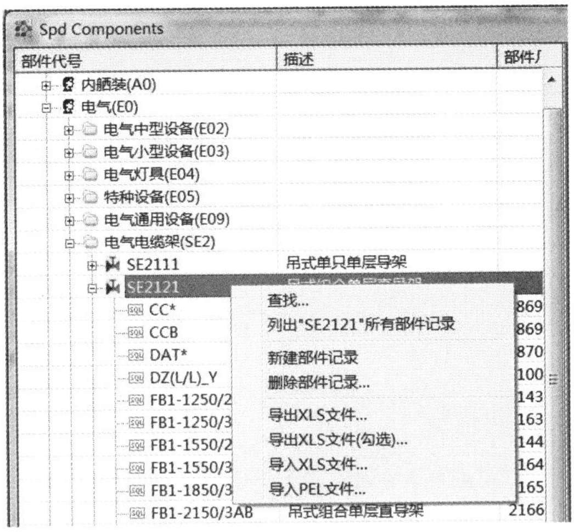

图 5.6 选中部件右键菜单

部件名	内码	描述	几何信息	材质	物资	来源	重量	标准	连接点	其他
$code$	$maincode$	$description$	$volume$	$quality	$materia	$source$	$weight$	$stddwgn	$connect	$otheratts$
CC*	SE2121	吊式单层钢丝网托架	<Volume type			0	0.00		<Connect	<OtherAtts><ElecType>3</ElecType>
CCB	SE2121	吊式单层不锈钢钢丝网托架	<Volume type			0	0.00		<Connect	<OtherAtts><ElecType>3</ElecType>
DAT*	SE2121	吊式单层预冲孔托架	<Volume type			0	0.00		<Connect	<OtherAtts><ElecType>3</ElecType>
DZ(L/L)_Y	SE2121	垂直导架	<Volume type			0	0.00		<Connect	<OtherAtts><ElecType>3</ElecType>
FB1-1250/2AB	SE2121	吊式组合单层直导架	<Volume type			0	0.00		<Connect	<OtherAtts><ElecType>3</ElecType>
FB1-1250/3AB	SE2121	吊式组合单层直导架	<Volume type			0	0.00		<Connect	<OtherAtts><ElecType>3</ElecType>
FB1-1550/2AB	SE2121	吊式组合单层直导架	<Volume type			0	0.00		<Connect	<OtherAtts><ElecType>3</ElecType>
FB1-1550/3AB	SE2121	吊式组合单层直导架	<Volume type			0	0.00		<Connect	<OtherAtts><ElecType>3</ElecType>
FB1-1850/3AB	SE2121	吊式组合单层直导架	<Volume type			0	0.00		<Connect	<OtherAtts><ElecType>3</ElecType>
FB1-2150/3AB	SE2121	吊式组合单层直导架	<Volume type			0	0.00		<Connect	<OtherAtts><ElecType>3</ElecType>
FB1-2450/3AB	SE2121	吊式组合单层直导架	<Volume type			0	0.00		<Connect	<OtherAtts><ElecType>3</ElecType>
FB1-2750/3AB	SE2121	吊式组合单层直导架	<Volume type			0	0.00		<Connect	<OtherAtts><ElecType>3</ElecType>
FB1-3050/3AB	SE2121	吊式组合单层直导架	<Volume type			0	0.00		<Connect	<OtherAtts><ElecType>3</ElecType>
FB1-650/2AB	SE2121	吊式组合单层直导架	<Volume type			0	0.00		<Connect	<OtherAtts><ElecType>3</ElecType>
FB1-950/2AB	SE2121	吊式组合单层直导架	<Volume type			0	0.00		<Connect	<OtherAtts><ElecType>3</ElecType>

图 5.7 导出的 XLS 文件结果

(2)选择一个“部件大类”或者“部件小类”,点击鼠标右击后选择“列出…所有部件记录”,将在右边的列表框中列出该部件大类或小类下的所有部件,如图 5.8 所示。

在右边列表框中,结合 Shift 或者 Ctrl 键选择需要导出的,然后点击鼠标右击后选择“导出 Excel”,其结果如图 5.9 所示。

5. 导入 XLS 文件

通过 Excel 文件批量导入舾装标准数据,由于每种部件类型的属性数据项数量不一致,因此导入数据的格式一定要正确,一般情况下可以先将该部件类型的数据导出,然后经过编辑后再导入,以保证数据格式的正确性。由此可实现批量编辑部件库。

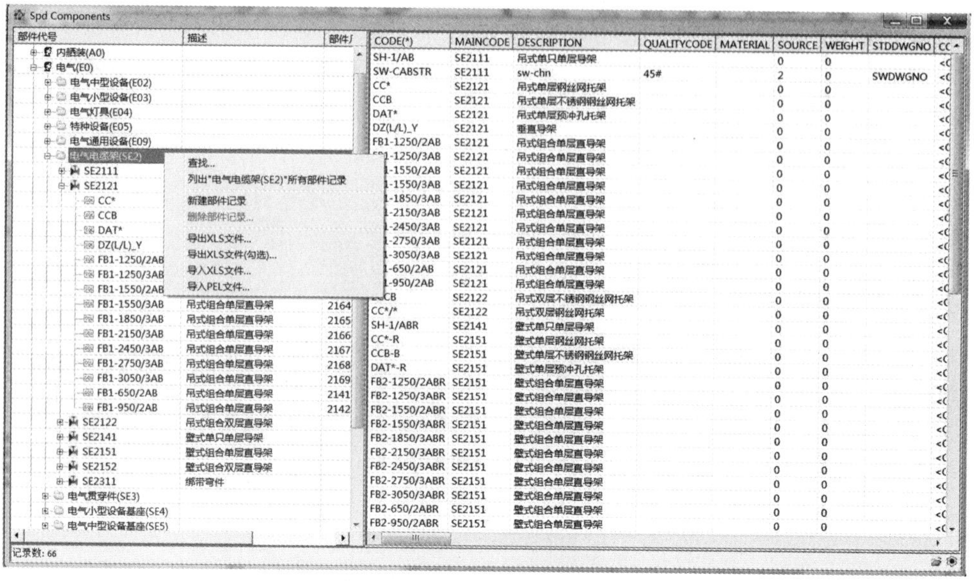

图 5.8　列出某大类所有部件记录

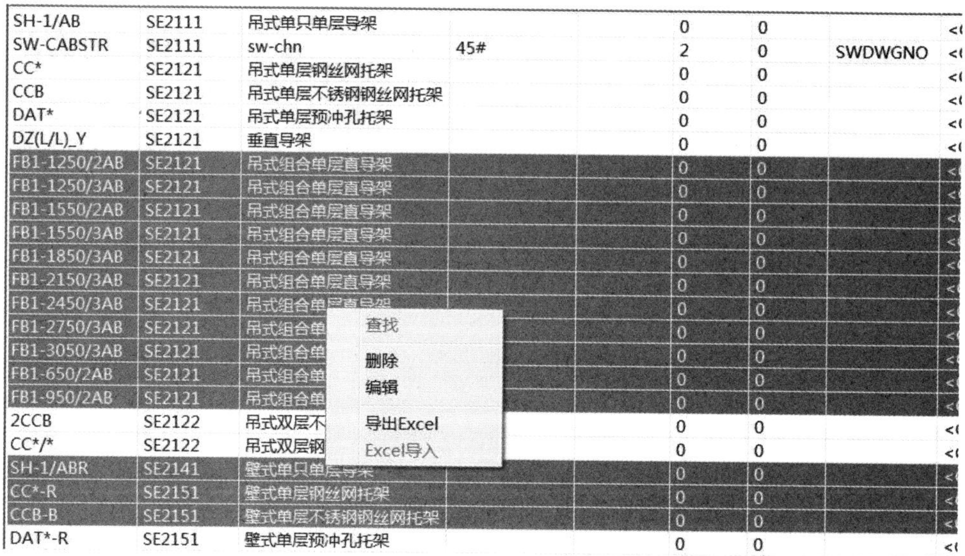

图 5.9　选择部件导出 Excel 结果

5.6 部件通用属性区

5.6.1 新建部件

点击图标,新建部件,按要求输入名字、属性等信息。

5.6.2 选择内码

点击下拉框选择部件内码,如图 5.10 所示。

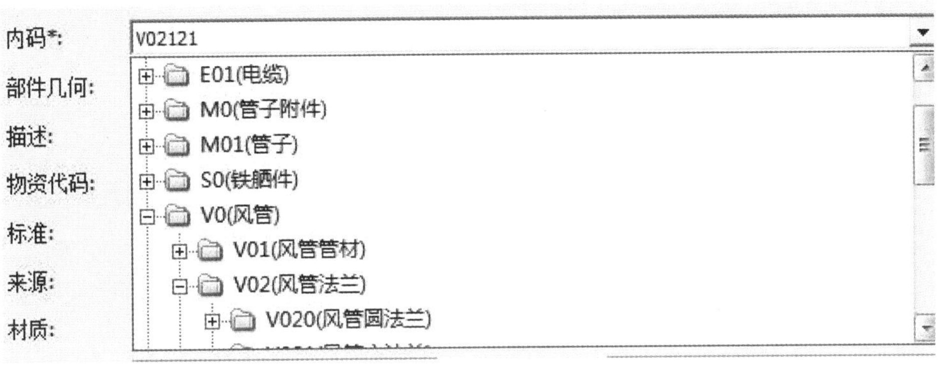

图 5.10 选择部件内码

5.6.3 选择部件几何

点击部件切换图标,弹出部件几何切换窗口,部件切换菜单如图 5.11 所示,部件几何界面如图 5.12 所示。

图 5.11 部件切换菜单

用户可在树列表中选择相应的部件几何:

(1)参数化部件库

参数化部件库是通过参数化部件模块建立的部件几何模板。

(2)VOL 小样库

VOL 小样库是从 VOL 小样中选取的几何部分。

(3)Z3 文件

Z3 文件是通过新的三维小样建模模块创建的部件几何。

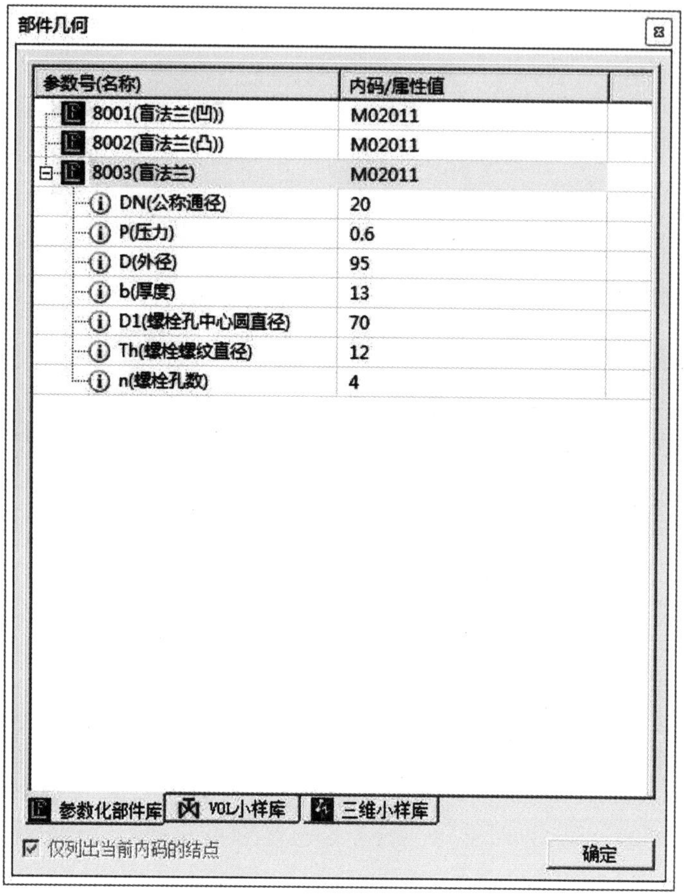

图 5.12　部件几何界面

5.6.4　选择物资代码

点击“选择物资代码”图标,如图 5.13。

图 5.13　选择物资代码

5.6.5　保存部件

部件属性信息填好之后,点击图标,完成部件的保存。

5.7 连接点列表

连接点列表界面如图 5.14 所示。

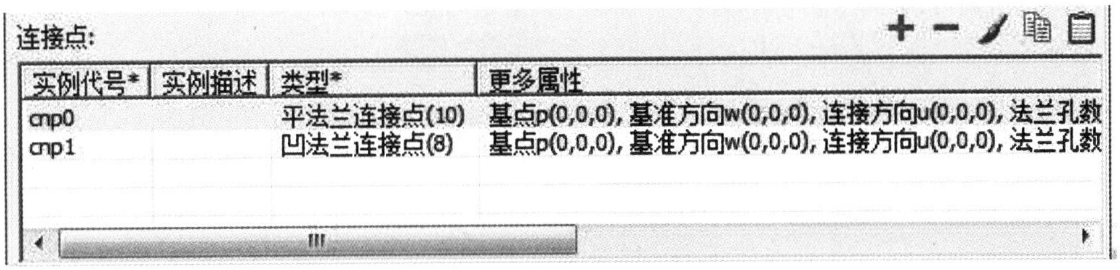

图 5.14 连接点列表

针对连接点的操作如下：

(1)连接点增加

点击增加连接点图标进入增加界面。

(2)连接点编辑

双击连接点列表里的连接点或者选中连接点后点击“连接点编辑”按钮进入编辑界面。

(3)连接点删除

选中连接点后点击图标即可删除。

(4)连接点复制

选中连接点后点击图标即可复制。

(5)连接点粘贴

选中连接点后点击图标即可粘贴。

上述功能中，连接点增加、编辑界面如图 5.15 所示。

注：法兰连接点会有读取法兰按钮，点击后弹出法兰选择界面，如图 5.16 所示，确认后则会复制所选法兰连接点的信息。

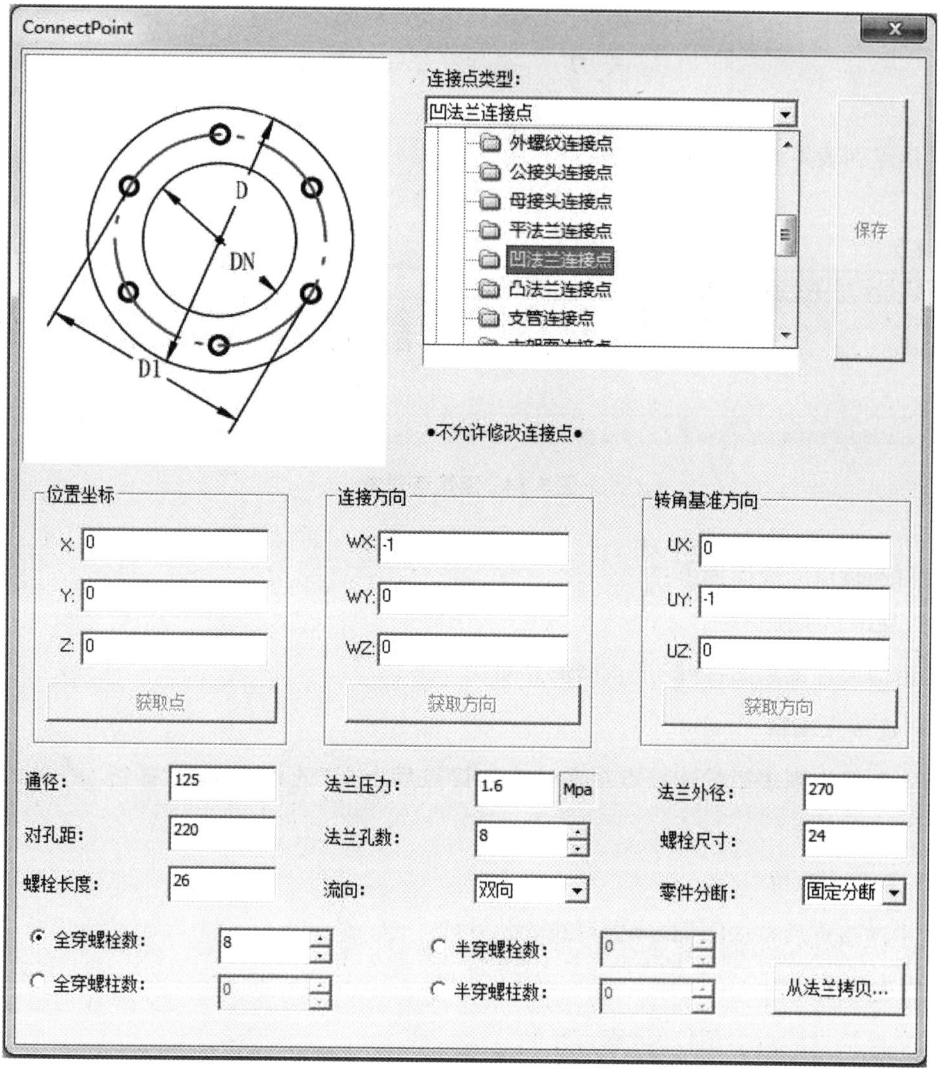

图 5.15　连接点的增加、编辑界面

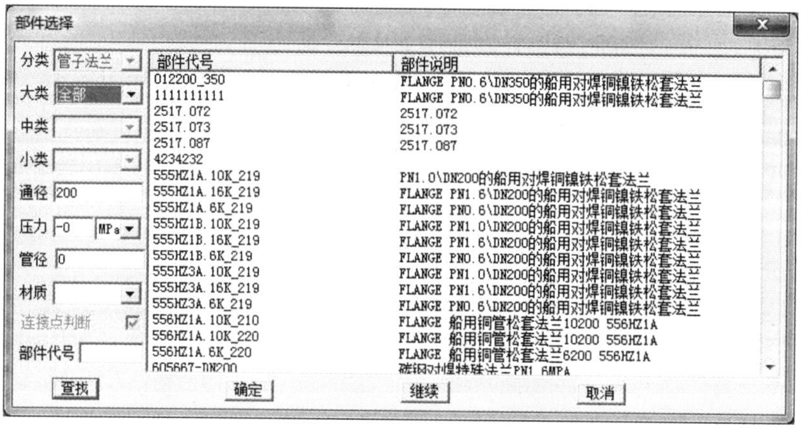

图 5.16　法兰连接点选择读取库文件

5.8　参数化部件参数表

若部件几何为参数化部件，则主界面加载此参数表，如图 5.17 所示，用户双击可修改参数当前值。

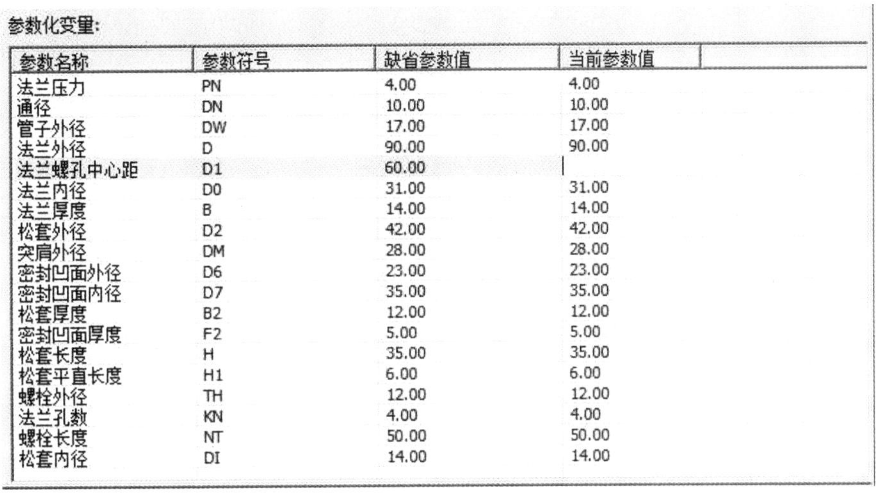

参数化变量:

参数名称	参数符号	缺省参数值	当前参数值
法兰压力	PN	4.00	4.00
通径	DN	10.00	10.00
管子外径	DW	17.00	17.00
法兰外径	D	90.00	90.00
法兰螺孔中心距	D1	60.00	
法兰内径	D0	31.00	31.00
法兰厚度	B	14.00	14.00
松套外径	D2	42.00	42.00
突肩外径	DM	28.00	28.00
密封凹面外径	D6	23.00	23.00
密封凹面内径	D7	35.00	35.00
松套厚度	B2	12.00	12.00
密封凹面厚度	F2	5.00	5.00
松套长度	H	35.00	35.00
松套平直长度	H1	6.00	6.00
螺栓外径	TH	12.00	12.00
法兰孔数	KN	4.00	4.00
螺栓长度	NT	50.00	50.00
松套内径	DI	14.00	14.00

图 5.17　加载参数化部件参数表

点击相应的参数，三维预览窗口对应尺寸会动态显示，修改后实时预览。

5.9　三维预览

鼠标在部件几何编辑框上停留，显示三维实体预览窗口，如图 5.18 所示。

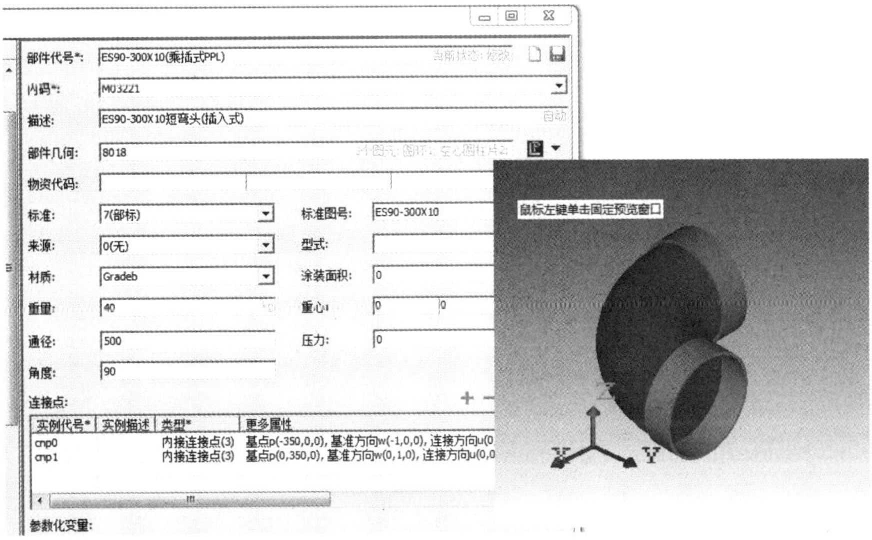

图 5.18　参数化部件三维实体预览

鼠标左键单击三维预览窗口，则独立弹出。在三维预览框中可以调整实体尺寸，按住鼠标中键拖动鼠标可以移动实体，Ctrl+鼠标中键拖动则可以旋转实体，如图 5.19 所示。

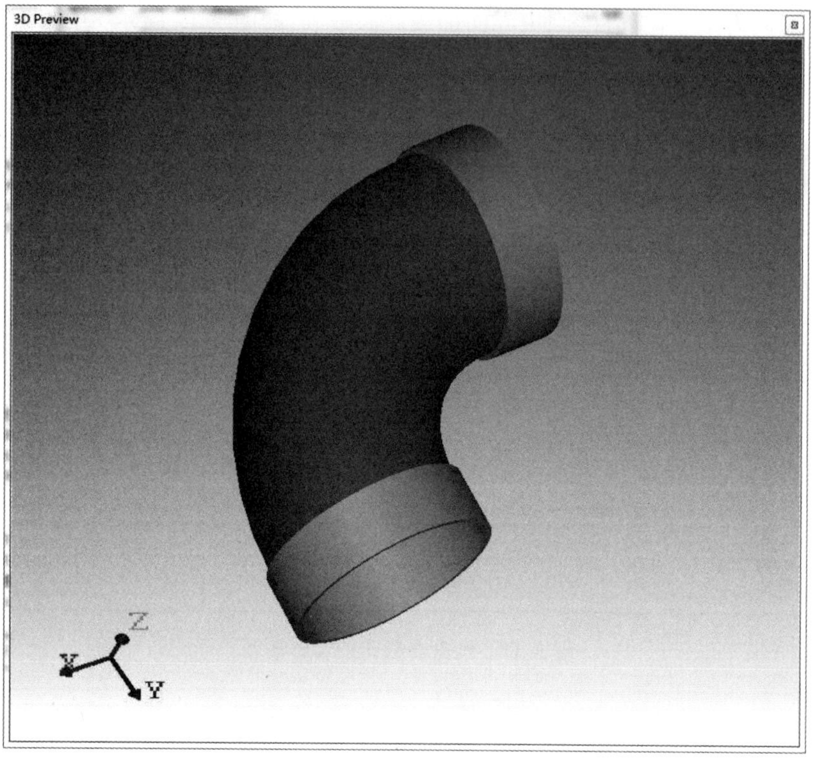

图 5.19　鼠标拖动部件三维预览

第 6 章　SPD 小样建模中的舾装标准

6.1　概　　述

在小样建模完成后,可以直接在程序中交互地添加连接点,并调用部件定义程序,完成部件的定义。

6.2　启　　动

启动 Spd Components. exe 进入小样建模主程序。弹出“打开工程”对话框,选择工程,如图 6.1 所示。

图 6.1　启动并选择工程

6.3 新　　建

（1）点击“新建”按钮，如图 6.2 所示。

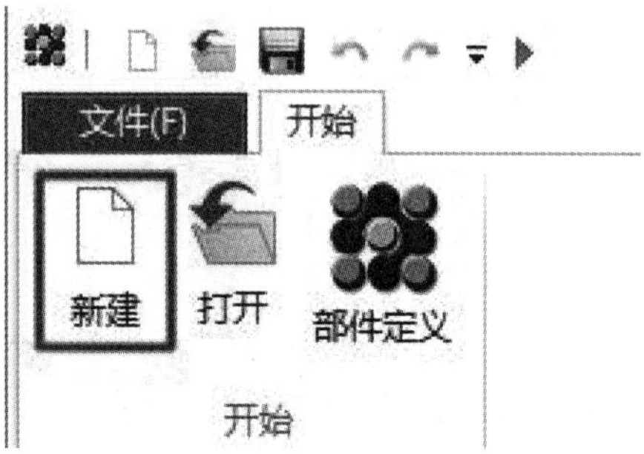

图 6.2　新建文件

（2）输入新建文件名，点确定，如图 6.3 所示。

图 6.3　输入新建的文件名

（3）根据 SPD 三维小样建模操作方法，完成小样的建模，显示结果如图 6.4 所示。

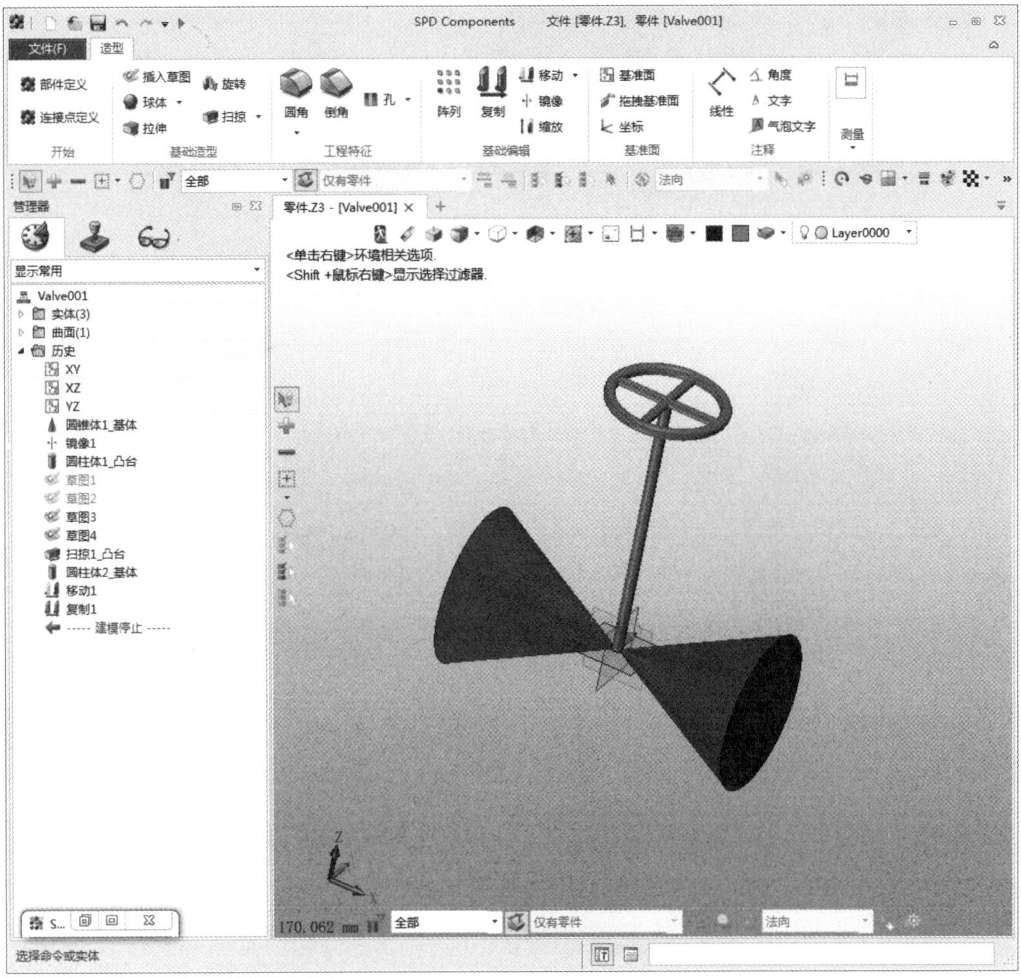

图 6.4　建立三维小样模型

6.4　连接点定义

点击“连接点定义”按钮，如图 6.5 所示。

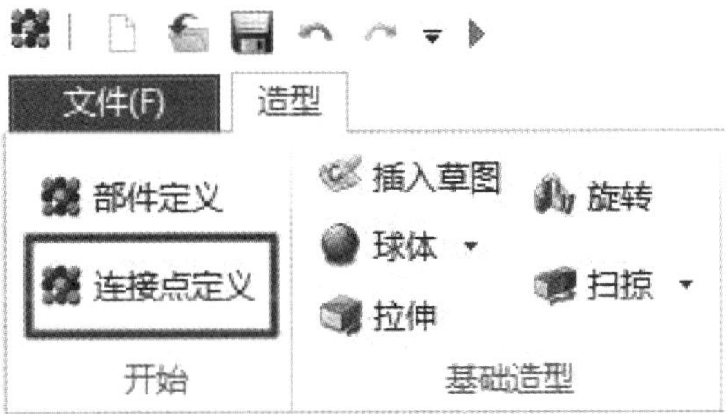

图 6.5　选择“定义连接点”按钮

弹出【连接点定义】对话框,如图 6.6 所示。

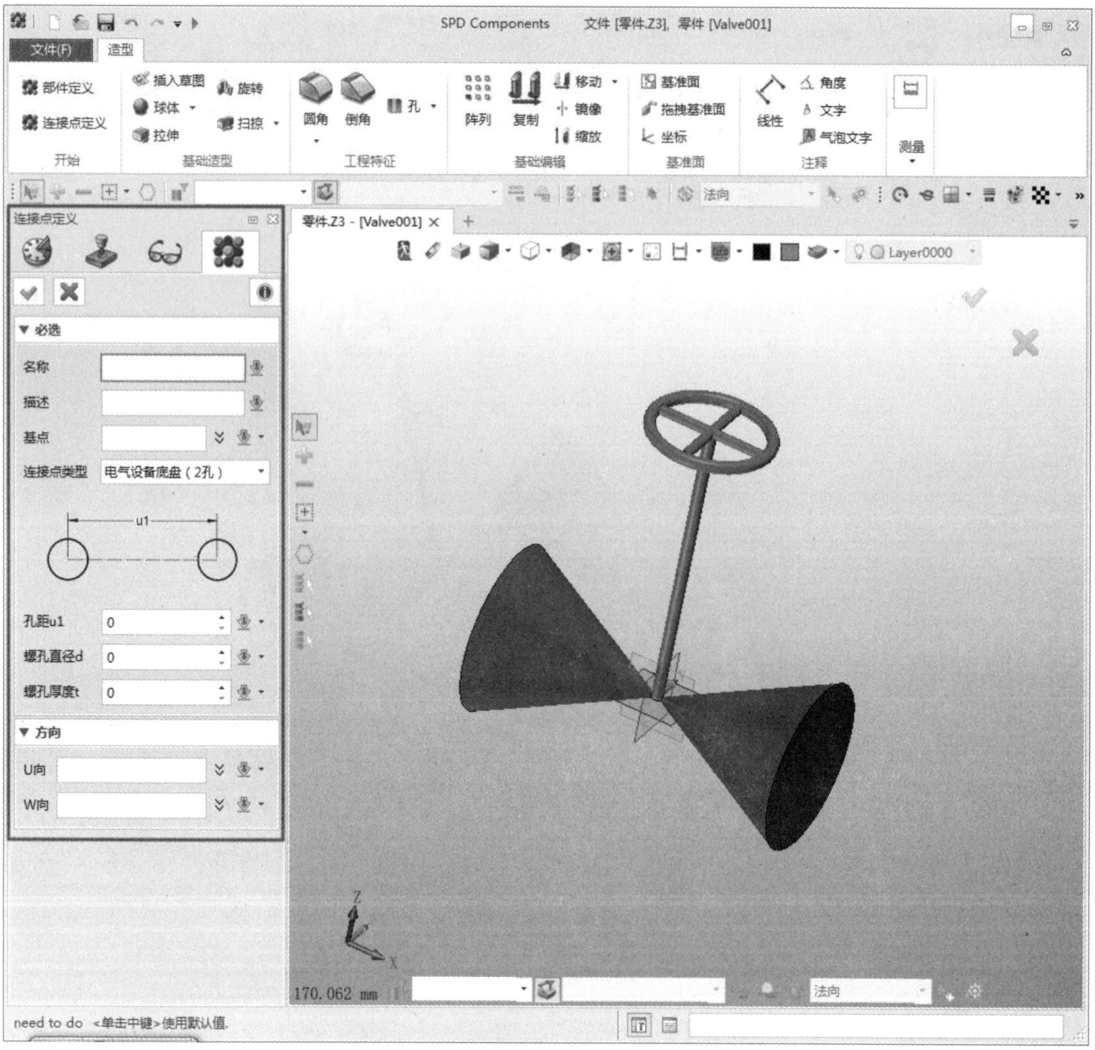

图 6.6　三维小样【连接点定义】对话框

在连接点定义对话框中,其基本功能包括如下:

(1)名称:输入连接点名称。

(2)描述:给连接点添加描述信息。

(3)基点:选择连接点的基点。

(4)连接点类型:在下拉框中选择连接点类型,如图 6.7 所示。

选中某一连接点类型后,自动加载连接点示意图,如图 6.8 所示,本例中选择的连接点类型为平法兰连接点。

(5)属性:根据连接点类型,动态加载不同的属性,本例中连接点类型为平法兰连接点,显示的基本属性信息如图 6.9 所示。

注:如果为法兰连接点,且法兰在模型中打了孔,U 方向要设置为相邻孔的中垂线方向,

否则设置为(0,0,0)。

(6)方向:交互选择 U 向和 W 向,如图 6.10 所示,用户可根据图示阀件的实际连接点位置,选择合适的连接方向。

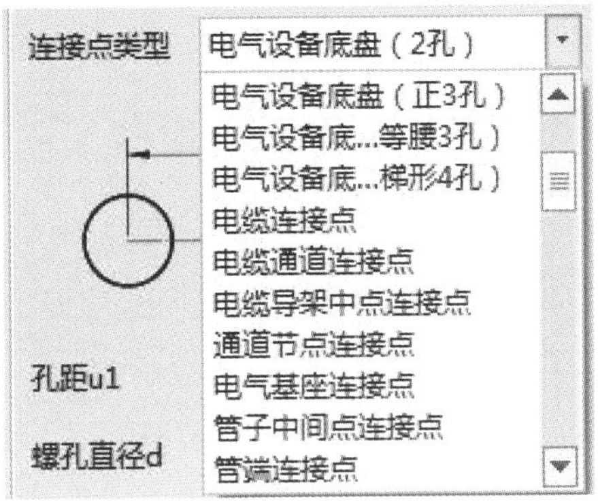

图 6.7　连接点类型下拉菜单

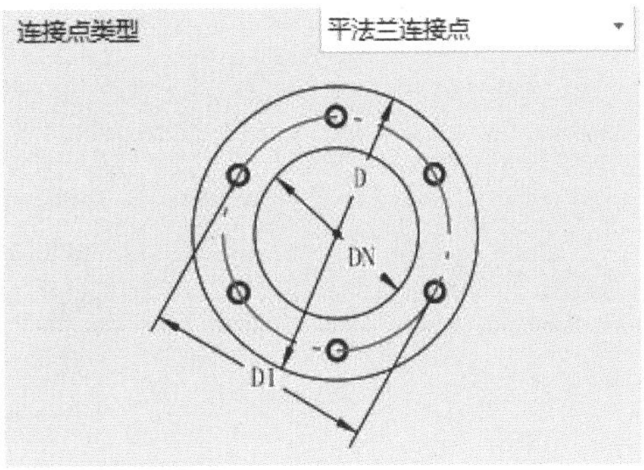

图 6.8　自动加载所选连接点类型

图 6.9　连接点类型的基本属性信息

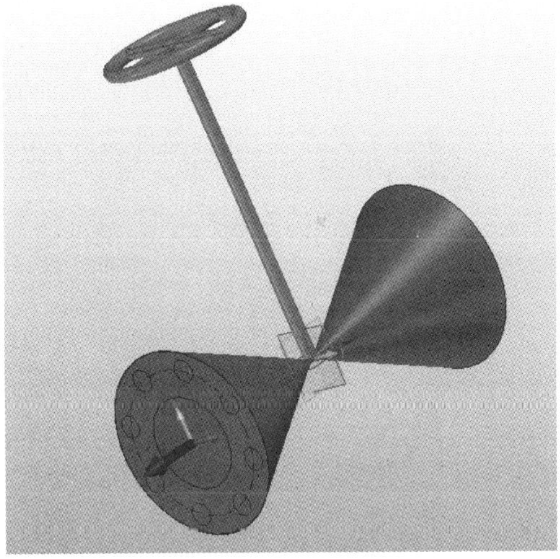

图 6.10　交互式选择连接点方向

6.5　连接点编辑

在连接点上单击右键,点击重定义图标,则可重新编辑修改连接点,如图 6.11 所示。

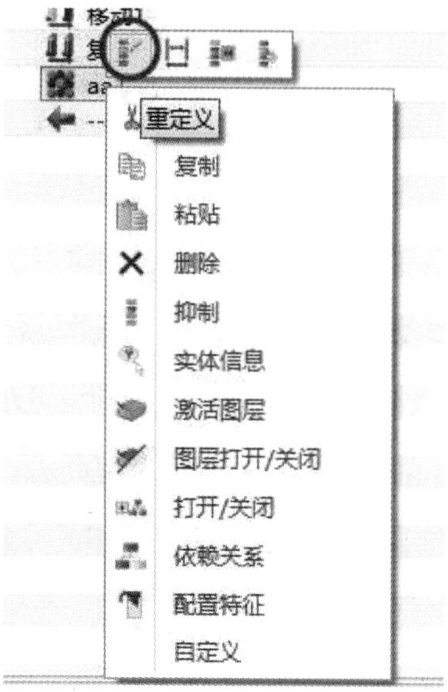

图 6.11　重新编辑连接点

6.6　定 义 部 件

打开部件定义界面,进行部件定义,如图 6.12 所示,具体操作过程可参照第 5 章舾装标准定义内容。

点击小样建模的“保存”按钮,部件定义会自动读取部件几何、连接点定义信息。

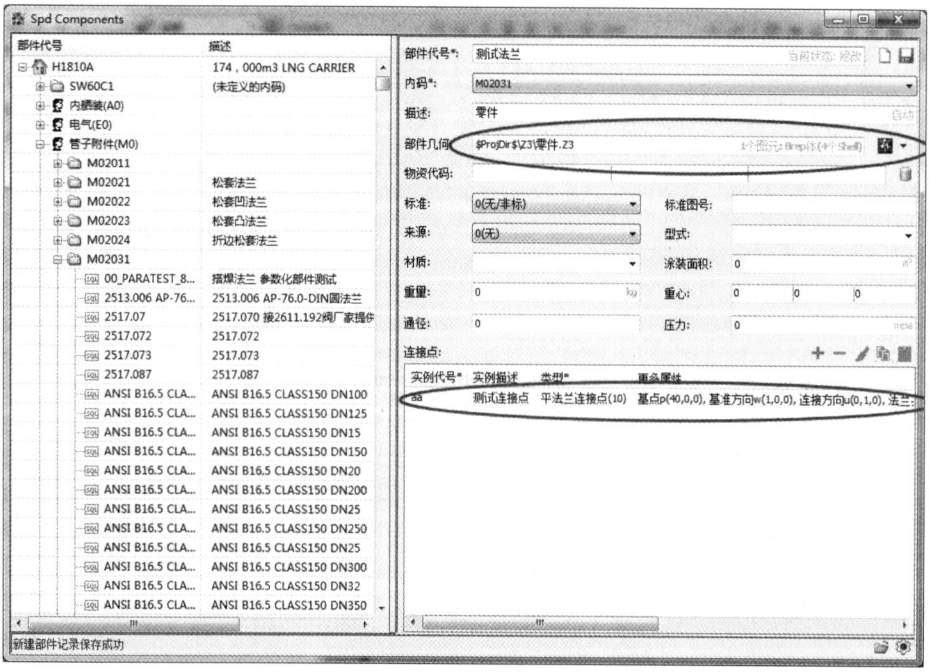

图 6.12　定义部件

第7章　SPD软件电气舾装标准

7.1　设备部件定义

设备编号是区分每个设备的标识,全船不能重名,例如每个荧光舱顶灯的编号都不一样,有CYXPJ_01、CYXPJ_02、CYXPJ_03……,但是它们的设备类型相同,即大小、形状、参数都一样。对于这些设备只需要定义一个部件代号(PMC),比如CYXPJ,并在多个设备中引用该部件代号。

设备部件标准定义用于管理工程中使用到的设备部件代号,可以定义部件代号和指定部件代号对应的中文名称、英文名称、实体部件名称等属性。

在左边的部件导航树中点击“电气(E0)”节点,展开后与电气设备相关的节点有“电气中型设备(E02)”“电气小型设备(E03)”“电气灯具(E04)”“特种设备(E05)”“电气通用设备(E09)”,依次双击结构树,可以进入下一级分类,如图7.1所示。

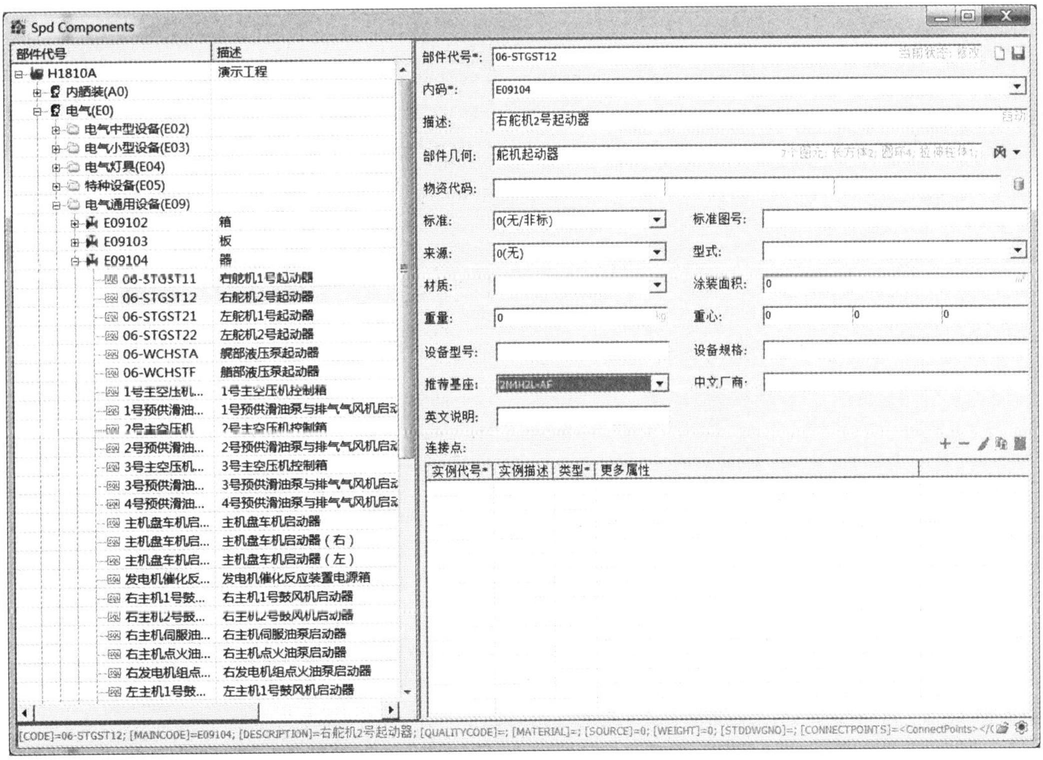

图7.1　电气设备部件定义

也可以选中节点后,点击鼠标右键,选择“列出所有部件记录”列出该内码下所有定义的设备部件，如图 7.2 和图 7.3 所示。

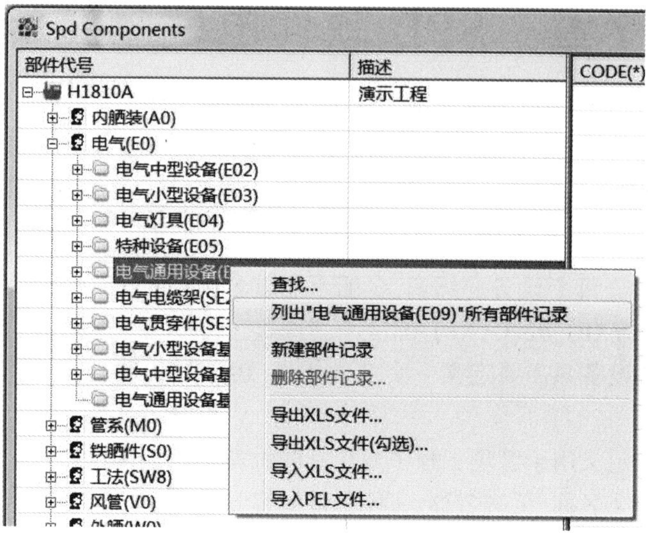

图 7.2　选中部件右键菜单

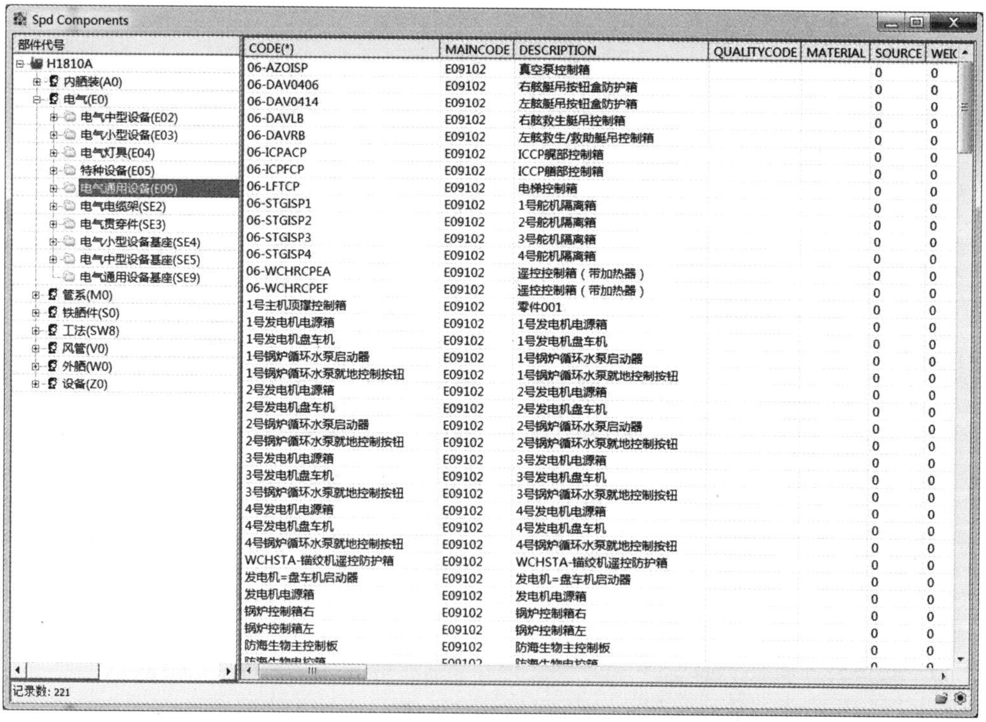

图 7.3　列出电气通用设备大类所有部件记录

在左边结构树中对应内码节点下，点击鼠标右键，在弹出的菜单中选择“新建部件记录”，如图 7.4 所示，并在弹出的对话框中依次输入设备各项属性数据，如图 7.5 所示。

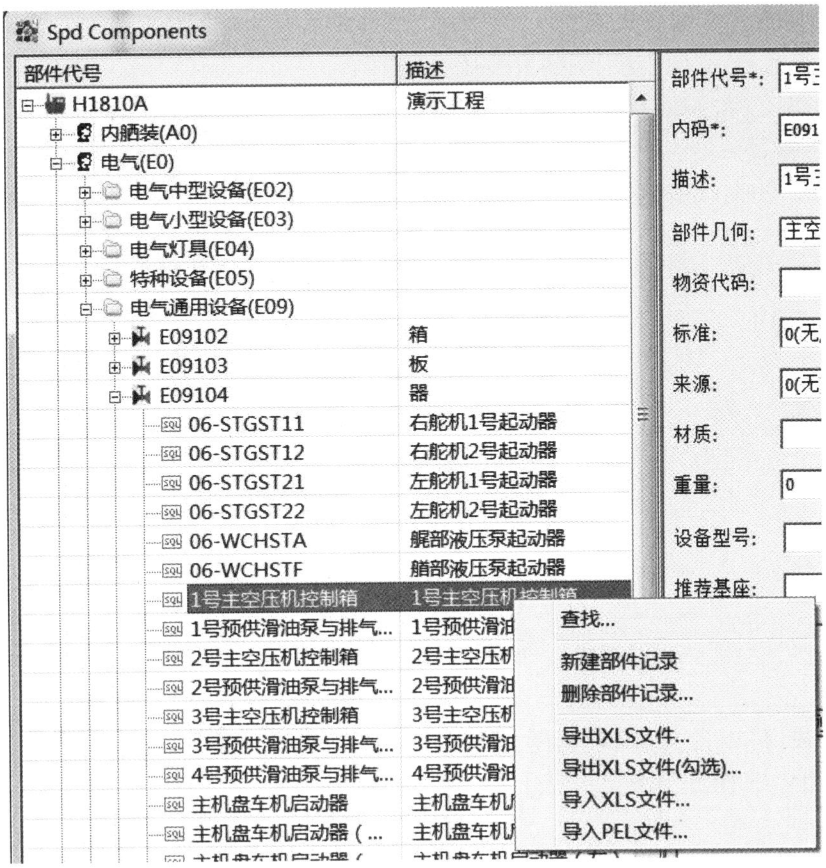

图 7.4 新建部件记录

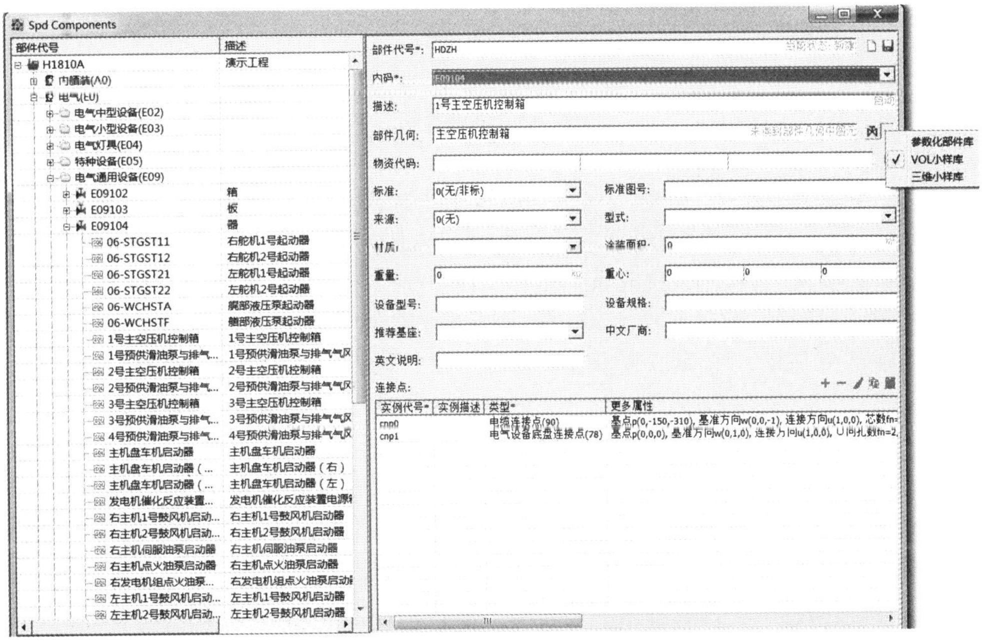

图 7.5 输入新建设备的属性数据

设备各项属性数据含义如下：

(1)部件代号：必填字段，例如 HDZH。

(2)内码：必填字段，属于该设备的分类。

(3)描述：设备描述。

(4)部件几何：设备部件对应的三维实体，可以选择参数化部件库、VOL 小样库或者三维小样库。

(5)来源：可以选择购买、自制、外协等属性，该属性可以在系统库中进行设置。SPDT_G_CON_U_CODES(系统代码表)如图 7.6 所示。

23	0	来源代码	NULL
23	11	购买	NULL
23	22	自制	NULL
23	33	原理协议	NULL
23	44	厂家提供	NULL
23	55	外协	NULL

图 7.6　设备来源代码

(6)形式：可以选择吊顶、挂壁、落地式等属性，该属性可以在系统库中进行设置。SPDT_G_CON_CODES(系统代码表)如图 7.7 所示。

22	11	挂壁式	NULL
22	22	吊顶式	NULL
22	33	落地式	NULL
22	44	其它	NULL
26	0 NULL	图纸类型	NULL

图 7.7　设备类型

(7)推荐基座：虽然一种类型的设备可以与多种类型的基座匹配，但对于同类设备通常应该配同样的基座，为了避免协同设计时，不同的人随意选择基座类型，可以指定推荐基座，在基座布置模块中，软件会优先选择推荐基座。

(8)连接点：引用参数化部件库和 VOL 小样库的连接点信息只能够查看，无法修改，如果修改需，则要在 VOL 小样库或者参数化部件中进行操作；引用三维小样库的连接点可以直接修改。

7.2　基座部件定义

中型和小型基座一般都采用参数化部件定义，大型基座建议采用实体部件定义。参数化部件库中已经内置了一百多种不同形式的中型基座和小型基座，这些参数化部件要通过部件定义，映射为基座部件代号，才可以在电气设计系统中使用。

在左边的部件导航树中点击“电气(E0)”节点，展开后与电气基座相关的节点有“电气小型设备基座(SE4)”“电气中型设备基座(SE5)”“电气通用设备基座(SE9)”,依次双击结构树,可以进入下一级分类,如图 7.8 所示。

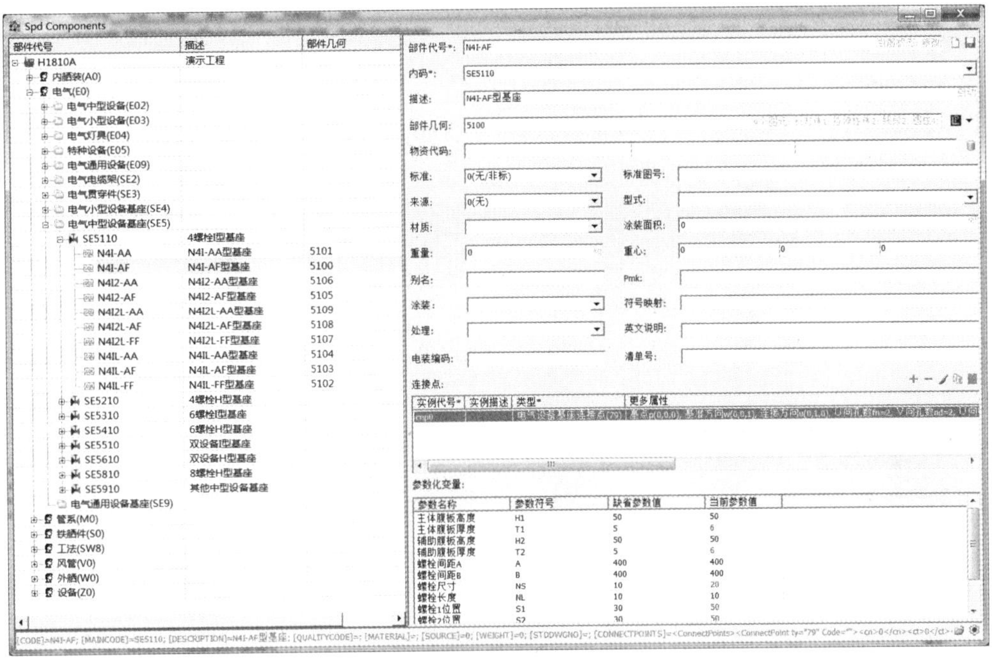

图 7.8　电气设备基座部件定义

在左边结构树中对应内码节点下,点击鼠标右键,在弹出的菜单中选择“新建部件记录”,如图 7.9 所示。

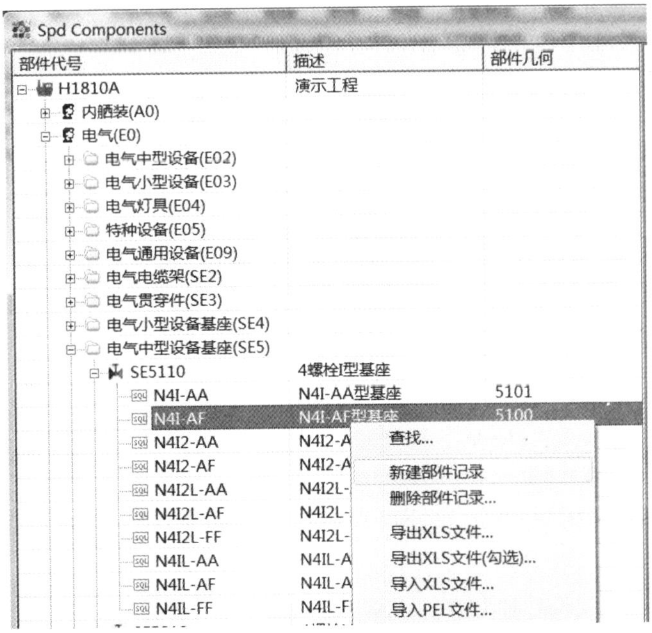

图 7.9　新建电气设备基座部件记录

在弹出的对话框中依次输入基座各项属性数据，如图 7.10 所示。

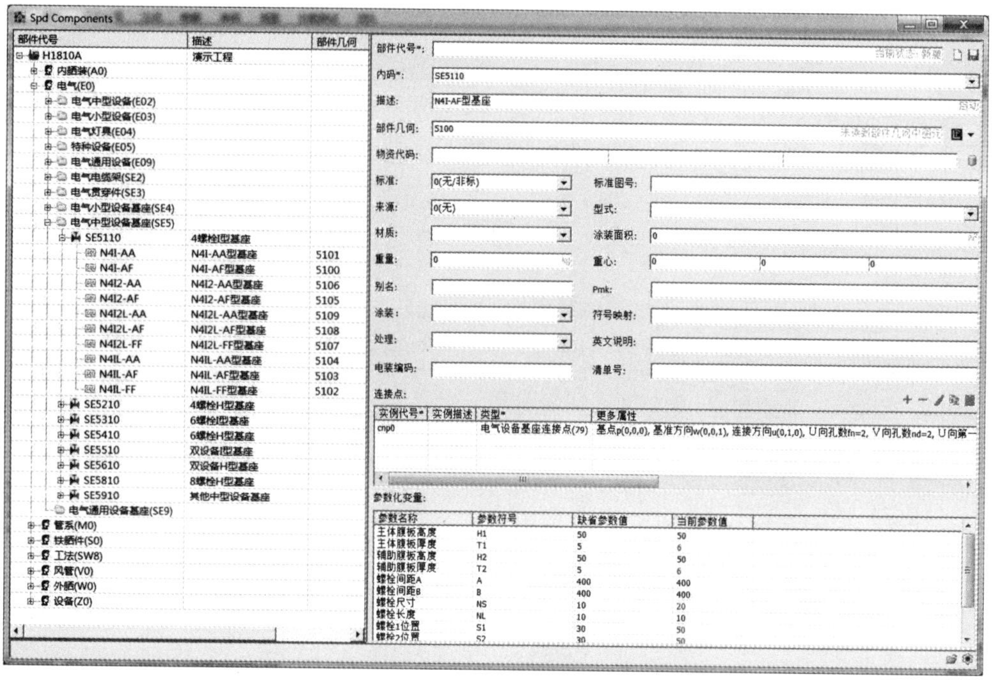

图 7.10　输入新建电气设备基座的属性数据

基座各项属性数据含义如下：

(1)部件代号：必填字段，例如 N4I-AA。

(2)内码：必填字段，属于该基座的分类。

(3)描述：基座中文说明。

(4)部件几何：基座对应的三维实体，可以选择参数化部件库、VOL 小样库或者三维小样库。

(5)别名：为了生产上的管理，对于小型基座可以定义一个别名。如果给定了基座的别名，则在布置基座时按照小型基座的编号规则来命名，即(<别名>_<安装尺寸序号>_<序号>)。如果没有指定别名，则与中型基座命名方法相同。

(6)PMK：用于出图时的标注，另外生成基座制造表册时，PMK 要与 Template\Picture 下的图片文件名匹配。

7.3　贯穿件标准定义

贯穿件用于保护电缆、开孔加强、密封等，材料通常为扁钢、薄钢板。贯穿件可分为衬圈、围板、填料函、穿线直管等。

SPD 系统默认提供了较多贯穿件类型，这些贯穿件通过标准定义，映射为贯穿件部件代号，才可以在电气设计系统中使用。

在左边的部件导航树中点击“电气(E0)”节点，展开后与电气贯穿件相关的节点有“电气贯穿件(SE3)”，依次双击结构树，可以进入下一级分类，如图 7.11 所示。

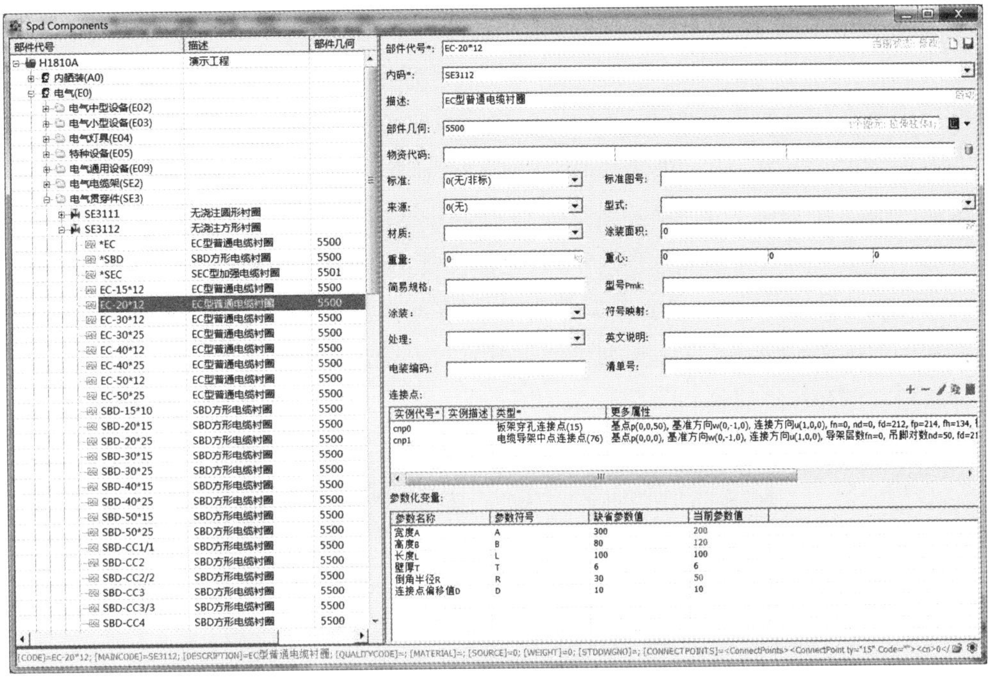

图 7.11 电气贯穿件部件定义

新建贯穿件的方式同设备部件定义、基座部件定义，贯穿件属性说明如下：

(1)部件代号：必填字段，例如 SEC-15 * 12。

(2)内码：必填字段，属于该贯穿件的分类。

(3)描述：贯穿件的中文说明；模板名字由中文说明+“模板”组成，如有一种贯穿件中文说明是“DC 型水密围板”，则相应的模板应写成“DC 型水密围板模板. xls”，存放在模板文件夹中，模板文件里面的形式和内容可以根据用户需要自行修改。

(4)部件几何：贯穿件对应的三维实体，可以选择参数化部件库、VOL 小样库或者三维小样库。

①引用 VOL 小样或者三维小样的贯穿件，在布置后不能修改形状和尺寸，只能在实体部件库中修改后，更新或删除重新布置(与电气设备部件相同)，比如“DC-20X8”。引用实体贯穿件的优点是方便、简单；缺点是每种尺寸的贯穿件都建立实体小样。

②引用参数化部件库的贯穿件：一种是将参数化贯穿件标准化，另外一种是参数化贯穿件。

参数化贯穿件标准化：将参数化贯穿件尺寸固定，贯穿件布置后不允许修改。这种方法有利于统一贯穿件标准，避免了同一艘船设计出来的贯穿件类型和非标尺寸太多，增加加工和生产的成本。

在参数化变量中修改当前参数,并将参数化部件的参数值固化,它们在布置中不能修改形状和尺寸(达到与实体部件贯穿件相同效果,但不需要创建很多实体部件),比如:“DC-30X24”(DC 型电缆水密围板 * *5503,将长度 L 固定为 300、宽度 B 固定为 240)。

参数化贯穿件:常用于非标贯穿件,允许设计人员在交互建模时根据实际情况修改参数,因此在引用参数化部件库的基础上,在“简易规格”中填写输出内容,可以由用户自己定义组合输出内容。比如填写“DC-$L! 10$X$B! 10$”,两个“$”之间是输出的参数值,“!”代表除号,“! 10”表示该参数值除以 10,如果该贯穿件长度 L 是 200,宽度 B 是 100,则将来输出 DC-20X10。(如果“规格”为空,则输出“型号”的内容。)

建议尽量使用参数化贯穿件,并将参数化部件贯穿件标准化,形成常用的系列贯穿件。

对于参数化贯穿件,如果需要输出参数值,则在部件定义的对话框中点击“参数设置”,弹出对话框如图 7.12 所示,在左边列表中双击将需要输出的参数添加到右边列表框中,同时排好输出次序和标注前缀。

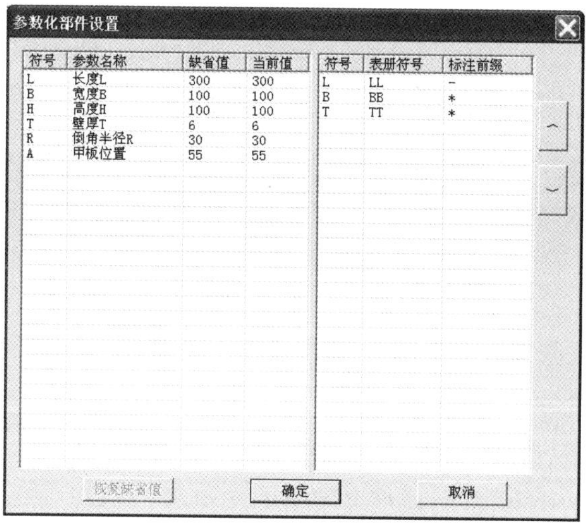

图 7.12　参数化贯穿件设置

修改模板如下,增加 A1、A2…,B1、B2…,如图 7.13 所示。

修改模版后的输出结果如图 7.14 所示。

工程编号	$工程编号$	电缆贯穿件制造图册	图号	$图号$
$公司名称$			共 页	第 页

序号	型号	A	B	DC电缆水密围板 DC- X 标准：H&Z622001-2005
1	DC-15X6	150	80	
2	DC-20X6	200		
3	DC-25X8	250		
4	DC-30X8	300		
5	DC-35X8	350		
6	DC-40X10	400	100	
7	DC-40X20	500		
8	DC-50X10	600		

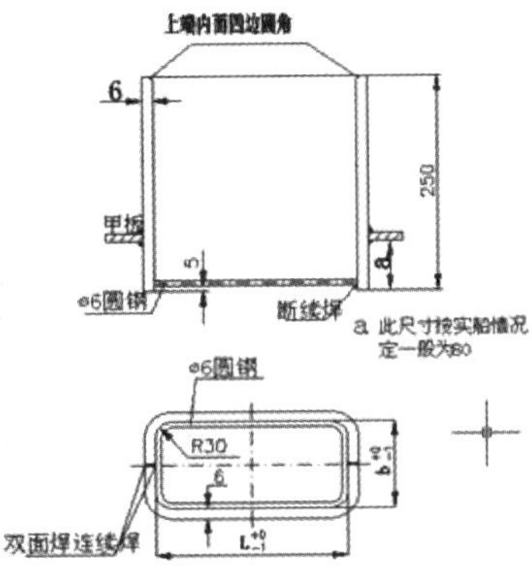

区域 / 代号	$A1$	$A2$	$A3$	$A4$	$A5$			制造数	备注
$代号$	$B1$	$B2$	$B3$	$B4$	$B5$			$制造数$	$备注$

图 7.13 修改模板

工程编号	H1526A-35A	电缆贯穿件制造图册	图号	
沪东中华造船			共　页	第　页

序号	型号	A	B	DC电缆水密围板 DC- X 标准：H&Z622001-2005
1	DC-15X6	150	80	
2	DC-20X6	200		
3	DC-25X8	250		
4	DC-30X8	300		
5	DC-35X8	350		
6	DC-40X10	400	100	
7	DC-40X20	500		
8	DC-50X10	600		

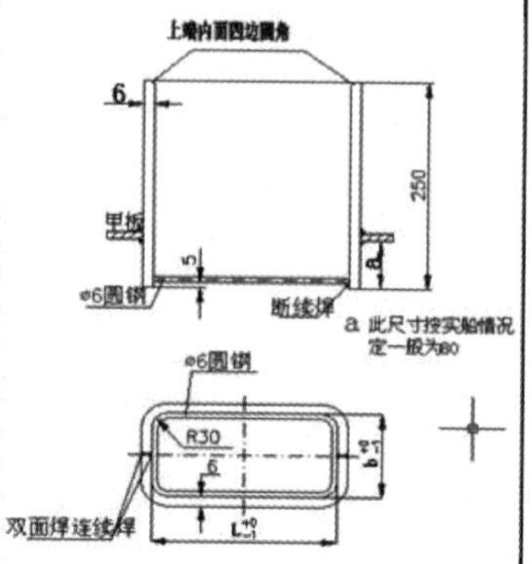

区域 / 代号	LL	BB	TT					制造数	备注
DC-15X8								2	
DC-20X8	200	80	6					2	
DC-35X8	350	80	6					2	
DC-60X24	600	240	8					3	

图 7.14　修改模版后的输出结果

7.4　导架标准定义

电缆导架是安装、固定电缆的部件，材料通常为角钢、扁钢、铝型材等。导架可分为导板架、紧钩、绑带弯件、铝质弯件等。

SPD 的导架主要分两种，一种是绑带弯件，也称扁铁；还有一种是导板架(单只导架、组合导架)。

绑带弯件主要有下面几种形式：

(1)AB 型绑带弯件：一种“Ω”形的绑带弯件，包含了 AB33、AB35、AB53、AB55 和“AB 型绑带弯件”。

(2)B 型、C 型绑带弯件：一种“Π”形的绑带弯件，包含了 B33、B35、B53、B55、B83、B85、C33、C35、C53、C55、C83、C85 和“BC 型绑带弯件”。

(3)F 型绑带弯件：一种“一”形的绑带弯件，只有“F 型”绑带弯件一种。

(4)以 AB 型绑带弯件为例，AB33 表示宽 30、长 300，AB35 表示宽 30、长 500……，该绑带弯件除了脚高的数值可以修改，其他的尺寸如宽度、长度、厚度都是固定值，无法修改。

而“AB 型绑带弯件”则长、宽、厚度和脚高都可以变化。

导板架主要有下面几种形式：

(1)吊式单只单层导架。

(2)吊式单只双层导架。

(3)吊式单只三层导架。

(4)吊式组合单层导架。

(5)吊式组合双层导架。

(6)吊式组合三层导架。

(7)壁式单只单层导架。

(8)壁式单只双层导架。

(9)壁式组合单层导架。

(10)壁式组合双层导架。

GH 系统为“不可变长度导架”，以 GH-1-1050/2ABWT 为例，1050 表示该导架的实际长度，2 表示 2 对脚，AB 表示角钢(FB 表示扁铁)，W 表示军品用，即托条在下面，T 表示间距是 250。该导架的长度不可以修改，其他尺寸都可以修改。如果用户的导架标准不在已有的导架系列中，则可以使用 GH(L/L)、GH(U/L)、GH(U/U-2)，并在导架标准中对长度进行标准化，交互建模中不能修改；DZ(L/L)、DZ(U/L)、DZ(U/U-2)系列为可变长度导架，该系列的导架长度参数在导架标准中定义缺省值，并且可以在交互建模时修改。其中 L 表示角钢，U 表示扁铁(折边加工过)，/之前的表示导板型材，/之后的表示吊脚型材。

布置“不可变长度导架”(GH 系列)时，系统自动进行套料计算，尽量选择长；布置“可变长度导架”(DZ 系列)时，当通道剩余长度不能布置用户指定(或缺省)长度导架时，系统自动计算出合适长度的导架。

在左边的部件导航树中点击“电气(E0)”节点，展开后与电气贯穿件相关的节点有“电气电缆架(SE2)”，依次双击结构树，可以进入下一级分类，如图 7.15 所示。

新建导架的方式同设备部件定义、基座部件定义，导架属性说明如下：

(1)部件代号：必填字段，例如 FB1-1250/3AB。

(2)内码：必填字段，属于该导架的分类。

(3)描述：导架有中文说明，绑带弯件的模板名字由中文说明+“模板”组成，如有一种绑带弯件描述是：桥型弯件铝合金，则相应的模板应写成“桥型弯件铝合金模板. xls”，存放在模板文件夹中，模板文件里面的形式和内容可以根据用户需要自行修改。

(4)部件几何：导架对应的三维实体，可以选择参数化部件库、VOL 小样库或者三维小样库，但目前导架基本上只引用参数化部件库。

(5)型号(PMK)：在表册输出时会以该型号分组，分组如下所示(供参考)：

吊式单只单层电缆导架 SHW1；

吊式单只双层电缆导架 2SHW1；

吊式组合单层电缆导架 FBW1；

吊式组合双层电缆导架 2FBW1。

(6)简易规格：输出简易规格的公式：比如填写“ $ L！ 10 $ $ H！ 10 $ $ HS！ 10 $ ”，两个 $ 之间是输出的参数值，该参数可以点击右边的“参数设置”查看，如果要输出最长的脚，则输入“ HS ”，! 是除号，! 10 表示该参数值除以 10，如果该导架的长度 L 是 200，宽度 H 是 100，最长的脚是 250，则将来输出 201025。如果“简易规格”一栏为空，则输出导架名称。

(7)参数设置：点击“参数设置”弹出对话框如图 7.16 所示，左边列表框列出了该电缆导架的所有参数，缺省值是由系统提供的默认值，可以通过修改当前值来重新定义这些参数的大小，右边的列表框表示该部件中哪些参数需要输出到图纸和表册中，通道双击列表框中对应的项进行添加和删除。

图 7.15　新建电气电缆架部件

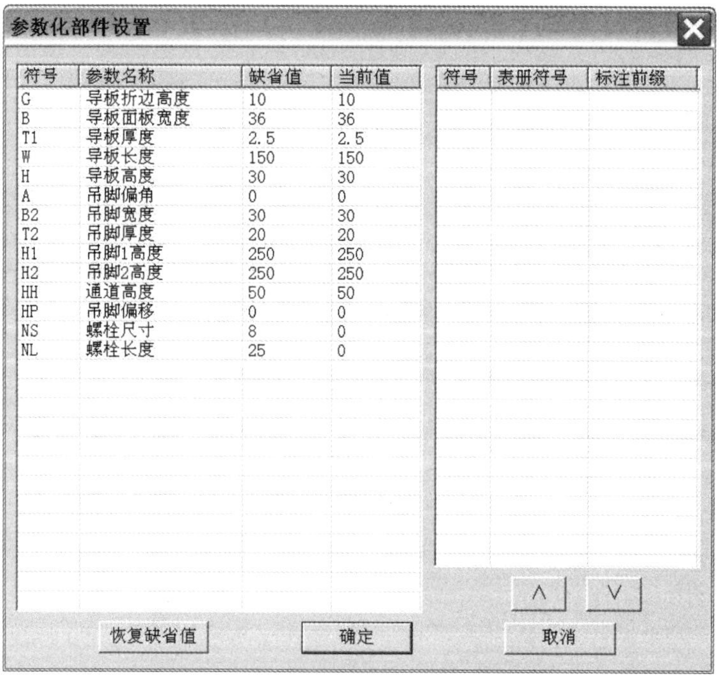

图 7.16　电气电缆架参数化部件设置

第 8 章　SPD 软件管系舾装标准

8.1　概　　述

管系标准涵盖了管子、法兰、阀件、连接件、附件、设备以及支架，根据内码组织成部件树，用户可增加自定义内码扩充树的节点，如图 8.1 所示。

图 8.1　管系标准

部件属性定义中涉及下拉选择的项，如来源、材质等，均可在 SPD 系统代码表中配置，如来源代码，如图 8.2 所示。

管系部件定义首选参数化部件，可更方便、快捷地完成部件定义，并且可轻易地使用 Excel 批量导入部件。

部件代号是非常重要关键字，建议包括两个部分：

(1)标准系列号，表示一个系列标准，如《船用法兰 焊接座板》(CBM 1012-99)法兰标准。

(2)序号，表示一个系列中一条标准数据，一般为通径，此部分可以省略。在输入每一条管系部件标准数据前，用户必须对每一条数据取一个名称，即部件代号。在命名部件代号时，一定要有规则或约定，如法兰 5050(CBM 1012-99)，则命名为 CBM 1012.5K_50。标准系列号由英文大写字母和数字组成，还加上“./&-”字符，“_”字符不要使用。序号必须是数字。

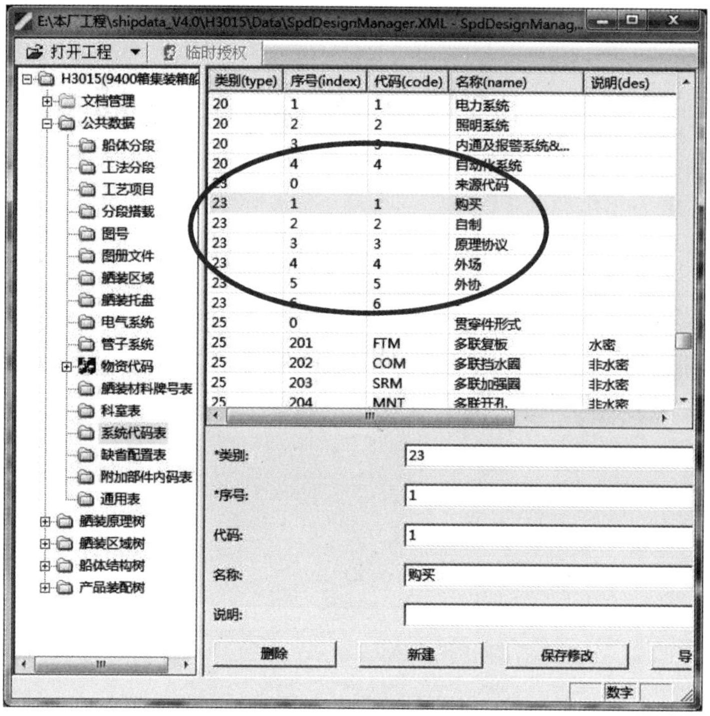

图 8.2　管系部件来源信息显示

8.2　管子定义

管子定义主要定义标准、外径、壁厚、通径、线重量等信息,如图 8.3 所示。管子定义完成后,点击"保存"即可存入小样库。管子定义不提供几何预览功能。

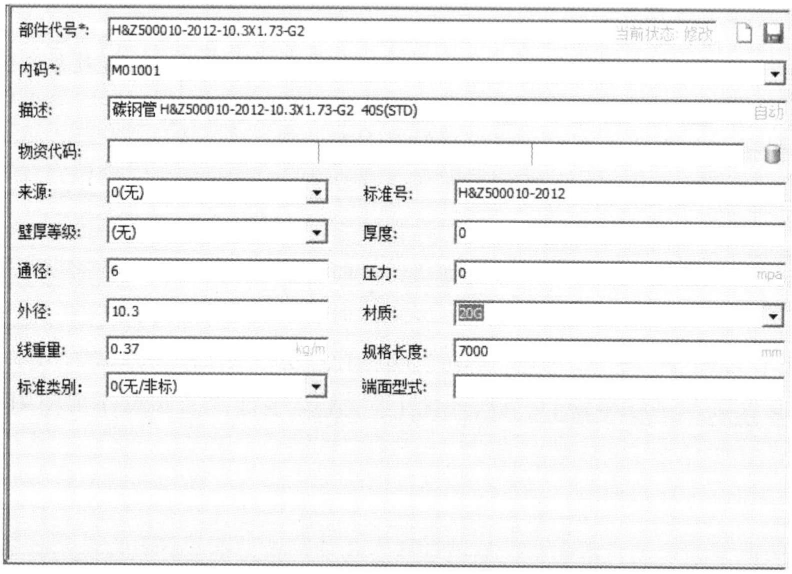

图 8.3　管子定义

8.3 法兰、阀件定义

法兰、阀件定义信息主要由定义标准、描述、部件几何、标准图号、型式、重量、重心、通径、压力等信息组成,如图 8.4 所示。

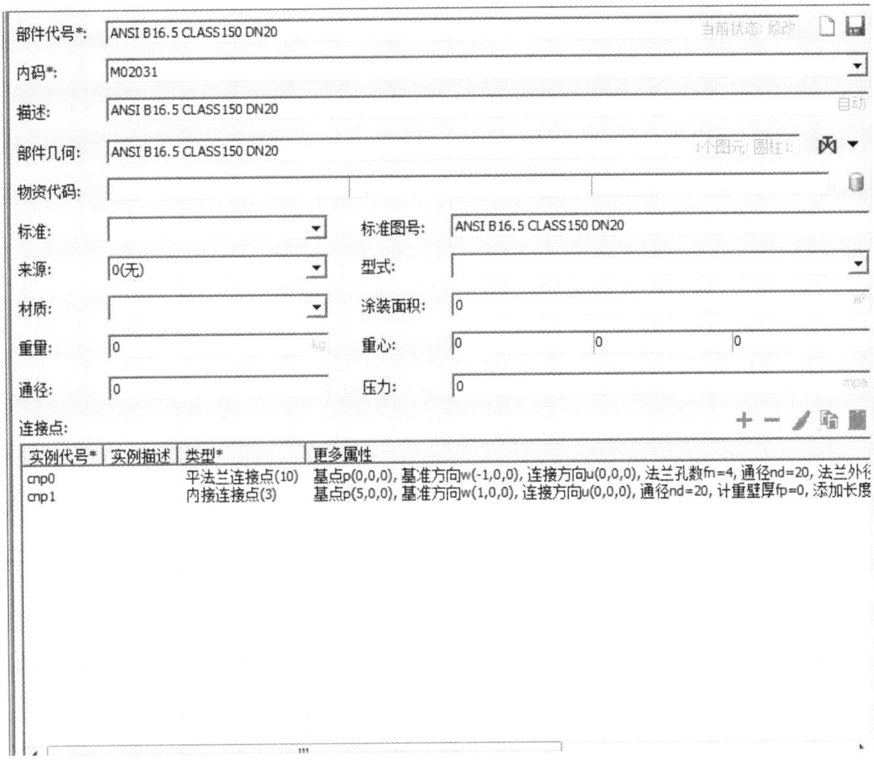

图 8.4 法兰、阀件定义

由于在实际的模型布置中,SPD 系统主要识别连接点里的各项数据,所以法兰、阀件的定义需要做好法兰连接点的定义工作,其输入界面如图 8.5 所示。

连接点中的通径、法兰压力等需要按实际填写,螺栓、螺柱的选择也在连接点界面完成,如果需要拷贝其他法兰的连接点,则点击“从法兰拷贝”按钮。

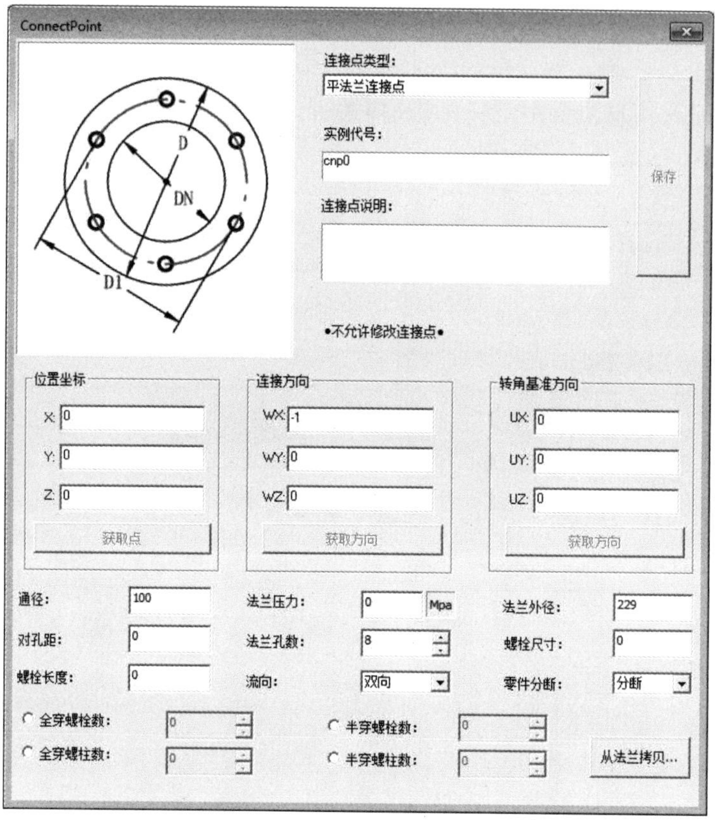

图 8.5　法兰连接点定义

8.4　连接件定义

关于连接件,这里介绍参数化部件里的可调角度或者可变壁厚的连接件,其输入界面如图 8.6 所示。可调角度或可变壁厚部件即为可以在布置的时候根据实际情况自适应角度、壁厚的部件。

可调角度(可变壁厚)部件标准中描述输入规定内容包括:

(1)弯头输入:1.5 倍钢质弯头 $ A $ 度 114X $ T1 $ 。

(2)异径接头输入:同心异径接头 76X $ T1 $ /48X $ T2 $ 。

(3)三通接头输入:钢质 T 型接头 76X $ T1 $ /114X $ T2 $ /114X $ T3 $ 。

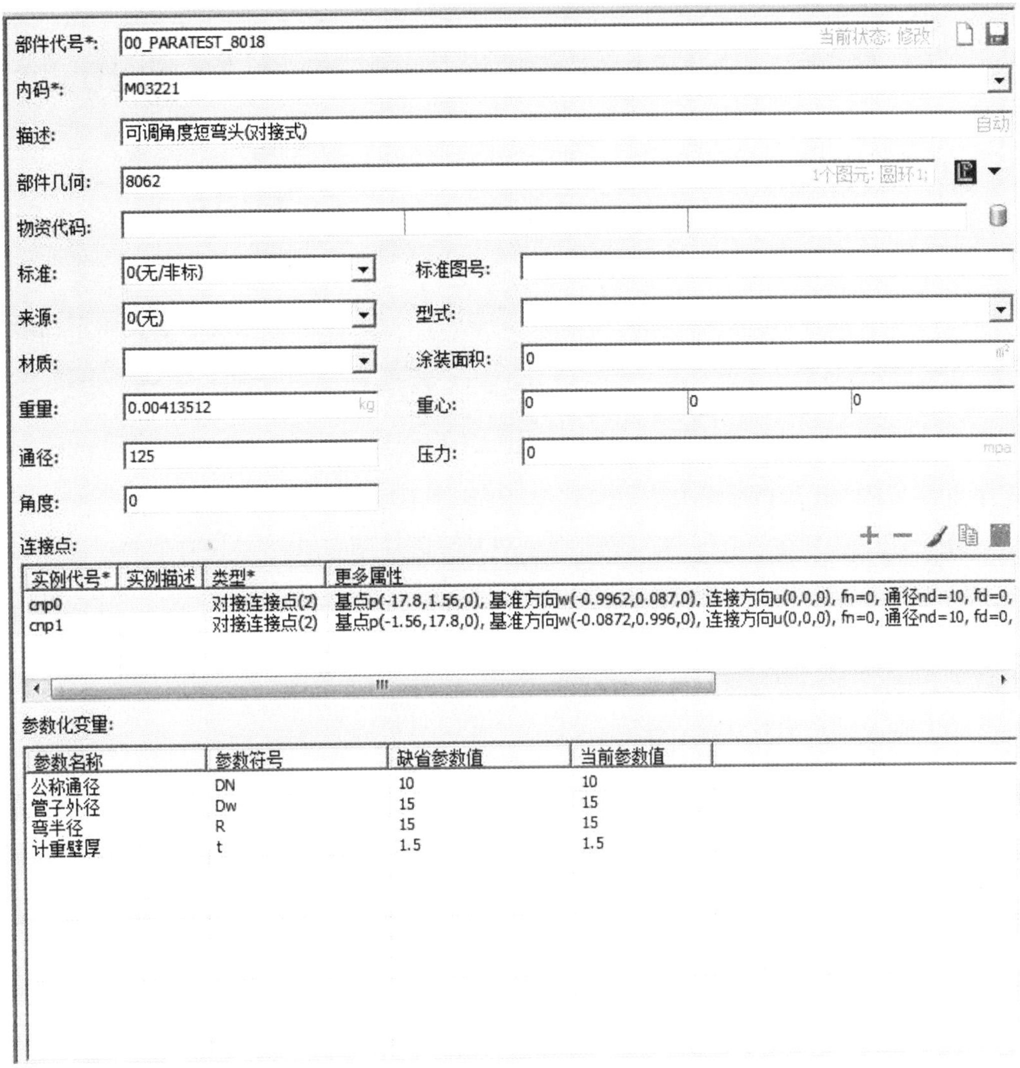

图 8.6 可调角度连接件定义

8.5 设 备 定 义

如果设备厂家提供了设备三维模型,则用户可通过三维小样导入后定义部件,三维小样模型不宜过大,而且一般不超过 20 MB,否则会对后面的模型加载布置速度有影响。

第 9 章　SPD 软件铁舾设计系统应用

9.1　概　　述

船舶铁舾件设计系统是处理船舶各类设备、管子、风管、电缆等系统的定位固定和船舶各舱室畅通行走的安全辅助装置和设备的系统。如设备基座、机舱花钢板、外舾装件以及天花板、里子板等铁舾件，通过板材和型材的组合和拼接，建立铁舾件模型。

SPD 铁舾件设计系统主要针对的是铁舾件的生产设计，提供相关的计算机辅助设计手段，在 SPD 系统中创建模型和生成图纸、表格，供生产车间和管理部门使用。其工作主要包含了铁舾件模型的创建和三维空间布置，生成铁舾件零件制作图、安装图和生产用表。

设绘铁舾件制作图包含各零部件的加工尺寸，表面处理信息，涂装等技术要求，明确零部件的材料型号、规格、数量、重量等制造信息。

设绘铁舾件安装图包含各设备编码、安装定位尺寸，安装基准、安装技术要求等。

生产用表包含铁舾件托盘管理表、材料统计表及材料明细表。

9.2　标准部件输入

具体操作见第 5 章“基于 SPD 软件系统舾装标准定义”和第 6 章“SPD 小样建模中的舾装标准”相关内容。

9.3　铁舾件处理

铁舾件处理模块主要是给用户提供了铁舾件建模工作的交互功能，包含了安装、移动、旋转、修改、删除等交互操作。

首先结束其他交互操作（按 ESC 键），然后从主工具条中按“铁舾件处理”按钮，则显示铁舾件处理工具条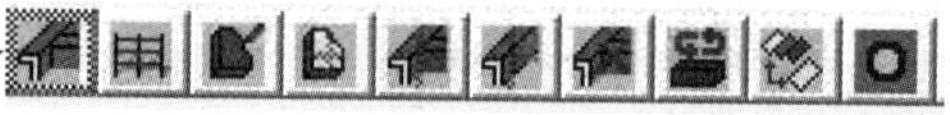。该工具条中有十个按钮，依次是：铁舾件安装、栏杆自动布置、板件制作、板件修改、铁舾件修改、型材修改、铁舾件删除、标准模型库存取、铁舾件零件管理和开孔处理。

9.3.1　铁舾件安装

铁舾件安装用于放置铁舾件参数化部件或标准部件。

操作步骤如下：

（1）点击铁舾件处理→铁舾件安装按钮，则弹出【部件选择对话框】，如图 9.1 所示。

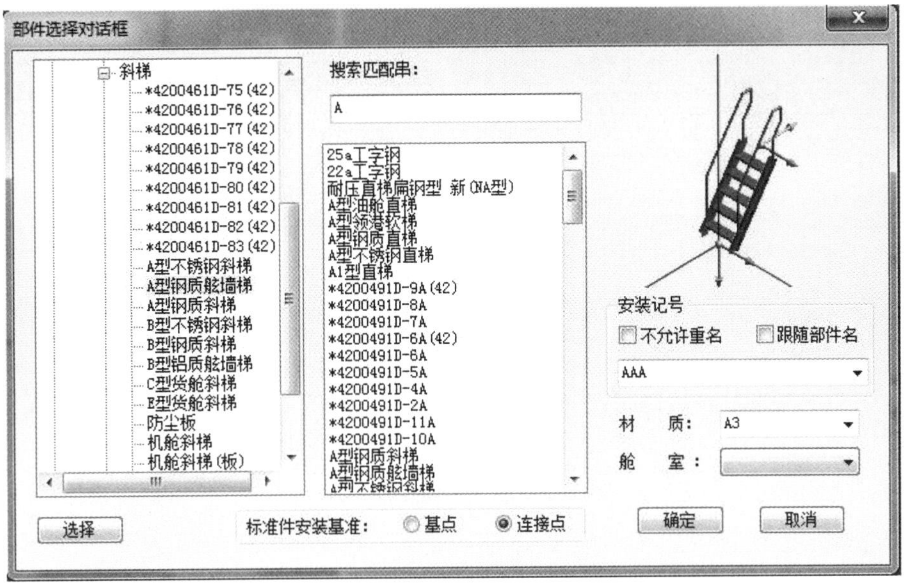

图 9.1 部件选择对话框

(2)在左侧的树状结构中选择需要安装的部件后(前面带＊表示输入的标准部件或用小样做的部件,不带＊的为参数化部件),点击确定。也可以通过点击“选择”按钮,在图形平面中选择和要安装的铁舾件同类别的部件。对于带＊的标准部件,如果勾选“跟随标准件名”,则在选择的同时会安装记号处自动使用该标准件的名称。也可以在“搜索匹配串”输入匹配字符串来加快查找所需部件。

(3)输入零件名称或在已有的零件名称列表中选择零件名称(该名称即零件图中的件号)。如果勾选“不允许重名”,则放置的铁舾件名称都必须不一样。

(4)在图形平面上通过点输入操作确定安装基点。基点选择好后,点击鼠标右键确定即可。或者通过输入第二个点用来确定铁舾件的安装方向和部分外形尺寸。如果是基本型材,则第一个点确定它的拉伸方向和型材长度;但如果是扶梯或栏杆,则是确定扶梯的延伸方向和高度;盖子则是确定放置方向和厚度等。

(5)若是参数化部件,则程序弹出【输入参数】界面,用户根据需要修改参数确定,如图9.2所示。

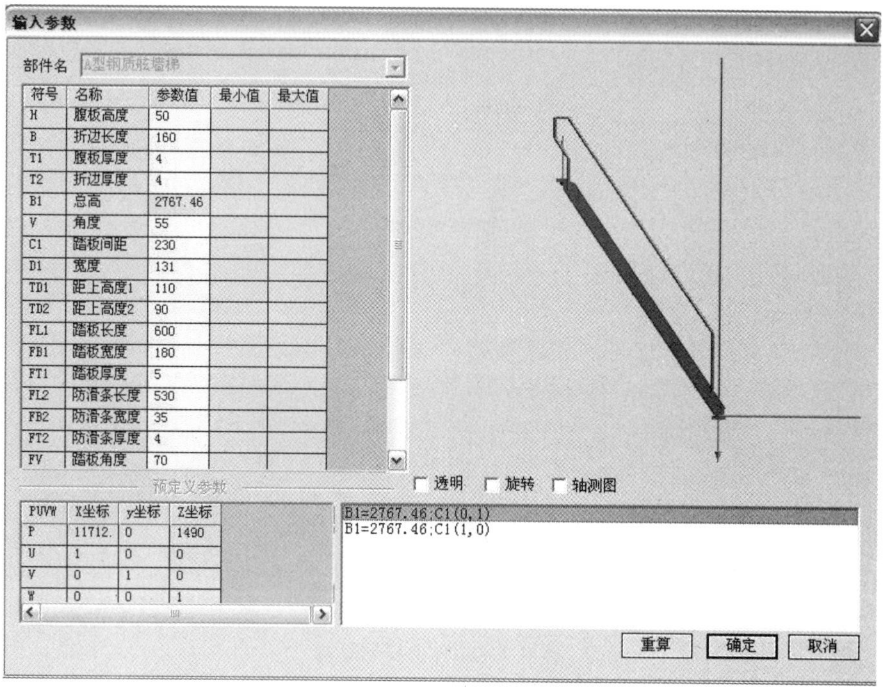

图 9.2 【输入参数】界面

9.3.2 栏杆自动布置

栏杆自动布置用于自动布置栏杆、栏杆上的复板和斜支撑,并自动安装上栏杆对应的扶手。用户可沿甲板的边界或者自己绘制的 CAD 图形进行自动布置。

操作步骤如下:

(1)点击铁舾件处理→栏杆自动布置按钮,则弹出【栏杆自动布置】对话框,如图 9.3 所示。

(2)点击端部栏杆框右边的选择按钮,在弹出的【部件选择】对话框中选择端部栏杆柱部件,确定返回。

点击中间栏杆框右边的选择按钮,在弹出的部件选择对话框中选择中间栏杆柱部件,确定返回。

如在弯曲处需要放置栏杆,则勾选上☑弯曲处是否增加栏杆柱,并选择弯曲处的栏杆部件。

选择是安装“单个扶手”还是“组合扶手”。

如需添加复板,则勾选☑是否增加复板,并选择复板的部件。

如需增加斜支撑,则勾选☑是否增加斜支撑,并选择斜支撑的部件,设置间隔个数(间隔数为 1 则表示每隔一个栏杆就有需要在栏杆上增加斜支撑)。

输入栏杆间距,单位为毫米,如 1 500 则表示 1.5 m。

(3)在交互图面上逆时针顺次选取布置路径(CAD 线段或板架边界),右键确定。

(4)在图面上确定起点,再确定终点。

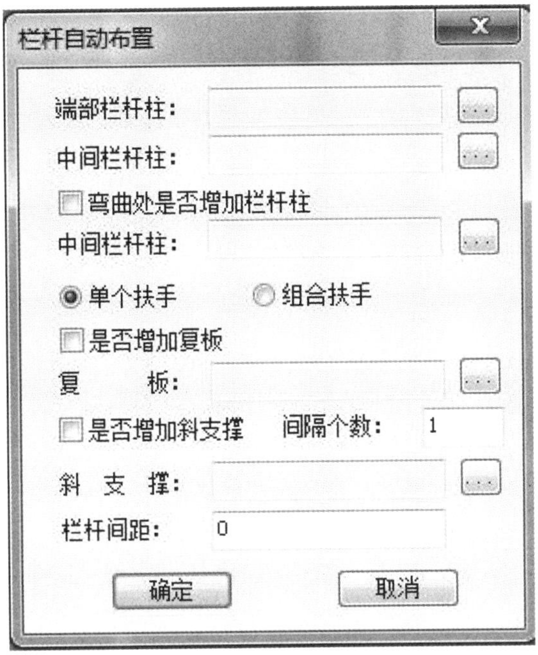

图 9.3 【栏杆自动布置】对话框

(5)输入安装面上一点,该点是用于确定安装的基本面位置的。一般选择需要安装栏杆的板架上的某点。

(6)输入偏移的位置。若不需要偏移值,则直接点击鼠标右键。

图 9.4 所示为偏移 100 mm 以后的效果。

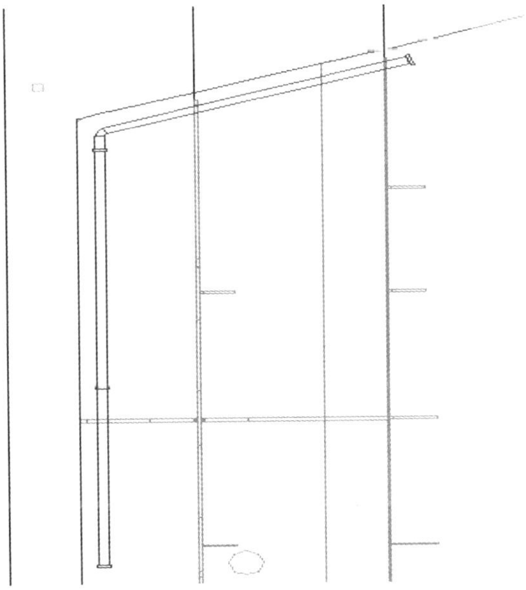

图 9.4 偏移量 100 mm 后的位置变化

说明：

(1)布置线路要求按逆时针方向选取。

(2)偏移值的设置采用点操作的方式。

(3)关于起点和终点的选取,程序会自动找到用户确认的点到所选路线的最近点。

9.3.3　板件制作

该模块用于制作板材及其安装。共分为两种模式,一种是快速创建矩形板材;一种是根据用户需求创建自定义形状的板材。

(1)板件模块

在板材的使用中,大多数的板材形状都是矩形的,该功能可以使用户迅速完成矩形板材模型的创建工作。

操作步骤如下：

点击“板件制作”→“板件模板”按钮 在界面图9.5所示对话框中输入部件名称、板名、板的长宽厚和材质;选择安装板的基点,并给出板厚度方向即可。

图9.5　部件输入

说明：

①部件名称就是模型中的安装记号,点击查询按钮就能看到。通常将一个铁舾件中所有的部件均命名成一个安装记号(或零件代号)。比如一个基座无论包含多少个板材和型材,均使用一个安装记号。

②板名就是模型中的部件代码。后期将显示在制作图的材料清单上,并作为材料统计的依据,所以对于同样的板,它们的板名要一致。

(2)自定义板件

自定义板件功能为用户提供了创建任意形状板材的方法和手段。

操作步骤如下：

①先用CAD画闭合的图形(如果图形不闭合,在选择时会弹出提示对话框);如图9.6所示为图形闭合信息提示。

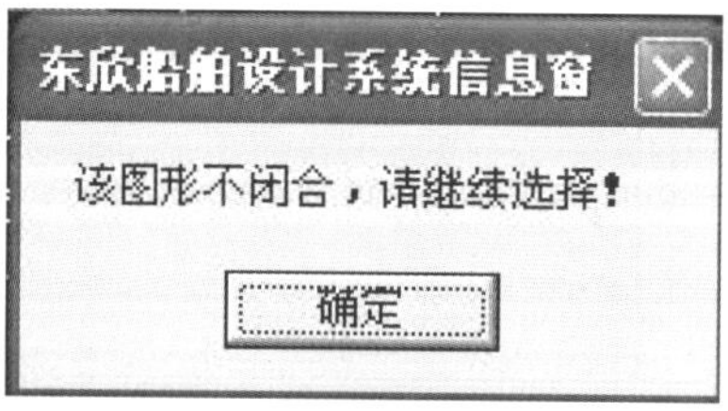

图9.6　图形闭合信息提示

②点击“板件制作”→“自定义板件”按钮 。

③在弹出的对话框内(图9.7)输入部件名称、板名、比例和材质。(该板名之后将显示

在制作图材料清单上，所选择的图形并非要和将来生成的钢板一样大小，可以输入比例来放大和缩小，比例的缺省值为1）。

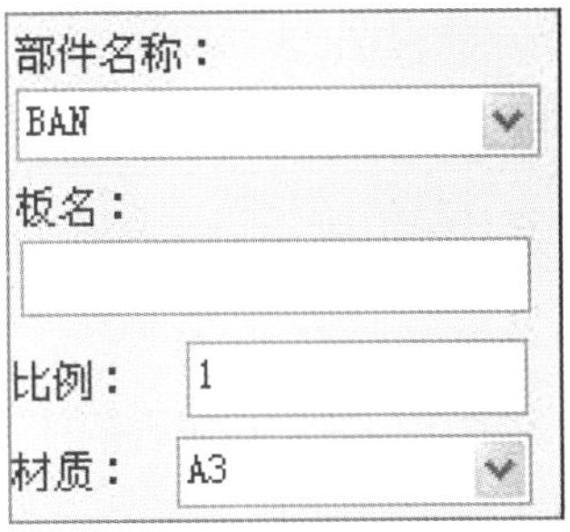

图 9.7　部件输入

④顺序点击选择钢板的外边界线（预先画好的AutoCad图形或模型上的某段线条），然后点击鼠标右键确认。

⑤若有内孔，则继续点击选择内孔的组成线条，再次右键确定即可；若无内孔，则按下键盘上的“Esc”。

⑥若多个内孔，则重复上述操作，直至所有的内孔选择完毕，按下键盘上的“Esc”。

⑦选择安装板的基点，并给出板厚度方向，输入板厚，点击确定即可。

图9.8所示为一基点选择步骤的示例。

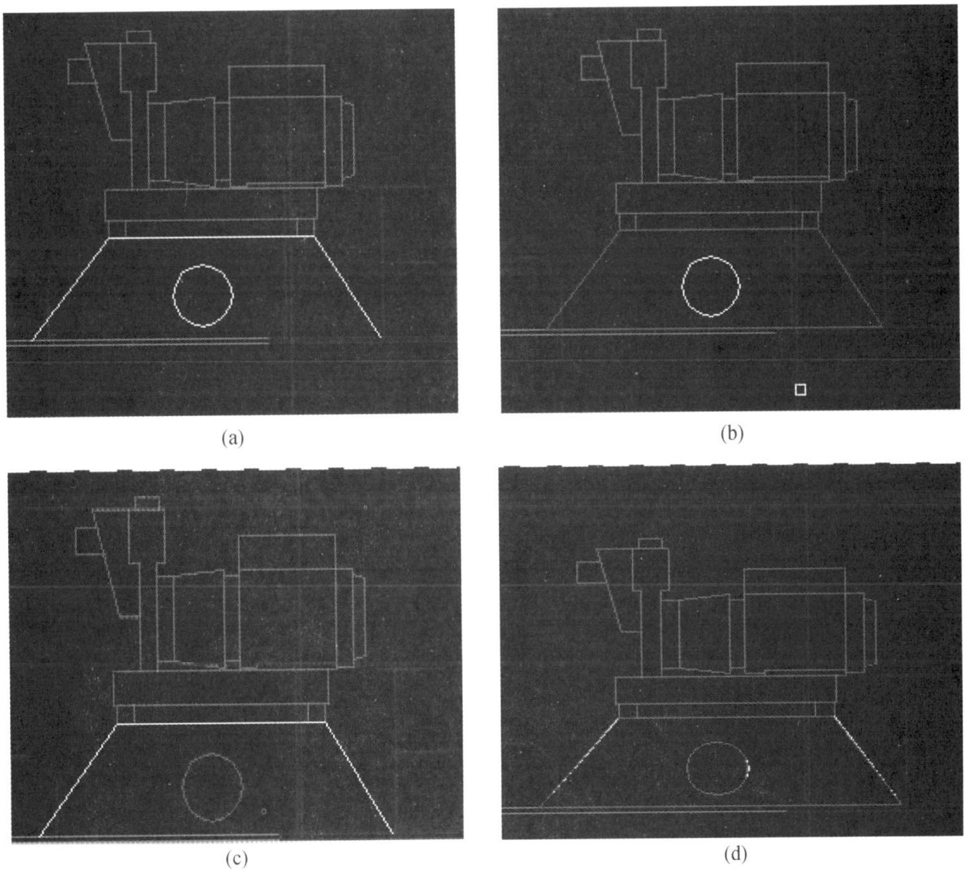

图 9.8　安装板的基点选择

说明：

①对于快速方法创建的方板，板的法线方向始终会与用户给出的方向一致。长边始终在俯视图上可见，即俯视图中若长边为500，则板的实际长度就为500。

②对于任意板,用户可在4种视图中画CAD线段。分别是俯视图、左视图(从船尾向船首看)、前视图(从右舷往左舷看)、水平方向任意斜剖面。用户需要在哪个面内生成板材就在哪个面内用CAD作图。生成的结果可保持原样。

(3)自定义格栅

自定义格栅功能为用户提供了创建任意形状格栅的方法和手段,称之为自定义格栅。

操作步骤如下:

①先用CAD画闭合的图形(如果图形不闭合,在选择时会弹出提示对话框,与图9.6相同)。

②点击"板件制作"→"自定义格栅"按钮。

③在部件名称对话框内输入部件名称、板名、比例和材质。(该板名之后将显示在制作图材料清单上,所选择的图形并非要和将来生成的格栅一样大小,可以输入比例来放大和缩小,比例的缺省值为1)。

④顺序点击选择格栅的外边界线(预先画好的AutoCAD图形或模型上的某段线条),然后点击鼠标右键确认。

⑤若有内孔,则继续点击选择内孔的组成线条,再次右键确定即可;若无内孔,则按下键盘上的"Esc",跳转到第⑦步。

⑥若多个内孔,则重复上述操作,直至所有的内孔选择完毕,按下键盘上的"Esc",跳转到第⑦步。

⑦弹出自定义格栅对话框,如图9.9所示,完成各项设置后,点击"确定"按钮。

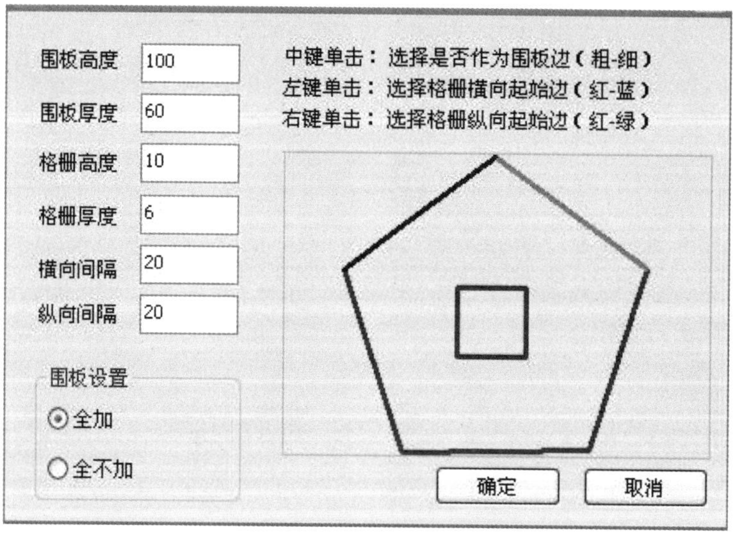

图9.9 自定义格栅对话框

⑧用点操作选择安装格栅的位置,并给出安装方向,或者直接右键即可,如图9.10所示。

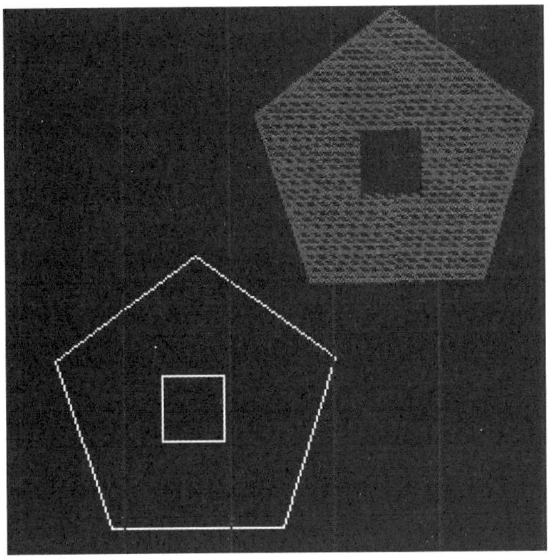

图 9.10　选择安装位置

9.3.4　板件修改

用户可以使用该模块对现有的板材部件进行修改，包含角点的操作、板材上孔的操作、板材的分割、拉伸、倒角、改名等功能。

点击板件修改按钮，显示修改板件工具条，该工具条中有八个按钮，依次是：角点操作、分割拉伸体、孔操作、倒角操作、实体伸缩、更改板名、转换拉伸方向和切换板件与格栅。

（1）角点操作

用户可以通过在现有的板件上增加角点、拉伸角点或删除角点等方式

，对板材现有的形状进行修改。比如将原先的一块矩形板变成五边形的板材。其中文中所提及的角点就是板材外轮廓线上的折点。

①增加点

增加点在板件的边缘增加一个角点，用户可以再使用角点的拖动功能，使板件的外形满足需求。比如用户需要将一块矩形的板件变为五边形板件，则先增加一个角点，再将五个角点做移动，达到最终的目标形状。

操作步骤如下：

a. 点击，打开板材的角点操作功能，选中“增加点”；

b. 选择需要增加点的板件；

c. 在板上需要增加点的地方点击一下即可。

②拖动点

角点拖动后，系统会自动将两边相邻的点和该点做连接。

操作步骤如下：

a. 点击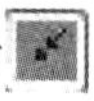，打开板材的角点操作功能，选择“拖动点”；

b. 选择需要拖动点的板件；

c. 在板上点击需要拖动的点，锁定方向或直接拖动即可。

③删除点

删除点操作同增加点操作。

(2)板材分割

用户使用该功能可以对板材进行切割，生成两块新的板。

操作步骤如下：

①用 CAD 在需要被分割的板件上画好割线；

②点击“分割拉伸体”按钮；

③选择需要被分割的板件；

④选择分割线或依次选择分割的线段；

⑤鼠标右键确认。

说明：

切割带孔的板材时，切割线不能与孔相交。

(3)孔操作

用户使用该模块可以在板材内添加、编辑、移动和删除内孔，系统提供了三种常见的内孔样式，分别是圆孔、腰圆孔和方孔，此外增加了开任意孔的功能。

点击添加内孔按钮，显示工具条，依次为：添加孔、编辑孔、移动孔、旋转孔、复制孔、矩形阵列孔、环形阵列孔和删除孔。

①添加孔

该功能提供了用户在现有的板材零件上添加孔的手段。添加的孔有四种形式，分别是圆孔、长圆孔、方孔以及任意孔，如图 9.11 所示。

操作步骤如下：

a. 选中“圆孔”，输入半径；或选中“长圆孔”，输入长度及半径；或选中“方孔”，输入长、宽与倒角半径；或选中“任意孔”。

b. 选择需要添加孔的板件；

c. 确定孔的长轴方向(除圆孔外)；

d. 对于任意孔，先用 CAD 画图功能画一个闭合多边形，再依次选择该多边形的边，如果多边形在板件内部，则直接在此多边形处开孔，如果在外部，则用点操作给出需要添加孔的位置即可。其他开孔用点操作给出需添加孔的位置即可。

说明：

长圆孔的长指的是两边半圆弧圆心间的距离；方孔默认带有倒角，半径为 5。

②编辑孔

该功能一是修改孔的尺寸，二是替换掉原先孔的样式。

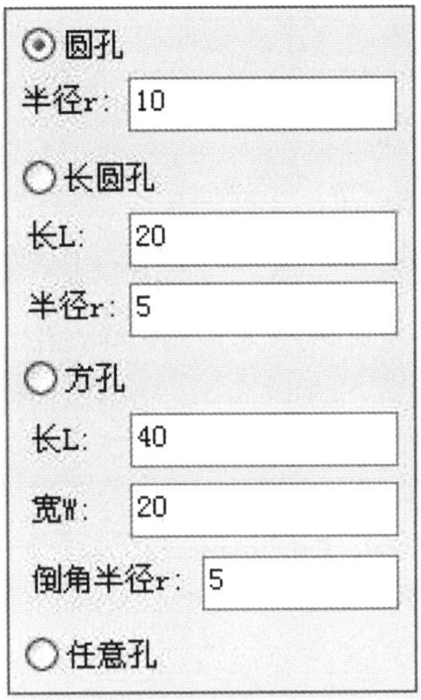

图 9.11 孔的形式

操作步骤如下:

a. 选中“圆孔”,输入半径;或选中“长圆孔”,输入长及半径;或选中“方孔”,输入长、宽与倒角半径。

b. 选择需要编辑的孔的板件;

c. 选中需要编辑孔边界上的一节点;

d. 确定孔的长轴方向(除圆孔外)。

说明:

新孔和原先的孔的中心位置是不变的。

③移动孔

在建模过程中,有时需要对已经开孔的板架上的孔进行位置的调整。移动孔就解决了这个问题。

操作步骤如下:

a. 选择操作的板材;

b. 选取需要移动的孔上一点;

c. 结合点操作功能,确定上述选中点移动后的位置;

d. 连续右键确认。

说明:

右键第一次:完成该孔的一次移动,仍可继续选择该孔上的点进行移动;

右键第二次:完成该孔的移动,可继续选择其他的孔进行操作;

右键第三次:完成移动孔操作。

④旋转孔

板材上的孔除了圆孔,椭圆孔、腰圆孔或矩形孔都存在方向。旋转孔功能就提供了一个方便快捷的手段,将原先板上孔的方向进行变换,达到旋转孔的效果。

操作步骤如下:

a. 选择操作的板材;

b. 选取需要旋转的孔上一点;

c. 通过鼠标确定旋转的起始方向,然后确定终止方向或者直接输入旋转角度;

d. 连续右键确认。

说明:

右键第一次:完成该孔的一次旋转,仍可继续选择该孔上的点或输入角度进行旋转

右键第二次:完成该孔的旋转,可继续选择其他的孔进行操作

右键第三次:完成旋转孔操作。

⑤复制孔

在铁舾件建模的很多时候,板材上的孔往往都不是单独存在的,而是有多个相同的孔。复制孔功能就提供了一个方便快捷的手段,将原先板上的孔在板材内进行复制。

操作步骤如下:

a. 选择操作的板材;

b. 选取需要复制的孔上一点;

c. 结合点操作功能,确定上述选中点移动后的位置;

d. 连续右键确认。

说明:

右键第一次:完成该孔的一次复制,仍可继续选择该孔上的点进行复制

右键第二次:完成该孔的复制,可继续选择其他的孔进行操作

右键第三次:完成复制孔操作。

⑥矩形阵列孔

在铁舾件建模的很多时候,板材上的孔往往都不是单独存在的,而是有多个相同的孔。矩形阵列孔功能就提供了一个方便快捷的手段,将原先板上的孔在板材内进行矩形阵列。矩形阵列参数如图 9.12 所示,操作步骤如下:

图 9.12　矩形阵列参数

a. 选择阵列形式:平行或斜向;

b. 输入数量和距离;

c. 选择操作的板材;

d. 选取需要阵列的孔上一点;

e. 输入 U 向 V 向方向的数量和距离;

f. 右键确认。

说明:

系统给出默认的阵列方向,用户可手动修改。

⑦环形阵列孔

在铁舾件建模的很多时候,板材上的孔往往都不是单独存在的,而是有多个相同的孔。矩形阵列孔功能就提供了一个方便快捷的手段,将原先板上的孔在板材内进行环形阵列,环形阵列参数如图 9.13 所示。操作步骤如下:

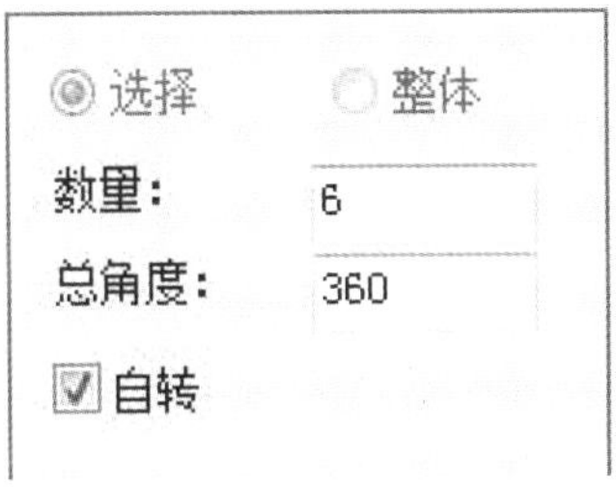

图 9.13 环形阵列参数

a. 输入数量和阵列角度;

b. 选择操作的板材;

c. 选取需要阵列的孔上一点;

d. 输入阵列基点;

e. 右键确认。

⑧删除孔

该功能用于取消板材上的孔。

操作步骤如下:

a. 选择操作的板材;

b. 选取需要删除的孔上一点;

c. 右键确认;

d. 若板上还有需要删除的孔,重复 a、b 步骤;

e. 右键完成。

(4)倒角操作

用户使用该模块可以添加和删除板材的倒角。

点击添加倒角按钮,显示,依次为:添加倒角、编辑倒角和删除倒角。

①添加倒角

添加倒角即在板材的某个角点处添加倒角,操作步骤如下(图 9.14):

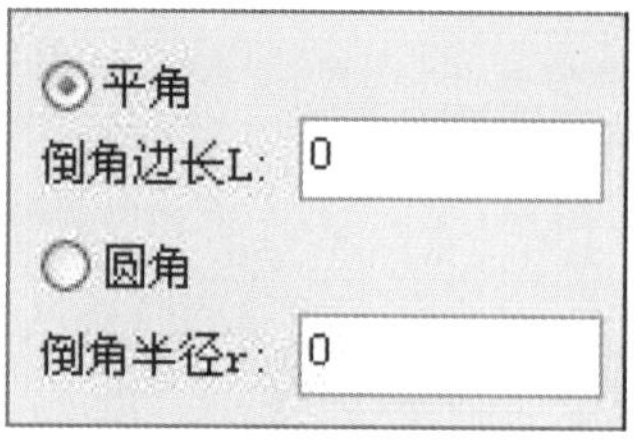

图 9.14　添加倒角

a. 选中“圆角”,输入倒角半径或选中“平角”,输入倒角边长;

b. 选择需要倒角的板件;

c. 点击板的角点即可。

说明:

圆倒角的半径可以是正值,也可以是负值,只是倒角的方向不同。

做平的倒角时,输入的倒角边长 L 为切掉的等腰三角形的腰长。

②编辑倒角

编辑倒角即修改板材的某个倒角的大小或尺寸。

操作步骤如下:

a. 选中“圆角”,输入倒角半径或选中“平角”,输入倒角边长;

b. 选择需要编辑倒角的板件;

c. 选择倒角边的两个端点;

d. 右键完成返回。

说明:

圆倒角的半径可以是正值,也可以是负值,只是倒角的方向不同。

做平的倒角时,输入的倒角边长 L 为切掉的等腰三角形的腰长。

③删除倒角

删除倒角即删除板材上的某个倒角,将其恢复成直线转角状态。

操作步骤如下:

a. 点击“删除倒角”按钮 ;

b. 选中板件;

c. 选择倒角边的两个端点;

d. 右键完成返回。

(5)实体伸缩

实体伸缩主要做拉伸板件用,作用如图 9.15 所示。

操作步骤如下:

①点击“板件修改”→“实体伸缩”按钮 。

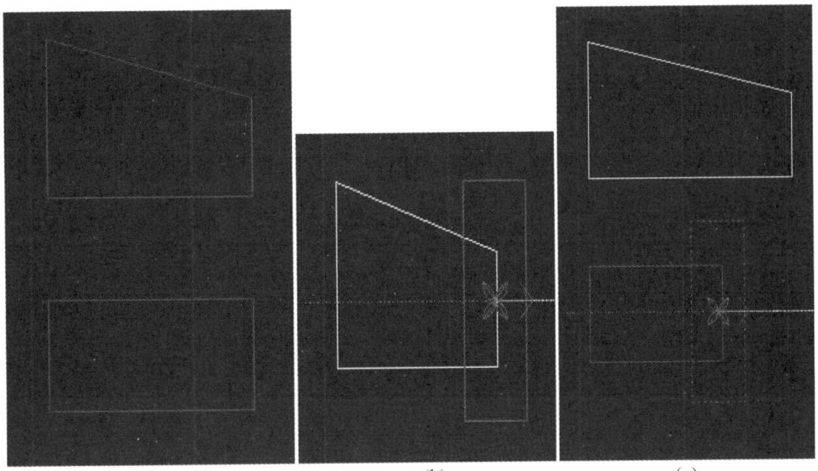

(a) (b) (c)

图 9.15 实体伸缩

②在界面上先确定两点，即对角线（即拉框的对角线），被框中的角点就是需要拉伸移动的角点。

③然后界面上会出现一个拉伸的基点，确定移动后的基点位置，则被框中的角点会按照基点的移动路线进行同样移动。

(6)更改板名

该功能用于修改已有板件的名称。

操作步骤如下：

①点击“板件修改”→“更改板名”按钮。

②填写新的板名，如

。

③选择要更名的板件，右键确认即可。

(7)旋转拉伸体方向

该功能用于修改已有拉伸体拉伸方向，比如将原来的高度拉伸方向转换成长度拉伸方向。

操作步骤如下：

①点击“板件修改”→“转换拉伸体方向”按钮。

②选择进行转换方向的拉伸体，右键确认。

③选择拉伸起始边，右键确认，再选择拉伸终止边，右键确认即可。

如图 9.16 所示为将拉伸体的一侧面进行了方向转换，在转换后在侧面开了一个孔的效果示意图。

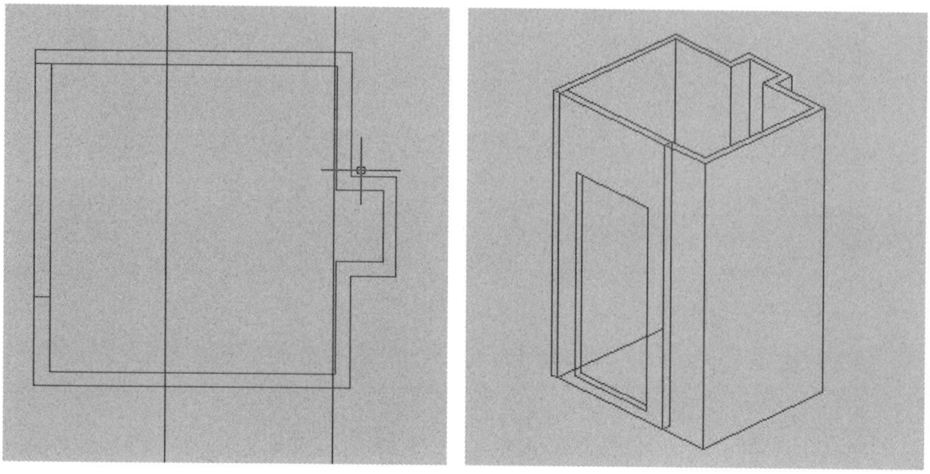

图 9.16　旋转拉伸体方向

(8)切换板件与格栅

该功能用于将板件转换成相对应的格栅。

操作步骤如下:

①点击“板件修改”→“切换板件与格栅”按钮。

②选择进行转换的拉伸体铁舾件,即可弹出自定义格栅对话框。

③参照自定义格栅功能操作即可实现将板件转换成格栅,如图 9.18 所示。

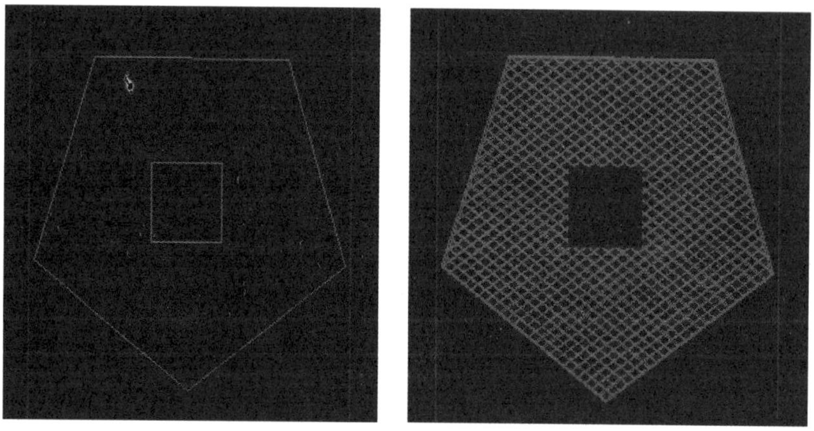

图 9.18　板件与格栅转换示意

9.3.5　修改铁舾件

点击修改铁舾件按钮,则显示修改铁舾件工具条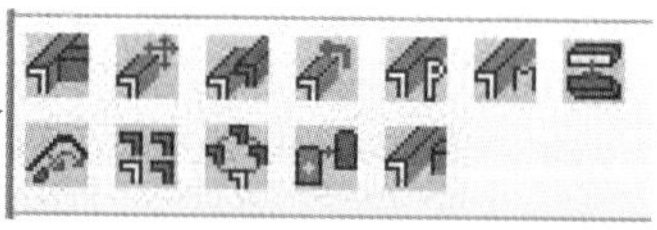,该工具条中有 12 个按钮,依次是:重命名铁舾件、移动铁舾件、复制铁舾件、旋转铁舾件、修改参

数、修改材质、铁舾件镜像、沿弧长移动或复制、矩形阵列铁舾件、环形阵列铁舾件、替换铁舾件和拆分铁舾件。

(1)重命名铁舾件

由于铁舾件是根据零件名称来区分是否属于一体的，那么零件名称的正确与否就相当重要，点击“重命名铁舾件”按钮可以修改铁舾件的零件名称。可以输入或选择已有的零件名称作为新的零件名称。

这里提供了两种模式：选择和整体。整体模式是把和选中的铁舾件零件名称相同的铁舾件全部改名，选择模式则是把选中的铁舾件统统改名。在重命名操作中如果选择的是钢板，可以通过输入新的厚度修改板的厚度，如果厚度为0则不修改，保留原来的板厚，如图9.19所示。

图9.19 铁舾件重命名

操作步骤如下：

①点击“重命名铁舾件”按钮。

②在零件名称下拉框内输入新的零件名称。

③选择操作模式(选择或整体)。

④选择需要改名的铁舾件模型。

⑤右键确认。

说明：

①勾选相同部件使用同一件号后，程序会自动将新零件内的相同部件使用同一个件号。

②对于新的零件名，选择的第一个部件将自动将其部件号设定为1。对于首次命名基座，建议首先旋转基座面这个板材部件。

(2)移动铁舾件

移动铁舾件操作和重命名铁舾件一样，提供了整体和选择两种模式移动，如图9.19所示。

操作步骤如下：

①点击“移动铁舾件”按钮。

②确定操作模式(选择或整体)。

③左键选择需要移动的铁舾件模型。

④右键确认选择的部件，这时被选择到的部件会高亮显示。

⑤结合点操作输入移动起点和移动终点。

⑥右键确认返回。

说明：

移动不可改变零件名称和板厚。

(3)复制铁舾件

复制铁舾件一样提供了整体和选择两种模式，并且可以修改新复制出的铁舾件的零件名称和板厚。

对话框同重命名铁舾件对话框。

操作同移动铁舾件操作。

(4)旋转铁舾件

旋转铁舾件一样提供了整体和选择两种模式。

对话框同移动铁舾件对话框,不可修改零件名称和板厚。

操作步骤如下:

①点击“旋转铁舾件”按钮。

②确定操作模式(选择或整体)。

③左键选择需要旋转的铁舾件模型。

④右键确认选择的部件,这时被选择到的部件会高亮显示。

⑤结合点操作输入旋转基点和旋转轴方向。

⑥输入旋转角度或旋转最终方向。

⑦右键确认返回。

说明:

整体旋转是每个部件按同一个轴进行旋转,而不是每个部件绕自身的轴进行旋转。

(5)修改参数

由于本系统的部件都是参数化设计部件,所以可以通过修改它的参数来改变铁舾件的外形尺寸。【输入参数】对话框如图 9.20 所示,点击参数的名称后相应部位会呈浮动状态,便于确认。

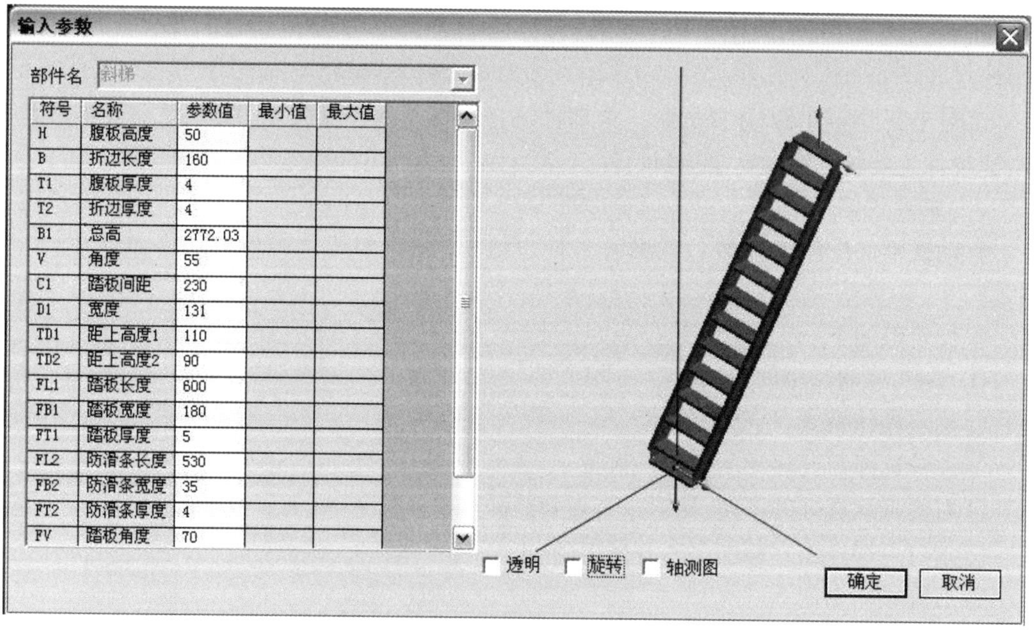

图 9.20 修改铁舾件输入参数

(6)修改材质

已安装的铁舾件可通过点击该按钮修改材质。信息栏中会提示选择要修改材质的铁舾件,在主控界面的对话框中选择修改后的材质

,在图形中点击要修改的铁舾件即可。

(7)铁舾件镜像

该功能提供了XY平面内任意对称轴的镜像功能,可以对铁舾件模型进行镜像复制或镜像移动。程序提供了选择与整体两种模式

。

铁舾件镜像效果如图9.21所示。

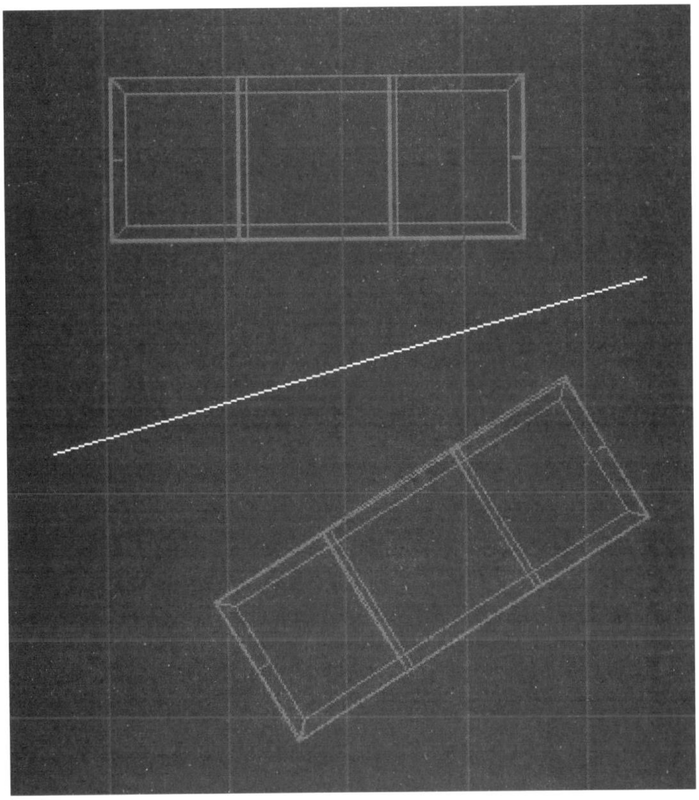

图9.21　铁舾件镜像效果

操作步骤如下:

①点击“铁舾件镜像”按钮。

②确定操作模式(选择或整体)。

③如果是镜像移动,则勾选☑删除原部件。如果是镜像复制,则不勾选删除原部件。

④左键选择需要镜像的铁舾件模型(也可开框选择)。

⑤右键确认选择的部件,这时被选择到的部件会高亮显示。

⑥此时信息栏会显示“选择对称线端点!(右键默认船中线)”。用户可以使用鼠标左键在XY平面内选择两点确定镜像的对称轴,然后程序会自动开始进行镜像。如果用户想

进行左右舷对称的话,可以在提示栏出现这句话的时候直接点击鼠标右键,程序也会自动开始左右舷的镜像。

⑦右键或按“Esc”退出镜像操作。

说明:

①镜像的部件只针对铁舾件和内舾件镜像。

②只有参数化部件可以镜像,标准部件和参数化标准部件不能镜像。

③镜像部件的选择有两种方式:选择和整体。

④选择:框选需要镜像的部件,也可逐个选择。

⑤整体:选择几个部件以后,程序会将这些部件同名的所有部件全部选择,即所涉及零件中的其他部件也会被选中。

⑥关于镜像后零部件的名字(安装记号):

只有用户在进行左右舷镜像的时候,程序才会开始对模型进行自动改名。

若原先的名字长度小于等于13位,则在镜像后在名字后增加(P/S)若原先的名字已经有(P/S),则镜像后对(P/S)进行相应更改若原先的名字超过13位,且无PS标记,则程序不做处理,与原零件名一样,如需改名,用户可用“铁舾件重命名”功能来进行重命名。

⑦部分参数化部件本身不含对称轴,无法镜像。以下为目前无法实现的参数化部件:舷梯——4120,4108,4109

(8)沿弧长移动或复制

沿弧长移动或复制提供了两种方式:以选择点为基点移动或复制,或者以模型为基点移动或复制,如图9.22所示。

操作步骤如下:

①点击“沿弧长移动/复制铁舾件”按钮。

②输入弧长值。

③选择移动复制基点。

④可以输入偏移值,偏移移动复制的铁舾件,偏移值可以以曲线为基准计算,也可以以模型为基准计算。

⑤选择要移动复制的铁舾件。

⑥选择作为基准的曲线。

⑦右键确认

(9)矩形阵列铁舾件

矩形阵列铁舾件同样提供了整体和选择两种模式,如图9.23所示。

操作步骤如下:

①点击“矩形阵列铁舾件”按钮。

②确定操作模式(选择或整体)。

③选择阵列模式(平行或斜向)。

④输入U向数量、U向距离、V向数量和V向距离。

⑤左键选择需要阵列的铁舾件模型。

⑥输入U向方向和V向方向。

⑦右键确认。

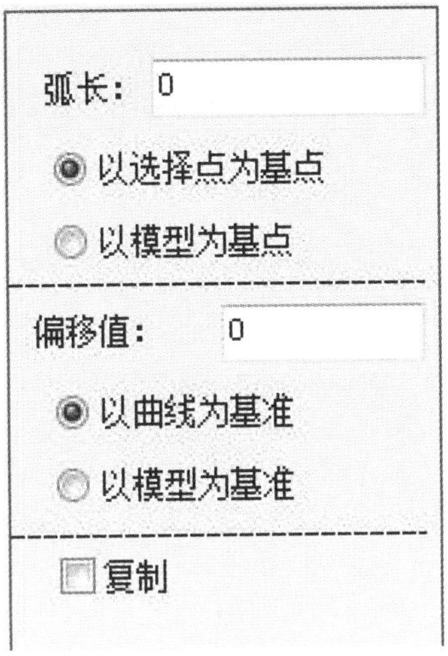

图 9.22　移动复制界面

图 9.23　矩形阵列选项

说明：

系统会默认 U 向方向和 V 向方向，用户可以手动修改。

(10)环形阵列铁舾件

环形阵列铁舾件同样提供了整体和选择两种模式。

操作步骤如下：

①点击“环形阵列铁舾件”按钮。

②确定操作模式(选择或整体)。

③输入数量和角度。

④左键选择需要阵列的铁舾件模型。

⑤输入阵列基点。

⑥右键确认。

(11)替换铁舾件

可以使用该功能实现铁舾件的替换。

操作步骤如下：

①点击“替换铁舾件”按钮。

②弹出对话框，选择新的铁舾件，如图 9.24 所示。

③左键选择需要替换的铁舾件模型。

④右键确认。

(12)拆分铁舾件

拆分铁舾件功能可以把一个铁舾件拆分成其的组成部分。一旦拆分，无法还原。

操作步骤如下：

①点击“拆分铁舾件”按钮。

②左键选择需要拆分的铁舾件模型。

③右键确认。

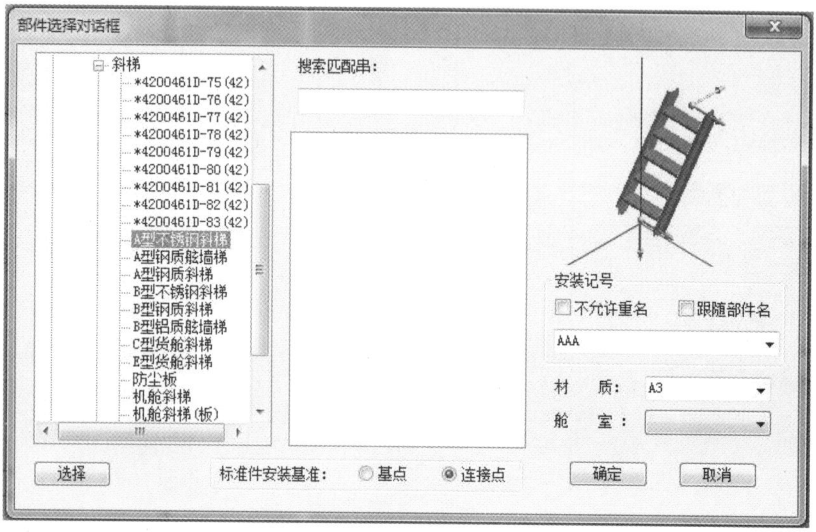

图 9.24　部件选择对话框

9.3.6　型材修改

型材在船舶铁舾件设计过程中的使用量非常大,而且使用的比率很好,具有一定的特殊性。所以系统专门为型材提供了修改便捷的功能。点击"型材修改"按钮,则显示修改铁舾件工具条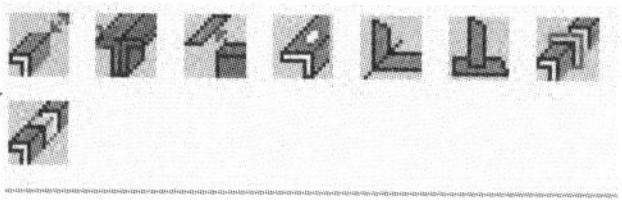,该工具条中有八个按钮,依次是:伸缩型材、型材翻转、替换型材、型材开孔、型材端部斜切、型材端部直切、型材分割和型材合并。

(1)伸缩型材

型材的长度可以通过伸缩型材操作在图面上进行交互修改。

操作步骤如下:

①点击"伸缩型材"按钮。

②选择要修改的型材上要伸缩的一端,则弹出对话框。

③提示是否按照板架或其他铁舾件来切割型材,自动计算型材的切割角度。

如果选择是,则系统将提示选择相关板架和铁舾件;

如果选择否,则可以通过输入点来拉伸和缩短型材。

如图 9.25 所示为根据板架位置伸缩的结果前后对照图。

(2)型材翻转

型材中有部分型材具有非对称性,比如角钢等,需要将折边反向。

操作步骤如下:

①点击"型材翻转"按钮。

②点击要翻转的型材。

③右键确认。

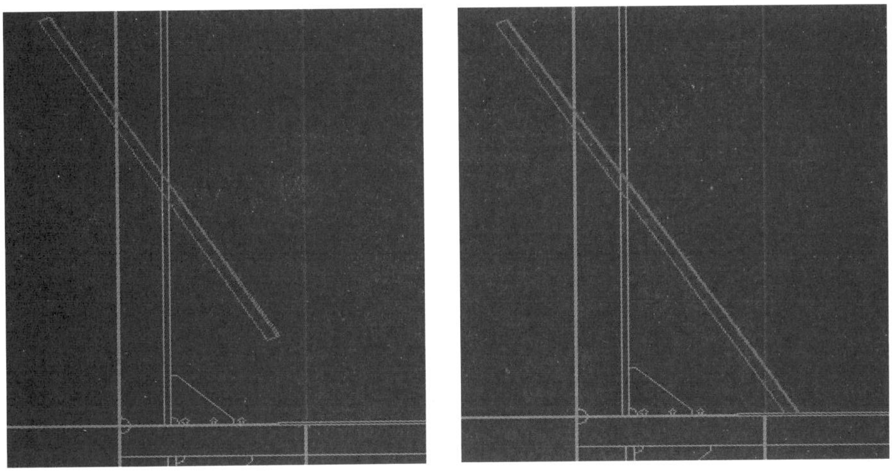

图 9.25 伸缩型材前后对比图

说明：

每次只能选择一个型材模型。

(3)替换型材

使用该功能可将已安装的型材类型替换,比如角钢替换为扁钢。

操作步骤如下：

①点击“替换型材”按钮,系统弹出如安装铁舾件一样的部件选择对话框。

②选择新的型材类型,点击“确定”按钮。

③选择要替换的型材,弹出参数对话框。

④修改参数,点击“确定”按钮。

说明：

每次只能选择一个型材模型。

(4)型材开孔

使用该功能用于在型材上开孔及相关操作。

点击“型材开孔”按钮,系统弹出如下工具条：,依次为添加孔、编辑孔、移动孔、旋转孔、复制孔、矩形阵列孔和删除孔。

①添加孔

操作步骤如下：

a. 选中“圆孔”,输入直径,如图 9.26 所示；

或选中“椭圆孔”,输入长轴半径和短轴半径；

或选中“腰圆孔”,输入整个孔的长及半径；

或选中“方孔”,输入长、宽与倒角半径；

b. 选择需要添加孔的型材；

c. 用点操作给出需要添加孔的位置；

d. 确定第二点以确定方向,或直接点击右键返回,则方向将默认为型材的方向。

说明：

腰圆孔的长指的是两边圆弧的顶点间的距离，即腰圆孔整个的长度。

方孔默认带有倒角，半径为5。

②编辑孔

该功能一是修改孔的尺寸，二是可以替换掉原先孔的样式。

操作步骤如下：

a. 选中“圆孔”，输入直径；

或选中“椭圆孔”，输入长轴半径和短轴半径；

或选中“腰圆孔”，输入整个孔的长度及半径；

或选中“方孔”，输入长、宽与倒角半径；

b. 选择需要编辑的孔的型材；

c. 选中需要编辑的孔的附近即可，无须选中孔的边界。

说明：

新孔和原先的孔的中心位置、方向是不变的。

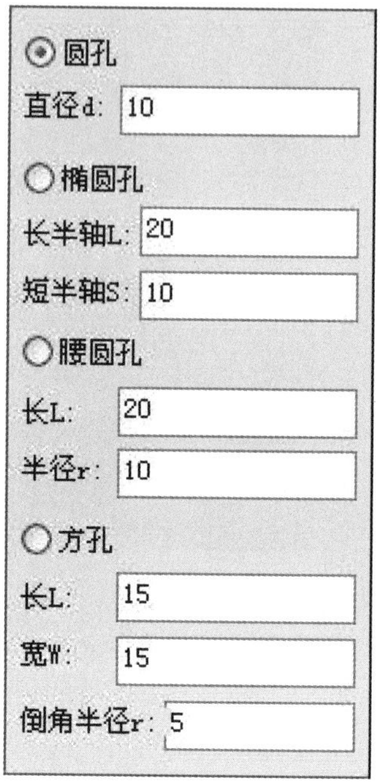

图 9.26　孔的添加

③移动孔

操作步骤如下：

a. 选择操作的型材；

b. 选取需要移动的孔，程序会自动寻找最近的孔；

c. 结合点操作功能，确定移动后孔中心的位置；

d. 连续右键确认。

说明：

右键第一次：完成该孔的一次移动，仍可继续选择该孔上的点进行移动；

右键第二次：完成该孔的移动，可继续选择其他的孔进行操作；

右键第三次：完成移动孔操作。

④旋转孔

操作步骤如下：

a. 选择操作的型材；

b. 选取需要移动的孔，程序会自动寻找最近的孔；

c. 通过鼠标确定孔的轴线方向，或者直接输入旋转角度；

d. 连续右键确认。

说明：

椭圆孔的轴线方向为长轴的方向；

腰圆孔的轴线方向为长边的方向；

方孔的轴线方向为长边的方向。

⑤复制孔

操作步骤如下：

a. 选择操作的型材；

b. 选取需要移动的孔，程序会自动寻找最近的孔；

c. 结合点操作功能，确定移动后孔中心的位置；

d. 连续右键确认。

说明：

右键第一次：完成该孔的一次复制，仍可继续选择该孔上的点进行复制；

右键第二次：完成该孔的复制，可继续选择其他的孔进行操作；

右键第三次：完成复制孔操作。

⑥矩形阵列孔

在铁舾件建模的很多时候，板材上的孔往往不是单独存在的，而是有多个相同的孔。矩形阵列孔功能就提供了一个方便快捷的手段，将原先板上的孔在板材内进行矩形阵列，如图 9.27 所示。

图 9.27 矩形阵列孔

操作步骤如下：

a. 选择阵列形式：平行或斜向；

b. 输入数量和距离；

c. 选择操作的板材；

d. 选取需要阵列的孔上一点；

e. 输入 U 向方向和 V 向方向；

f. 右键确认。

说明：

系统给出默认的阵列方向，用户可手动修改。

⑦删除孔

操作步骤如下：

a. 选择操作的型材；

b. 选取需要删除的孔，程序会自动寻找用户给出的点的最近孔；

c. 右键确认后可选择其他型材，重复 a、b；

d. 右键完成。

(5) 型材端部斜切

两根型材进行端部角度拼搭。

操作步骤如下：

①点击“型材端部斜切”按钮。

②点击两根型材相交的连结点。

(6) 型材端部直切

该功能不仅可以用一根型材切割另一根型材，还可以由用户自定义端部切割形式切割型材。

操作步骤如下：

①点击“型材端部直切”按钮。

②选择被切割的型材，对话框如图 9.28 所示。

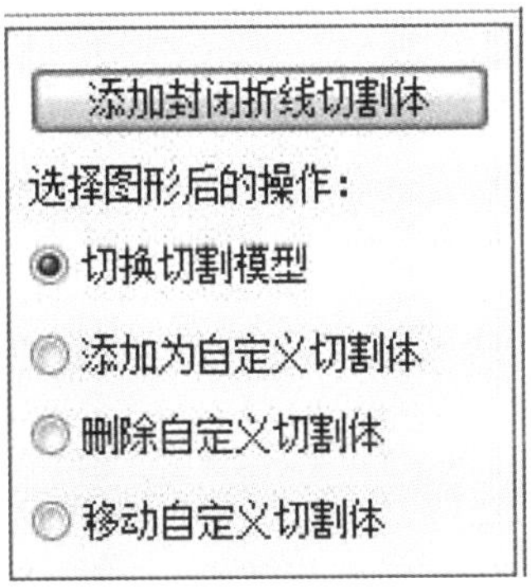

图 9.28 选择切割型材

可以在交互界面上画出封闭的图形切割型材端部，如

图 9.29 所示。

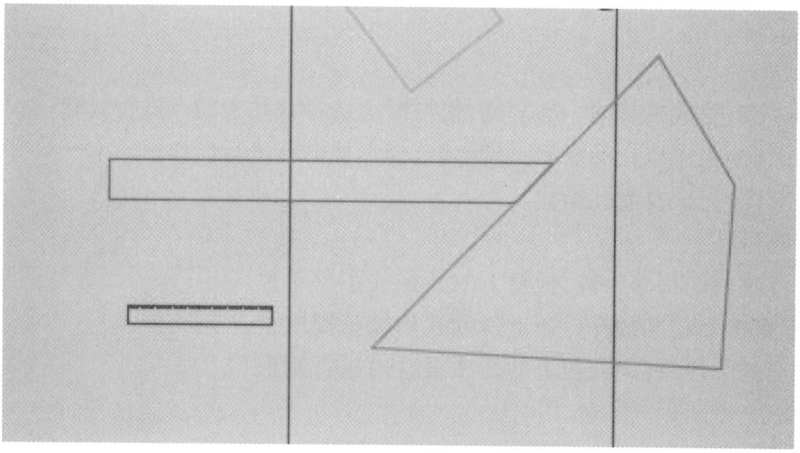

图 9.29　以封闭图形切割型材端部

③切换切割模型:可以把切割的模型改变为封闭的自定义实体。左键选择切割模型,右键确认,则切割模型变成自定义切割体,即使切割模型移动,也不影响已切割的型材。如果想要将自定义切割体还原成切割模型,则左键再选择自定义切割体,右键确认即可。

④添加为自定义切割体:将已画好的封闭图形定义成自定义切割体。左键选择该封闭图形,右键确认即可。

⑤删除自定义切割体:将已定义的切割体删除。左键选择该切割体,右键确认即可。

⑥移动自定义切割体:可以移动自定义切割体,则型材的切割形状会随之改变。左键选择该自定义切割体,输入移动距离即可。

(7)型材分割

该功能是将一根型材用一根直线切割为两段。

操作步骤如下:

①点击“型材分割”按钮。

②左键选择该型材。

③选择使用“ACAD”功能画的直线,其效果如图 9.30 所示。

④右键确认即可。

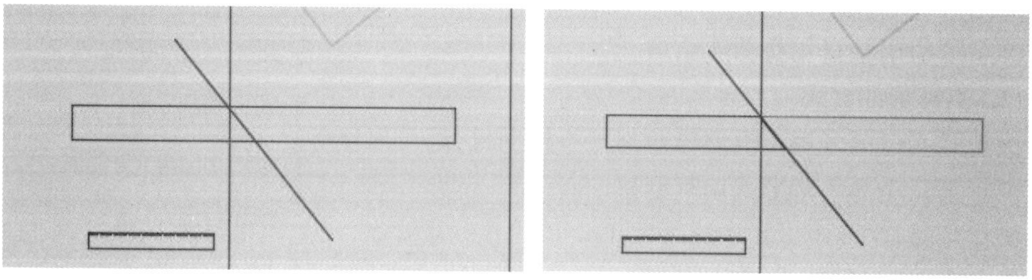

图 9.30　以直线切割型材结果

(8)型材合并

该功能是将几根型材合并成一根型材。

操作步骤如下：

①点击“型材合并”按钮。

②左键选择要合并的型材。

③右键确认即可。

9.3.7 删除铁舾件

从铁舾件布置工具条中按删除铁舾件按钮，在图形平面上选择要删除的铁舾件，可以开窗或点击选择多个。按下鼠标右键，则图形变色，这时再按下鼠标左键表示确定，则选中的铁舾件就被删除了。如果此时不点击鼠标左键则表示放弃删除操作。

9.3.8 标准模型库处理

用户可以通过这一操作将拼装好的铁舾件(比如扶手，盘梯等)保存起来，可再次利用。

点击标准模型库处理按钮，主控界面中出现标准模型库存取对话框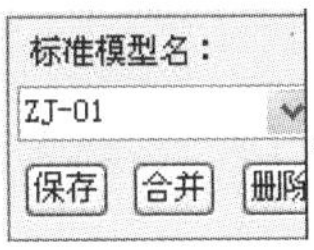

。

(1)保存

操作如下：

①输入标准模型名(如果和已有模型名重复，系统会提示是否覆盖旧的数据)，点击保存。

②在图形平面上选择要保存的铁舾件即可。系统会将和选择的铁舾件同一零件名的所有铁舾件作为一体保存起来。

(2)合并

操作如下：

点“合并”，打开其他工程→data→工程_STD. MDD，可以将其他工程标准库中保存的拼装好的铁舾件拷贝过来使用。

(3)删除

操作如下：

选择不需要的标准模型名，点击“删除”，即可把标准模型名下拉框中显示的标准模型删除。

(4)调用

操作如下：

①点击标准模型库处理按钮，选择标准模型名(需要调用的铁舾件的模型名)。

②直接在图形平面上选择安装位置即可。取出的铁舾件的零件名称还是保存时的名称，之后可通过重命名操作来修改它们的零件名。

(5)示例1：弯曲扶手、栏杆的安装

用外舾件中的扶手、栏杆中的零件组合一个栏杆的步骤：

①选择舷旁扶手→BA 型中间栏杆柱，选择放置位置，确定即可。

②复制 BA 型中间栏杆柱，通过移动旋转，做成一下模式（注意复制或者移动栏杆柱时要等距离），如图 9.31 所示。

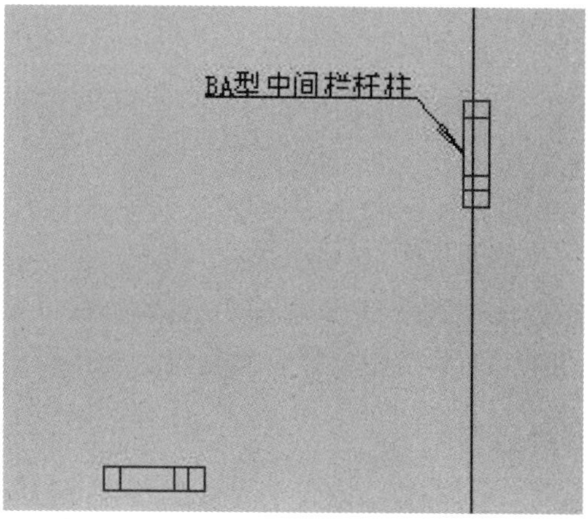

图 9.31　旋转后的复制效果

③选择舷旁扶手→A 型弯曲扶手，分别点击两个 BA 型中间栏杆柱的端点，如图 9.32 所示，即可安装中间弯曲扶手。

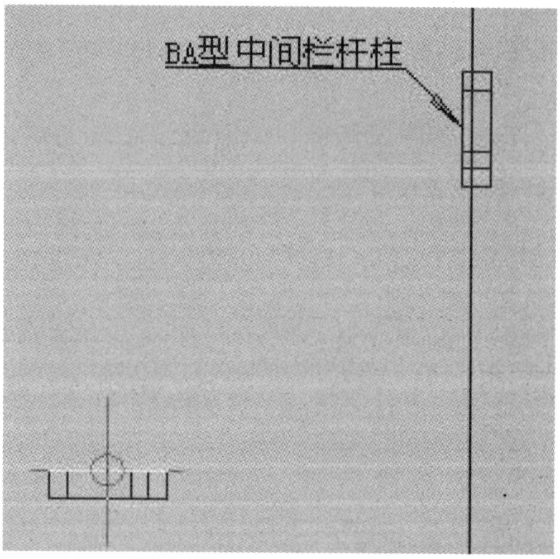

图 9.32　选择 BA 型中间栏杆柱的端点

④继续复制 BA 型中间栏杆柱，然后选择单个栏杆扶手或其他安全网扶手，分别点击两个 BA 型中间栏杆柱的端点，如图 9.33 所示。

⑤给组合扶手命名，点铁舾件修改→铁舾件重命名，给一个零件命名（该扶手名称），框选整个扶手即可；

⑥将做好的扶手保存入库，下次可直接使用。点击标准模型库处理，给扶手一个新的名称，保存，然后点击对应扶手即可。如果其他铁舾件模型中需要用到这个扶手，只需要点

击标准模型库处理,选择这个名称,选择放置扶手位置即可。

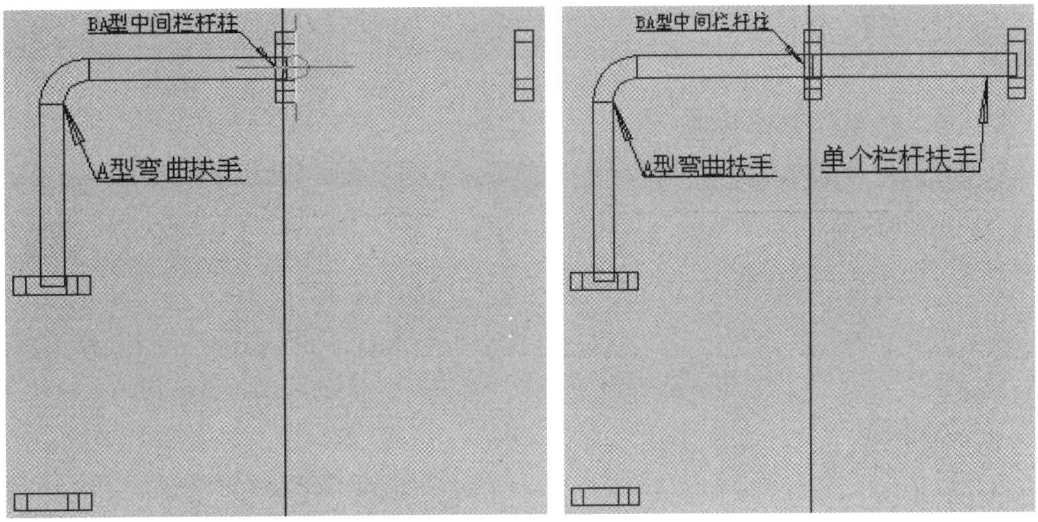

图 9.33 扶手复制及定位

(6)示例 2:盘梯的制作

①先完成中间的圆钢和踏板。该步操作就不详细叙述了,利用板件制作、移动旋转即可完成。

②制作旋转的扶手。

扶手是一段一段拼接而成的。每段均由连续三块踏板上的点确定,分别设为 A、B、C 三点,如图 9.34 所示。

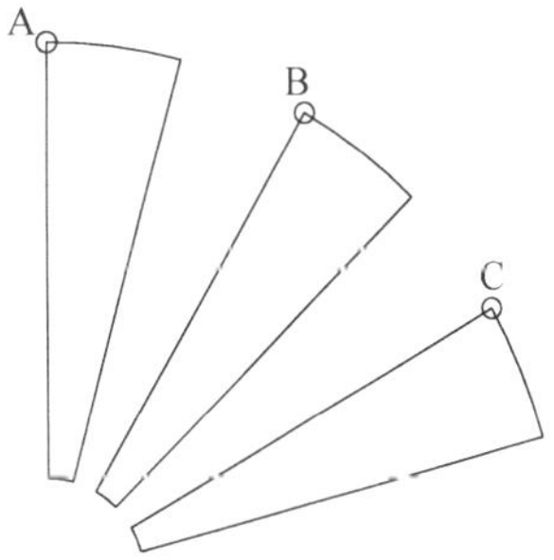

图 9.34 设置踏板连续点

a. 在 CAD 命令窗口输入“units”,回车。将“边”和“角”的精度均设为 0.0000;

b. 增加 3 块踏板的实体捕捉点;

c. 依次键入以下命令:UCS—回车—N—回车—3—回车;

d. 选择 A,选择 B,选择 C;

e. 画圆弧:arc—回车—qua—回车—选择 A—qua—回车—选择 B—qua—回车—选择 C;

f. 恢复坐标系:ucs—回车—p—回车;

g. List—回车,记录下弧半径和角度,这步很重要;

h. 在 A 点放置弯曲圆钢,输入上面的半径“-10”以及角度;

i. 以 A 为基点,W 方向为旋转轴,将管的另一端转到 C 点;

j. 使用移动功能,qua—回车,选 A,右键;lend—回车,选 B,右键;拉框,右键,给方向(方向为指向圆柱的方向)。然后在 TEMP 视口旋转,以 A 为基点,W 方向为轴向,将管端转到 C 点;

k. 使用移动功能,在 Temp 视口中压一点,右键—per,回车,到弯管上点一点,右键,拉框,右键,给向上方向;

l. 键入 L,回车,mid,回车,画出弯管的一直截辅助线;

m. 点“视区定位”,选择 XY 视口中板,在 TEMP 中也变色;

n. 旋转,以圆心为基点、W 方向为轴方向,MID(按鼠标中键),回车,点辅助线中心,MID,回车,B 踏板中心。

9.3.9 铁舾件零件管理

功能:对铁舾件零件属性的一些定义及管理。比如将拼好的模型(如盘梯、扶手、基座等)的名称、图号、规格等信息输入到模型中保存起来,以便今后统计到托盘管理表中。

点击铁舾件零件管理按钮,则显示铁舾件零件管理工具条,该工具条中有两个按钮,分别是零件定义和零件管理。

(1)零件定义

功能:可用图面交互的方式对铁舾件零件进行属性的定义和补充。

操作步骤如下:

①点击“铁舾件零件管理”→“零件定义”,弹出对话框如图 9.35 所示。

②在图面选择需要修改的铁舾件模型,或下拉安装记号选择框选择需要修改的零件。

③修改属性。

④保存即可。

(2)零件管理

功能:对零件的属性使用表格的方式进行管理,可增加、删除、修改、复制铁舾件零件属性。

对于一些零件的属性若为空,则使用该功能后,程序会自动寻找标准部件内相关的信息,自动填入表格内。比如若原先用户在定义阶段没有填写重量,则该功能会自动填写重量属性。

操作步骤如下:

①点击“铁舾件零件管理”→“零件管理”,弹出如图 9.36 所示对话框。

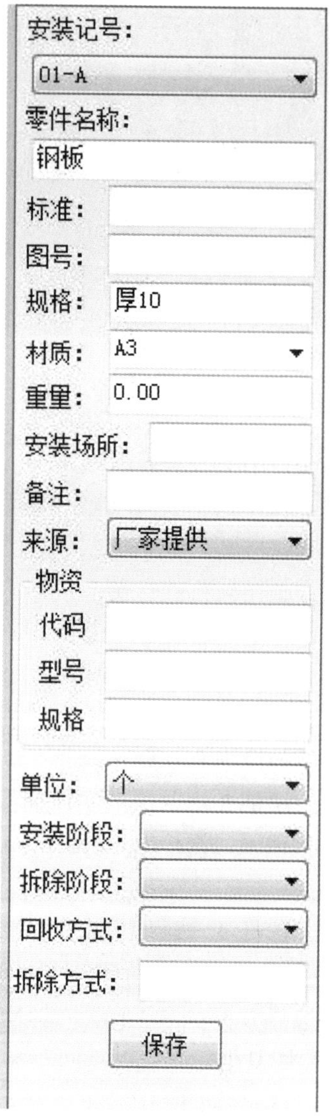

图 9.35 铁舾零件定义

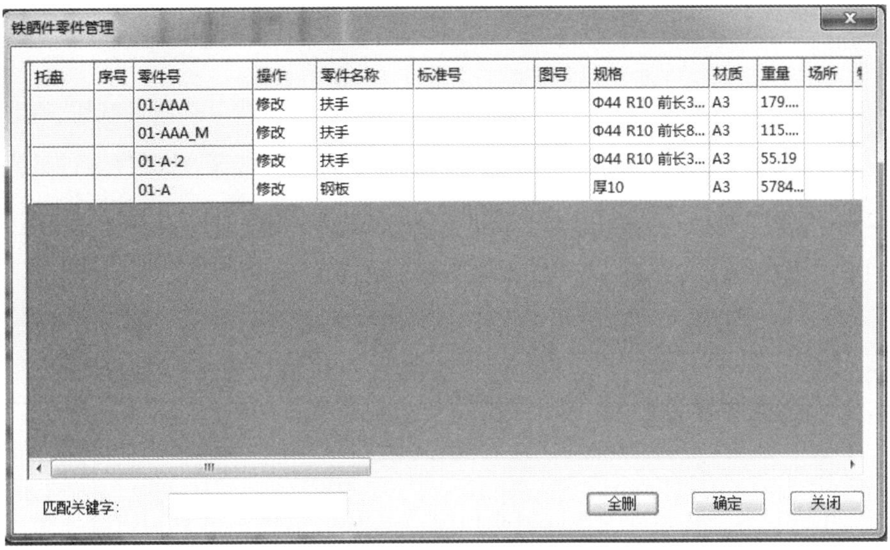

图 9.36　铁舾件零件图管理

②在对话框中可修改以下属性：零件名称、图号、标准、规格、材质、重量、安装场所、来源、物资代码、物资型号、物资规格和备注。

③可以输入匹配关键字过滤表格中的部件。

④全删：会删除所有零件部件，确定后重新生成新的零件数据。

⑤点击“确定”按钮，则会执行“操作栏”的操作。

说明：

建议在操作该功能之前，先将模型进行托盘的划分。

9.3.10　铁舾件开孔处理

功能：添加铁舾件部件和板架的开孔数据，以便后面生成开孔表。

点击铁舾件开孔处理按钮，系统提示“选择要开孔的铁舾件部件和相关板架”，用鼠标点选要添加开孔的铁舾件部件和板架。弹出对话框

，输入板架开孔数据。信息提示“选择要添加开孔的位置”，然后在使用“NEA”选择板架和部件中心的交点，则铁舾件就与板架建立了连接关系，后续的开孔表中将体现该开孔数据。

9.4 零件和托盘处理

首先结束其他交互操作(按“Esc”键),然后从主工具条中按生产信息按钮,则显示生产信息工具条,该工具条中有三个按钮,分别是托盘管理、铁舾件零件处理和铁舾件托盘处理,下面分别详细介绍。

9.4.1 铁舾件托盘建立

铁舾件托盘建立见第8章SPD软件管系舾装标准。

9.4.2 铁舾件零件处理

操作步骤如下:

①点击生产信息→铁舾件零件处理按钮,则在主控界面中显示铁舾件零件处理对话框,如图9.37所示。

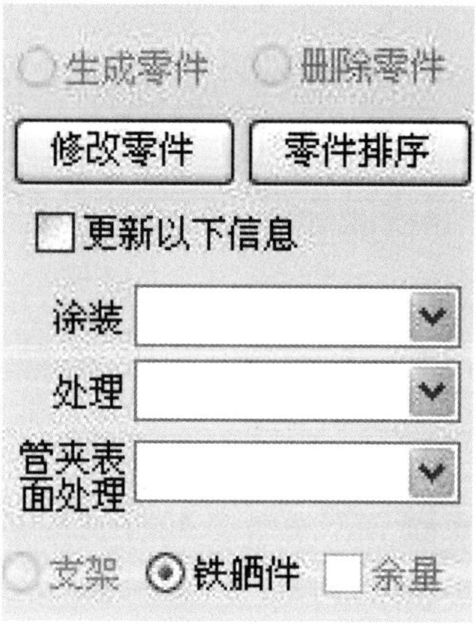

图9.37 铁舾件零件处理

②点击“修改零件”。

③点击模型中的铁舾件,就会出现零件数据修改对话框,如图9.38所示。

a.用户可以在这里做涂装、外处理和管夹表面处理的修改;

b.可以在这里整理零件的零件号——即将同一安装记号的各个部件进行零件号的重排序。用户可以通过左边的下拉框选择显示的范围,下拉框内罗列了所有的安装记号,如清空下拉框则显示所有的铁舾件部件。

④修改好后保存,然后按“Esc”键或在对话框外点击右键退出。

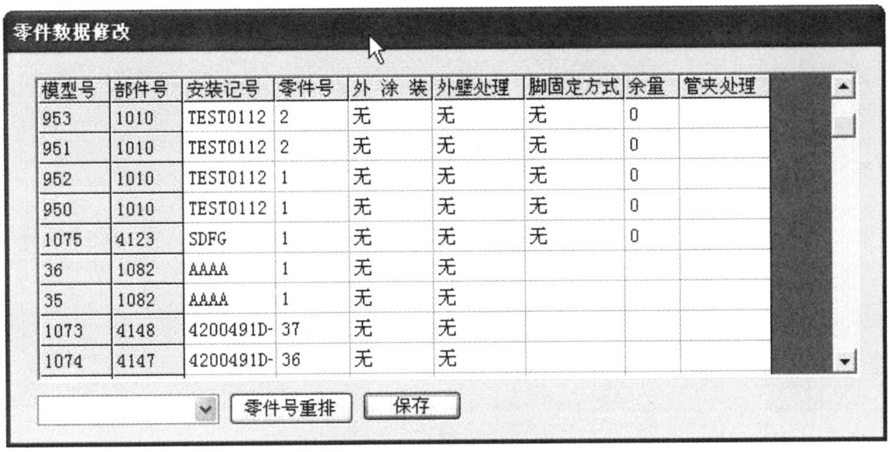

图 9.38　零件数据修改

9.4.3　铁舾件托盘处理

在生产信息工具条中点击铁舾件托盘处理按钮,则在主控界面中显示铁舾件托盘处理对话框,在这里可以选择生成托盘零件、删除托盘零件、删除整个托盘零件和编辑托盘零件,如图 9.39 所示。

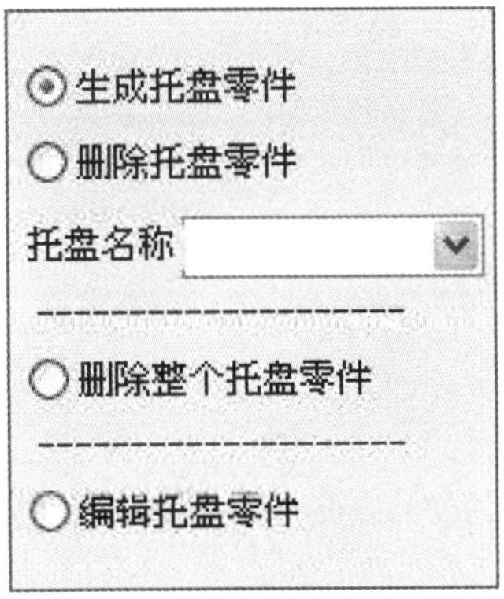

图 9.39　铁舾件托盘处理

9.5　图 纸 处 理

首先结束其他交互操作(按“Esc”键),然后从主工具条中按图纸处理按钮,则显示图纸输出工具条,该工具条中有 14 个按钮,前两个按钮分别为:制作图生成和组件图生成。

9.5.1 铁舾件制作图生成

点击铁舾件制作图生成按钮，首先弹出如下对话框，如图 9.40 所示，首次出图推荐点击“是”按钮。出过图后请慎重，可能会改变已生成的零件号。

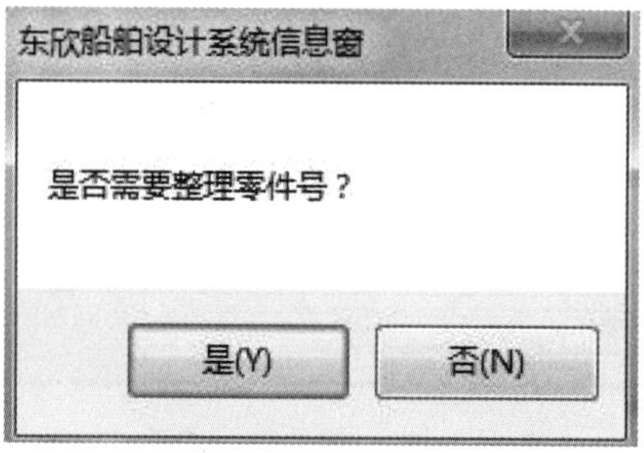

图 9.40　铁舾零件号整理信息

然后弹出铁舾件零件图对话框，如图 9.41 所示。

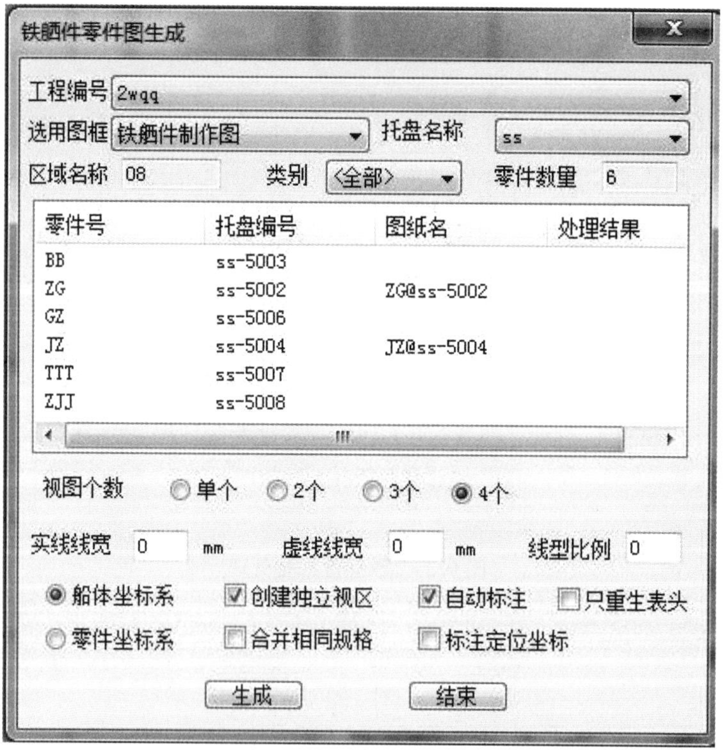

图 9.41　铁舾件零件图生成

用户可以选择工程编号、图框、类别、托盘，另外可自由决定视图个数，和是否创建独立视区、是否自动标注、是否只生成表头数据。坐标系可以选择船体坐标系和零件坐标系两种出图模式。另外还可选择是否合并相同规格和标注定位坐标系符号。

9.5.2 铁舾件组件图生成

点击铁舾件组件图生成按钮，弹出对话框，如图 9.42 所示。选择托盘和需要出组件图的铁舾件安装记号。在列表框中选择要出组件的零件号。输入出图比例和视图个数，然后在图纸上左键选择图块位置，则在该位置会自动生成该零件的组件图，如图 9.43 所示。

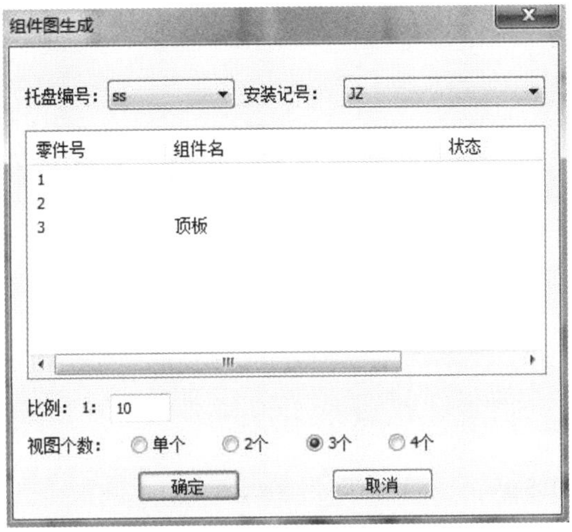

图 9.42 铁舾件组件图生成

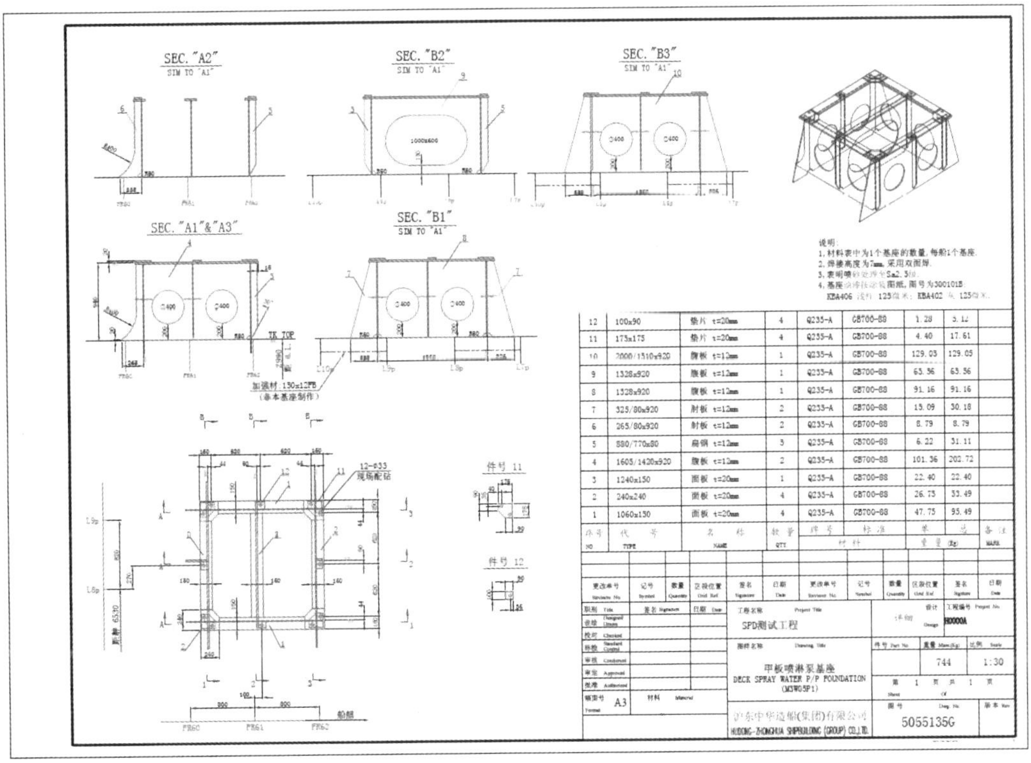

图 9.43 自动生成零件组件图

9.6 生产用表处理

首先结束其他交互操作(按“Esc”键),然后从主工具条中按生产用表按钮,则显示生产用表工具条,该工具条中有六个按钮,依次是托盘管理表、PCS托盘管理表、统计表生成、生成零件数据文件、开孔表和查看输出文件夹。

9.6.1 托盘管理表生成

在生产用表工具条中点击托盘管理表生成按钮,则弹出对话框。用户可以选择托盘,输入相关图号和单位来输出托盘管理表。如果勾选“需要XYZ坐标位置”,则在生成的托盘管理表中带坐标。如果勾选“按零件号排序”,则按照安装记号排序,如果不是则按照模型号排序,即按建模先后顺序排序,如图9.44所示。

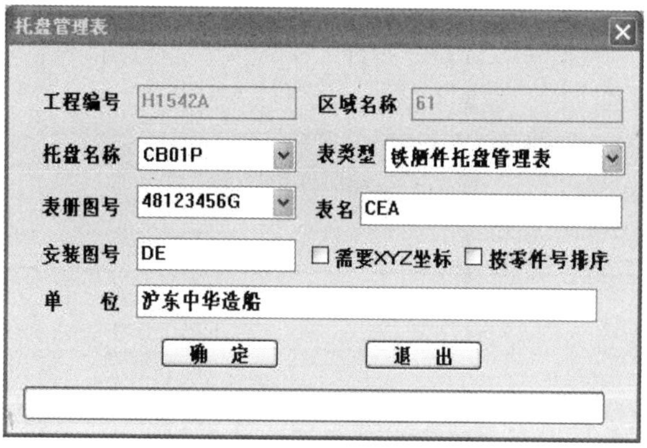

图9.44 托盘管理表设置

托盘表模板中,可写入如下参数:

封面或表头:“编号”“船名”“区域”“图号”“托盘名称”“打印日期”“单位”“表类型”“表名”“安装图号”“封面表名”“托盘重量”。

数据:“序号”“名称”“英文名称”“规格”“标准号”“数量”“所属图号”“零件号”“X”“YZ”“Y”“Z”“材料”“单重”“单位”“总重”“安装记号”。

说明:

安装记号:如果模型的名字为“M210-NVL-101_02W”,则表格内的安装记号为“M210-NVL-101”,即去除第一个“_”以后的字符。

9.6.2 自制件托盘管理表生成

在生产用表工具条中点击托盘管理表生成按钮,则弹出对话框。用户可以选择托盘,输入相关图号和单位来输出托盘管理表。如果勾选“需要XYZ坐标位置”,则在生成的托盘管理表中带坐标,如图9.45所示。模板参数同托盘表参数。

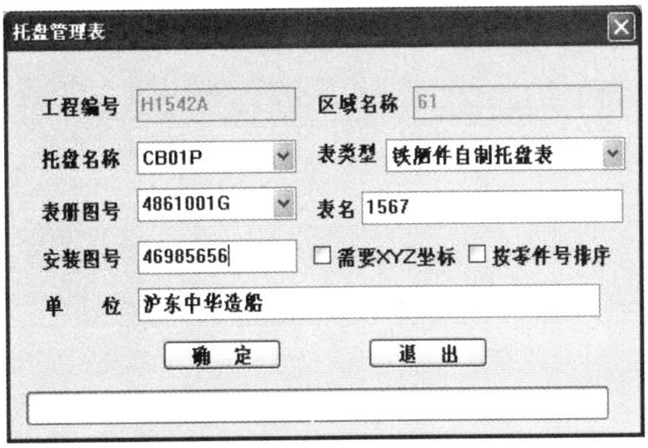

图 9.45 自制件托盘管理表设置

9.6.3 PCS 托盘管理表生成

点击 PCS 托盘管理表生成按钮，弹出如图 9.46 所示对话框。在托盘名称处输入：TEMP3PCS(创建了三个托盘：TEMP3P、TEMP3C、TEMP3S，将模型中的铁舾件按照左中右舷分别放入三个托盘中)，P 托盘：选择 TEMP3P，C 托盘：选择 TEMP3C，S 托盘：选择 TEMP3S，输入表册图号和单位，点击“确定”即可。

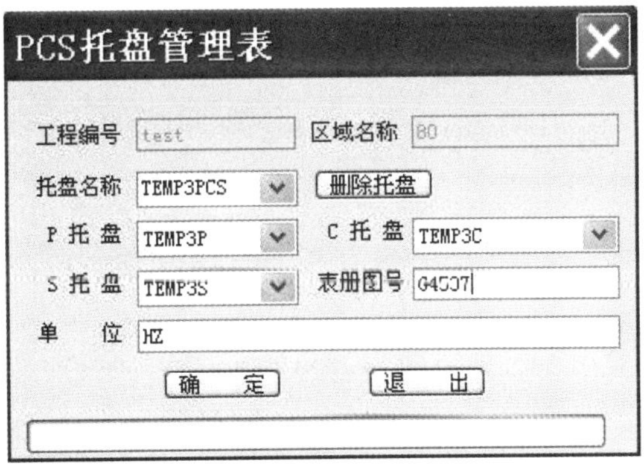

图 9.46 PCS 托盘管理表

外舾装托盘表和铁舾装托盘表封面分别如图 9.47、图 9.48 所示。

9.6.4 统计表生成

功能：

点击统计表生成按钮，可生成铁舾件材料明细表和铁舾件材料统计表。

(1)铁舾件材料明细表

操作对话框如图 9.49 所示。

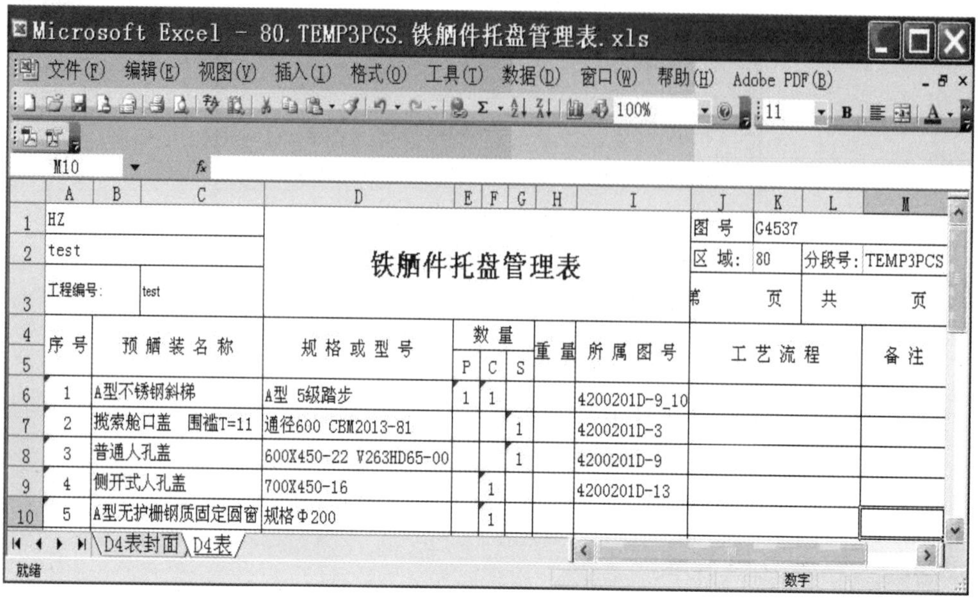

图 9.47 外舾装托盘表封面

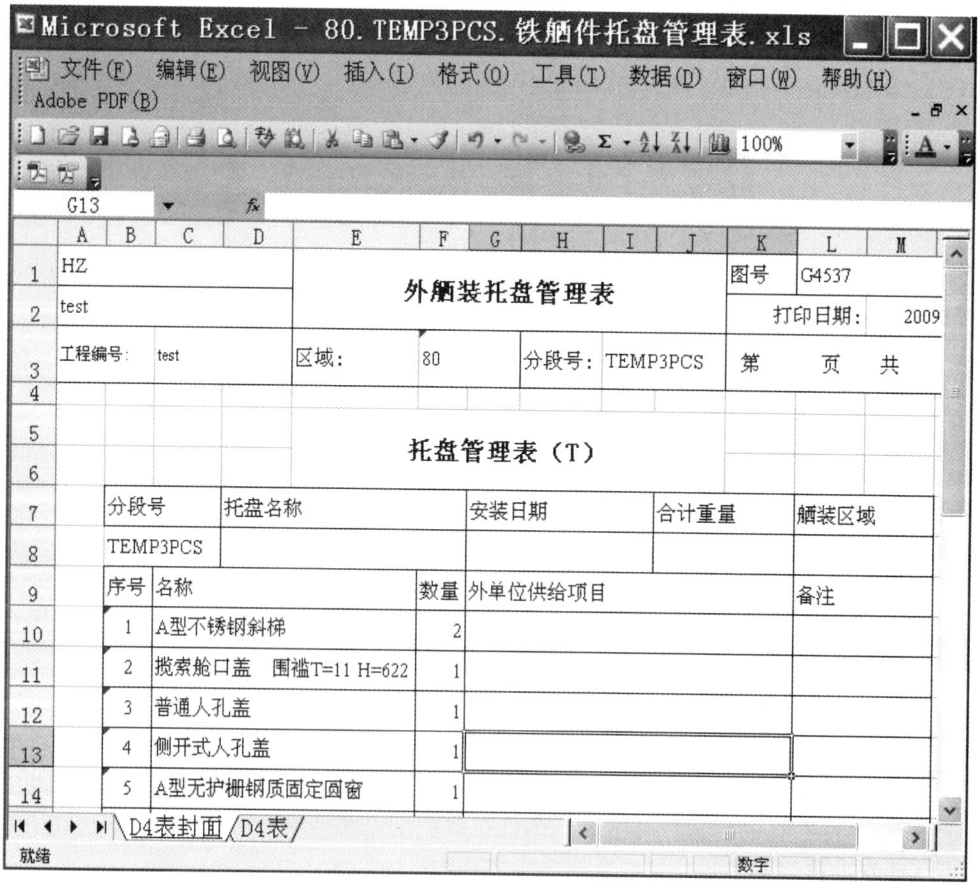

图 9.48 铁舾件托盘表封面

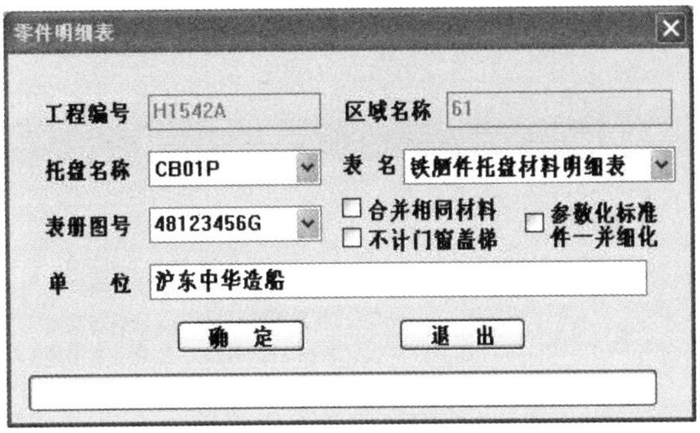

图 9.49 铁舾件零件明细表

操作步骤如下:

①选择托盘。

②在表明选项中选择铁舾件托盘材料明细表。

③输入表册图号,若不输入也可。

④若需要对每个零件内相同的材料进行统计,则将“合并相同材料”选中。

⑤若无须统计门窗盖梯这四类材料明细,则将“不统计门窗盖梯”选上。

⑥若需要将参数化部件中的零部件细化,则勾选“参数化标准件一并细化”。

说明:

相同材料部件指的是规格、长度(面积)、材料牌号均相同的部件。图 9.50 是生成的明细表结果示例。

工程编号Project		H1234A		沪东中华造船			区域Area		91	图号DWG No	ASDF
				铁舾件托盘材料明细表			托盘名称Pallet		SJW	第 页	共 页
船名Shiping		测试船舶					舾码Outfitting			安装日期Date	
序号	零件名称	零件号	部件名及代码	材料图号	材料牌号	长度/面积	数量	单重(Kg)	总重	备注	
1	ASDASD	1	埋入式人孔盖 C Φ450-40		A3		1个				
2	EWERF	1	L100*80*10		A3	5600 毫米	1根	74.26	74.26		
		1	SB20*20		A3	2640 毫米	1根	8.24	8.24		
		1	RB12.5		A3	3727 毫米	1根	14.37	14.37		
		1	M20*45		A3		1个				
3	T1	1	L50*50*6		A3	777 毫米	2根	3.45	6.89		
		2	L50*50*6		A3	512 毫米	1根	2.27	2.27		
		3	L50*50*6		A3	813 毫米	1根	3.6	3.6		
		4	L50*50*6		A3	834 毫米	1根	3.7	3.7		
4	T1(P)	1	L50*50*6		A3	777 毫米	2根	3.45	6.89		
5	T10	1	FB65*8		A3	5660 毫米	1根	22.96	22.96		
		1	RB20		A3	2608 毫米	1根	6.39	6.39		
		1	M20*45		A3		1个				
6	T11	1	埋入式人孔盖 A 500*400-12		A3		1个				
7	T3	1	L50*50*6		A3	805 毫米	1根	3.57	3.57		
8	T4	2	L50*50*6		A3	860 毫米	2根	3.81	7.63		
		4	L50*50*6		A3	805 毫米	1根	3.57	3.57		
9	T7	1	A型导缆孔 规格320*200		A3		1个				
10	T8	1	吊舵杆眼板	E20 GB7029-	A3		1个				
11	TEST1	1	L50*50*6		A3	600 毫米	2根	2.66	5.32		
		2	L50*50*6		A3	400 毫米	2根	1.77	3.55		

图 9.50 明细表结果

(2)铁舾件材料统计表

操作对话框如图 9.51 所示。

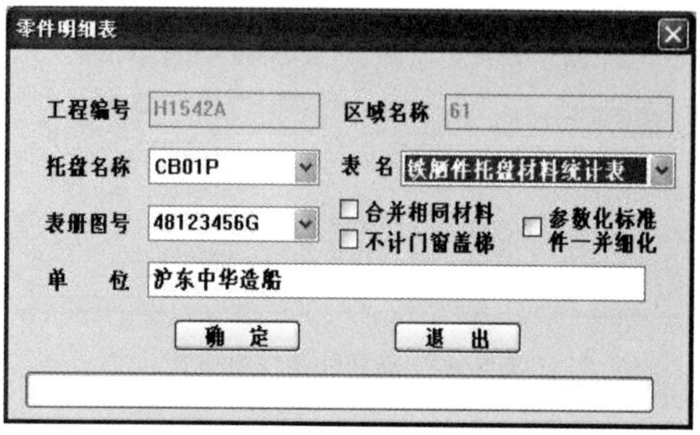

图 9.51 铁舾件材料统计表

操作步骤如下:

①选择托盘。

②在表明选项中选择铁舾件托盘材料统计表。

③输入表册图号,若不输入也可。

④若无须统计门窗盖梯这四类材料明细,则将“不统计门窗盖梯”选上。

说明:

“合并相同部件”和“参数化标准件一并细化”对于统计表来说是一个无用的选项。以下是生成的统计表结果示例,如图 9.52 所示。

工程编号Project		沪东中华造船			区域Area		图号DWG No
H1234A		铁舾件托盘材料统计表			91		NIFE
船名Shiping					托盘名称Pallet		第 页 共 页
测试船舶					SJW		
序号	部件名及代码	材料图号	材料牌号	长度/面积	总重	个数	备注
1	埋入式人孔盖 C Φ450-40		A3			1 个	
2	L100*80*10		A3	5600 毫米	74.26		
3	SB20*20		A3	2640 毫米	8.24		
4	RB12.5		A3	3727 毫米	14.27		
5	M20*45		A3			2 个	
6	L50*50*6		A3	10599 毫米	46.99		
7	FB65*8		A3	5660 毫米	22.96		
8	RB20		A3	2608 毫米	6.39		
9	埋入式人孔盖 A 530*430-12		A3			1 个	
10	A型导缆孔 规格320*200		A3			1 个	
11	吊舵杆眼板	E20 GB7029-	A3			1 个	

图 9.52 铁舾件托盘材料统计表结果

9.6.5 生成零件数据文件

功能:可生成板材和型材零件数据文件,这两个文件都可在建造系统中供套料使用。操作界面如图 9.53 所示。

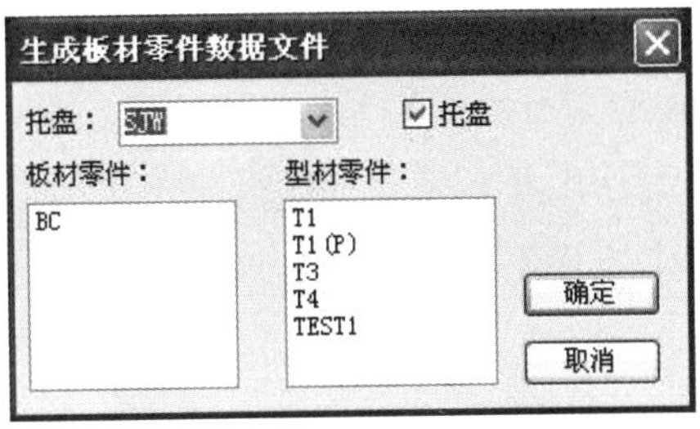

图 9.53 生成零件数据文件

操作步骤如下：

①选择托盘。

②选中需要转换的板材和型材。若想导出所选托盘内的所有零件，则可将“托盘”复选框选中，或者不选择任何零件。

③点击“确定”。

④系统会在工程的“Output”目录下生成两个 lst 文件，一个以“VE”开头（型材套料文件），另一个以“PD”开头（板材套料文件）。

说明：生成的结果分别如图 9.54、图 9.55 所示。

```
-----------------------------------
SJW-BC-1                     BC-1
4  124719  -2431.79  0  0  0  0
A3                         1    10.00000          150000.0
OUTCONTOUR
        5.000     -250.000     -150.000
        0.000      250.000     -150.000
        0.000      250.000      150.000
        0.000     -250.000      150.000
        0.000     -250.000     -150.000

```

图 9.54 板材套料文件

```
SJW/T1|1   1 777 A3   30/50*50*6
SJW/T1|1   1 777 A3   30/50*50*6
SJW/T1|2   1 512 A3   30/50*50*6
SJW/T1|3   1 813 A3   30/50*50*6
SJW/T1|4   1 834 A3   30/50*50*6
SJW/T1(P)|1  1 777 A3   30/50*50*6
SJW/T1(P)|1  1 777 A3   30/50*50*6
SJW/T3|1   1 805 A3   30/50*50*6
SJW/T4|2   1 860 A3   30/50*50*6
SJW/T4|3   1 860 A3   30/50*50*6
SJW/T4|4   1 805 A3   30/50*50*6
SJW/TEST1|1  1 600 A3   30/50*50*6
SJW/TEST1|1  1 600 A3   30/50*50*6
SJW/TEST1|2  1 400 A3   30/50*50*6
SJW/TEST1|2  1 400 A3   30/50*50*6
```

图 9.55 型材套料文件

9.6.6 开孔表生成

在生产用表工具条中点击开孔表生成按钮，则弹出对话框如图 9.56 所示。具体操作与管子开孔处理相同。相应的开孔确认对话框如图 9.57 所示。

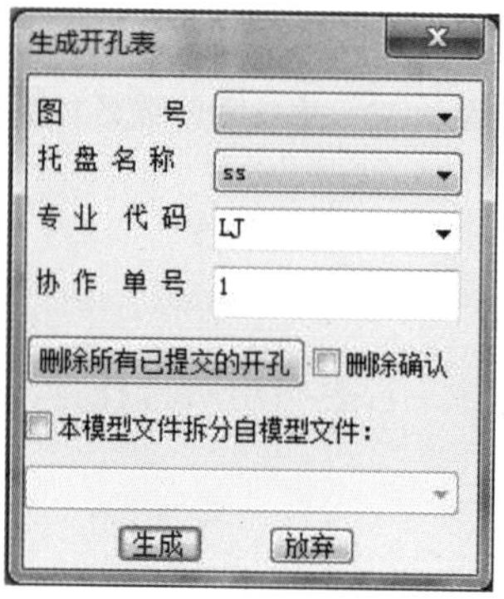

图 9.56 生成开孔表

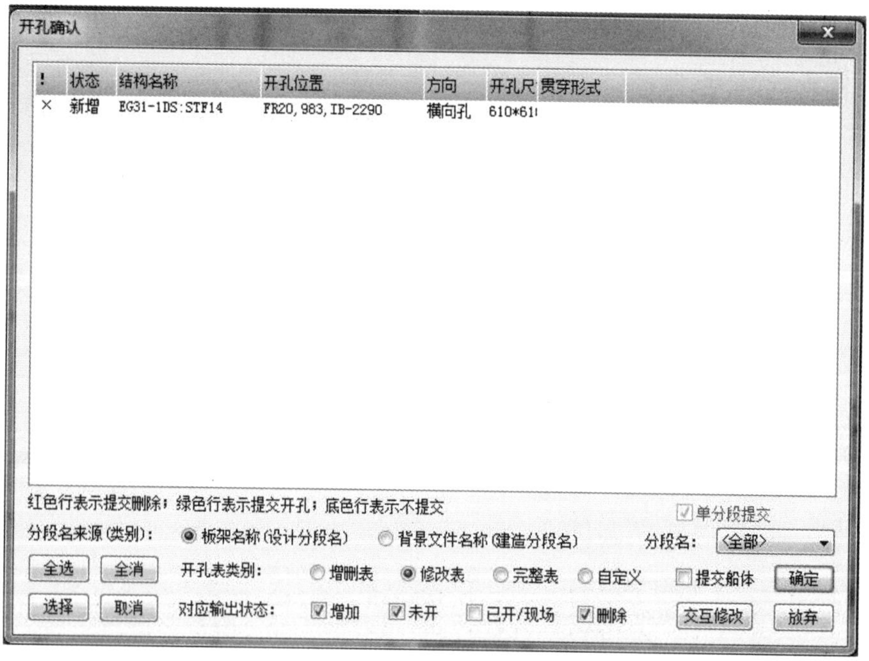

图 9.57 开孔确认

9.6.7 生成全船铁舾件区域汇总

全船铁舾件区域汇总是对铁舾件的材料、标准、规格、数量、重量等进行汇总。在铁舾件生成 BOM 表时，同时把生成的数据写到数据库中的 SPDT_S_TOT_BOM 表中，然后进行全船区域汇总。操作对话框如图 9.58 所示。